Hrsg.
Iwanowski's
Reisebuchverlag

101 Südafrika

Die schönsten Reiseziele und Lodges

IWANOWSKI'S REISEBUCHVERLAG

Im Internet:

www.iwanowski.de

Hier finden Sie aktuelle Infos zu allen Titeln, interessante Links – und vieles mehr!

Einfach anklicken!

Schreiben Sie uns, wenn sich etwas verändert hat. Wir sind bei der Aktualisierung unserer Bücher auf Ihre Mithilfe angewiesen:
info@iwanowski.de

101 Südafrika – Die schönsten Reiseziele und Lodges
1. Auflage 2011

Salm-Reifferscheidt-Allee 37 • 41540 Dormagen
Telefon 0 21 33/26 03 11 • Fax 0 21 33/26 03 33
E-Mail: info@iwanowski.de
Internet: www.iwanowski.de

Titelfoto: Madikwe Hills
Alle anderen Farbabbildungen: siehe Bildnachweis Seite 246
Redaktion: Maike Stünkel
Layout: Ulrike Jans, Krummhörn
Umschlagkarten: Astrid Fischer-Leitl, München
Titelgestaltung: Studio Schübel, München
Redaktionelles Copyright, Konzeption und dessen ständige Überarbeitung:
Michael Iwanowski

Gesamtherstellung: Offizin Andersen Nexö, Leipzig
Printed in Germany

ISBN: 978-3-86197-020-0

Inhaltsverzeichnis

GESCHICHTE 96

KUNST & KULTUR 118

AKTIVITÄTEN & ABENTEUER 138

ESSEN & TRINKEN 164

DIE SCHÖNSTEN LODGES UND UNTERKÜNFTE 184

ANHANG 228

Einleitung

Eine Welt in einem Land

Als ich das erste Mal an eine Südafrika-Reise dachte, schwirrten mir vor allem diffuse Vorahnungen durch den Kopf:

- Es wimmelt überall von Elefanten, Löwen und Schlangen!
- Es wird ganz schön heiß da unten sein!
- Südafrika ist nicht allzu weit weg!

Nichts davon stimmte zu 100 Prozent. Natürlich gibt es jede Menge typisch afrikanischer Tiere, doch nicht überall und nur an besonderen Stellen wie den Nationalparks. So sah ich die ersten afrikanischen Tiere in einem Naturzoo bei Johannesburg. Und als ich in unserem Sommer – der südafrikanischen Trockenzeit – in Johannesburg landete, da herrschten bei strahlend blauem Himmel morgens Minusgrade!

Das mit dem „nicht allzu weit weg" liegt wohl an der nahen nordafrikanischen Küste. Aber dann geht's erst richtig nach Süden, über den gesamten afrikanischen Kontinent nach Südafrika. Spätestens dann realisierte ich die Dimensionen: Die Entfernung von Frankfurt z. B. nach Johannesburg entspricht etwa der Strecke nach San Francisco.

So falsch ich mit meinen Annahmen lag, so richtig beschreibt der Touristik-Slogan des südafrikanischen Fremdenverkehrsamtes Südafrika als „eine Welt in einem Land".

In der Tat, Südafrika erfreut den Besucher durch seine vielen Facetten. Da sind die vielen Nationalparks und Nature Reserves, bei denen es nicht nur um die

Teeplantage in der Limpopo Province

Big Five geht, sondern auch um Riesenschildkröten oder Wale. Da gilt es aber auch Landschafen zu bewundern wie wilde Marschgebiete, faszinierende Hochgebirge, Wüsten, europäisch anmutende Gegenden.

Pulsierende Städte konkurrieren mit beschaulichen Landstädtchen. Die Geschichte schlägt Brücken von Stellen der Wiege der Menschheit über Diamantenfundstätten hin zu Zeugnissen der unrühmlichen Apartheid und den Spuren Nelson Mandelas. Kunst und Kultur lassen die ganze Vitalität der unterschiedlichen Bevölkerungsgruppen erleben. Und Aktivitäten und Abenteuer reichen vom Golfen über Küstenwanderungen bis hin zum Bungee-Springen.

Aber auch der Genuss kommt nicht zu kurz: Austern und Wein, Rooibos-Tee und Wildfleisch bereichern die südafrikanische Speisekarte, zusammen mit den Zubereitungskünsten der europäischen und malaiischen Einwanderer. Feine, außergewöhnliche Unterkünfte runden die touristische Vielfalt des Landes ab.

101 Südafrika – das ist eine Abbildung der Vielseitigkeit des Landes am Kap. Sie soll Lust machen, das Land am südlichen Ende Afrikas auf einer Reise zu entdecken. Südafrika jenseits der WM heißt auch: Den Besucher erwartet eine hervorragende Infrastruktur, und im Zuge des Großereignisses nahm die Sicherheitslage eine sehr positive Entwicklung: So fahren Sie ent- und gespannt auf den Spuren von „101 Südafrika".

Michael Iwanowski

Tiere & Safaris

1 Kruger National Park: weltberühmtes Tierparadies

Das riesige Gebiet des Kruger National Park, das etwa so groß wie Belgien ist, lockt alljährlich Hunderttausende von Besuchern an und ist sicherlich ein **Höhepunkt einer jeden Südafrika-Reise**. Der Nationalpark, der im Osten an Mozambique und im Norden an Zimbabwe grenzt, bedeckt heute eine Fläche von ca. 20.000 km², das sind immerhin 1,7 % der Gesamtfläche der Republik Südafrika. Im Park stehen insgesamt 1.863 Straßenkilometer zur Verfügung, die z. T. asphaltiert sind (697 km). Sicher nehmen die geteerten Straßen etwas von der Urtümlichkeit der Landschaft, doch durch das leisere Rollen der Autos werden die Tiere weniger gestört. Man darf auf keinen Fall von den vorgeschriebenen Wegen abweichen. Während der Hochsaison kommt es daher öfter zu Fahrzeugstaus, wenn jemand Tiere in der Nähe der Straße entdeckt und auch die Insassen des siebten Wagens hinter ihm das gleiche tun wollen... Doch Geduld gehört eben immer zur Tierbeobachtung dazu und Afrika-Neulinge, aber auch viele Wiederholungsreisende, sehen darin keinen Nachteil.

Der Kruger Park ist ein staatlich verwaltetes Naturschutzgebiet, auch die Camps sind staatlich organisiert. Das Parkgebiet ist ganzjährig geöffnet. Die beste Zeit, um **Tiere zu beobachten**, sind die Trockenmonate Juni bis September: In dieser Zeit ist die Savanne trocken und die Tiere ziehen an die verbliebenen Wasserstellen, sodass man die Chance hat, sie aus unmittelbarer Nähe beobachten zu können. Da auch die Vegetation um diese Zeit wesentlich lichter ist, kann man Tiere eher entdecken. Für tierverwöhnte Reisende ist der Aufenthalt in einem der privaten Wildreservate am Westrand des Kruger Parks zu empfehlen: Hier dürfen die Wildhüter kreuz und quer durch den Busch fahren,

Wanderung im Kruger Park

Einst vom Aussterben bedroht, heute wieder häufiger zu sehen: Wildhunde

hervorragende Tiererlebnisse sind quasi garantiert. Allerdings kostet der Aufenthalt in diesen privaten Camps ein Mehrfaches des Aufenthalts im staatlich verwalteten Kruger Park. (mi)

Tipp: Bush-Walks

Im Kruger National Park werden faszinierende Wildniswanderungen auf sieben verschiedenen Pfaden angeboten, diese Pfade heißen etwa Olifants, Nyalaland, Metsi Metsi oder Napi Trail. Erfahrene und bewaffnete Ranger begleiten die Besucher und erklären alles Wissenswerte über die Fauna und Flora des Parks. Einer der ältesten dieser Wanderwege ist der **Wolhuter Trail**. Er erstreckt sich vom Berg-en-Dal-Rastlager über Ship Mountain und den Afsaal-Picknickplatz und führt durch eine landschaftlich wunderschöne Wildnis. Archäologische Funde von unschätzbarem Wert, wie Felszeichnungen der San und Funde aus der Stein- und Eisenzeit, werden besucht. Der Trail wurde nach dem Ranger Harry Wolhuter benannt, einem der ersten Ranger im Sabie Game Reserve. Die Trail Camps sind sehr rustikal, es gibt keinen Strom und meist nur Gemeinschaftswaschräume. Weitere Infos unter www.sanparks.org/parks/kruger/.

INFO

Lage: 400 km nordöstlich von Johannesburg
Größe: 20.000 km²
Tiere: die „Big Five“, daneben fast alle in Südafrika heimischen Tierarten
Beste Reisezeit: Juni bis September
Information: www.sanparks.org

Unterkunft: Die Auswahl an staatlichen Camps im Park ist riesig. Neben den gut ausgestatteten Main Camps wie Lower Sabie und Olifants gibt es kleinere Bushveld Camps wie Shimuwini oder Bateleur. Infos und Buchung unter www.sanparks.org/parks/kruger/camps/.

2 Mapungubwe National Park: Big Five, UNESCO-Welterbe und Südafrikas erstes Königreich

Der Mapungubwe Park liegt im äußersten Nordosten der Limpopo Province und ist ein Teil der geplanten 4.900 km² großen Limpopo-Shashe Transfrontier Conservation Area (TFCA), an der Südafrika, Zimbabwe und Botswana beteiligt sind. Die Zufahrt befindet sich 60 km westlich von Musina (Messina).

Info: Das Goldene Nashorn

Das Rhino wurde früher häufig als Symbol der Macht gesehen. Noch immer hat es diese Bedeutung bei den Shona in Zimbabwe, die z. T. Nachkommen der Mapungubwe-Zivilisation sind.
Bei dem Goldenen Rhino handelt es sich um eine 22 cm lange und in Gold gewickelte Holzfigur. In ihrer Bedeutung ähnelt sie den Grabbeigaben im alten Ägypten. An der gleichen Fundstelle grub man auch eine Goldschale und alte Töpferwaren aus. Im Museum in Musina sind Replikate vieler Funde ausgestellt. Die Region ist aufgrund ihrer historischen Bedeutung und den archäologischen Funden im Jahr 2003 zum UNESCO-Weltkulturerbe erklärt worden.

Der Park birgt viele archäologische Stätten, die auf eine vergangene San-Kultur verweisen. 1932 entdeckte man alte Begräbnisstätten auf dem **Mapungubwe Hill** (Ort der Schakale). Hier soll es zwischen 1200 und 1270 n. Chr. eine hochentwickelte Zivilisation gegeben haben. Einige der hier gefundenen Artefakte deuten auf Handel mit Ägypten, Indien und China hin, durch den großer Wohlstand erlangt wurde. Der Mapungubwe-Stamm kontrollierte Handelswege zwischen dem Indischen Ozean und der Ostküste. Einer der wertvollsten und interessantesten Funde ist die Grabbeigabe des „Golden Rhino". Das Nashorn fand sich in einem Königsgrab und war in damaliger Zeit ein Symbol

Der Park ist berühmt für seine beeindruckenden Baobabs

Klippspringer

für Macht und Reichtum. Das von dem südafrikanischen Architekten Peter Rich entworfene **Mapungubwe Interpretation Center** gewann 2009 den Titel „World Building Of The Year", da es sich mit Materialien und Bauweise auf lokale Traditionen bezieht und beim Bau Menschen aus der näheren Umgebung beschäftigt wurden.

Neben den archäologischen Stätten bietet der Park Lebensraum für die „Big Five" sowie für große Antilopenherden. Eine weitere Besonderheit sind die grandiosen Baobab-Bäume sowie die einer Mondlandschaft ähnelnden Sandsteinfelder, die es zu entdecken gilt. (mi)

INFO

Lage: im Nordosten der Limpopo Province, nächster Flughafen: Polokwane (200 km entfernt)
Größe: 28.000 ha
Information: www.sanparks.org/parks/mapungubwe/, www.mapungubwe.com/cultural.htm
Unterkunft: Es gibt insgesamt fünf Unterkunftsmöglichkeiten im Park (Buchung unter www.sanparks.org). Eine davon ist das **Leokwe Camp**, das Hauptcamp im Osten des Parks mit Pool, Sonnenterrasse und Grillmöglichkeiten, umgeben von spektakulären Sandsteinhügeln. Die **Mazhou Camping Site** liegt nahe des Limpopo Forest Tented Camp im Westen des Parks und bietet Platz für zehn Wohnwagen oder Zelte. Die **Mopane Bush Lodge** (www.mopanebushlodge.co.za) liegt außerhalb des Parks im 6.000 ha großen Mapesu Private Nature Reserve und bietet sich als Ausgangspunkt für Erkundungen des Mapungubwe National Parks an. Sie bietet acht ruhig gelegene Chalets mit eigenem Bad und Outdoor-Dusche, Pool und Lapa. Von hier aus sind auch Tierbeobachtungstouren im nahen Venetia Limpopo Nature Reserve möglich.

3 Madikwe Game Reserve: Geheimtipp im Norden

Nordwestlich von Pretoria, nahe der botswanischen Grenze liegt das Madikwe Game Reserve. Das 75.000 ha große Gebiet, das aus Gras- und Buschebenen und einzelnen Inselbergen besteht, wird im Osten vom Marico River und im Süden von den Dwarsberg Mountains begrenzt. Hier leben Elefanten, Breitmaul- und Spitzmaulnashörner, Büffel, Giraffen, Zebras, Geparde und Antilopen – insgesamt etwa 12.000 Tiere, dazu etwa 350 Vogelarten. Eine Besonderheit sind die seltenen Wildhunde, von denen es zwei große Rudel gibt. Madikwe ist das **viertgrößte Wildreservat in Südafrika** und besitzt die zweitgrößte Population an Elefanten. Ein großer Vorteil ist, dass das ganze Gebiet ganzjährig malariafrei und somit auch für Familien mit Kindern gut geeignet ist.

Nördlich von Zeerust erreicht man nach etwa 85 km Asphaltstraße das Abjarterskop Gate. Eine andere Möglichkeit, das Madikwe Game Reserve zu erreichen ist das Derdepoort Gate. Doch ist dies allenfalls bei trockenem Wetter zu empfehlen, da hierher nur eine nordwestlich von Sun City beginnende Schotterstraße führt. Ein Vierradantrieb ist empfehlenswert. (mi)

Info: Operation Phoenix

Die Operation Phoenix war eine der größten Tierumsiedlungs-Aktionen der Welt und fand in den 1990er-Jahren statt. Über 28 Tierarten, insgesamt über 8.000 Tiere, wurden im Madikwe Game Reserve angesiedelt. Darunter befanden sich Elefanten, Nashörner, Büffel, Löwen, Geparde, Tüpfelhyänen, Giraffen und zahlreiche Antilopenarten. Heute sind hier über 66 Säugetierarten heimisch.

INFO

Lage: 90 km nördlich von Zeerust
Größe: 75.000 ha
Information: www.madikwe-game-reserve.co.za.
Beste Reisezeit: Zwischen Juni und Oktober, wenn das Gras in der Savanne noch nicht so hoch steht. Keine Tagesbesuche möglich.
Unterkunft: Das **Madikwe Bush House** (www.bushhouse.co.za) ist eine der günstigeren Unterkünfte im Park. Es war früher ein Farmhaus. Die komfortablen Zimmer sind ausgestattet mit Badezimmer, Klimaanlage und Heizung für kalte Winterabende. Außerdem stehen Gesellschaftsraum, Restaurant, Bar, Veranda und Pool mit Blick aufs Wasserloch zur Verfügung.
Die **Impodimo Game Lodge** ist etwas luxuriöser (www.impodimo.com), die acht Chalets mit Badezimmer, Außendusche, Klimaanlage, Kamin und Veranda bieten einen herrlichen Blick auf die Landschaft. Pool, Bibliothek, Souvenir-Shop und ein gut ausgestatteter Weinkeller sind vorhanden.
Die **Madikwe Safari Lodge** (www.andbeyondafrica.com) ist die Luxusversion der Unterkünfte. Sie besteht aus drei Camps: East Camp (sieben Suiten), North Camp (fünf Suiten) und West Camp (vier Suiten). Alle Suiten mit Feuerplätzen, Bar sowie Innen- und Außendusche. Die Zimmer haben ein Holzsonnendeck, das zum Pool führt.
Die **Madikwe Hills Lodge** (www.madikwehills.com) mit ihren zehn Luxus-Suiten mit Glasfront, Feuerplatz, Fußbodenheizung(!), Pool, Spa und Fitnessraum rundet das Angebot nach oben hin ab – zu entsprechendem Preis. Wem das nicht reicht: Nebenan in der Little Madikwe Hills Villa hat man auch noch einen eigenen Butler.
In **Jaci's Tree Lodge** (www.madikwe.com) kann man oben in einem von acht Baumhäusern mit Blick auf den Marico River nächtigen. Wer lieber die Füße auf dem Boden behält kann in den Luxus-Zelten von **Jaci's Safari Lodge** vom Balkon und sogar Bett aus das Wild beim Trinken beobachten.

Erfolgreiches Umsiedlungsprojekt: Gepard im Madikwe Game Reserve

4 Waterberg-Region: unterwegs im UNESCO Biosphere Reserve

Die im südwestlichen Teil der Limpopo Province liegende Waterberg-Region gehört zu den **einsamsten Gebieten** Südafrikas. Benannt wurden der Waterberg und seine Umgebung von den ersten hier siedelnden Voortrekkern nach dem reichlich vorhandenen Wasser. Damals traten besonders in der Regenzeit die vielen Flüsse regelmäßig über die Ufer und bildeten zum Teil riesige Wasserflächen. Insgesamt ist das Gebiet im Laufe der Zeit aber trockener geworden und besteht heute zum großen Teil aus Savannenlandschaft.

Die Berge sind vulkanischen Ursprungs und daher reich an Mineralien wie Chrom, Platin, Nickel, Eisen und Zinn. Um die heute geschützte Bergwelt entwickelte sich deswegen einst eine lukrative Bergbauindustrie. Da das Gebiet in den Bergen im vergangenen Jahrhundert in Vergessenheit geraten ist, entstand dort ein wahres Paradies für Waffenschmuggler, Wilddiebe, Steuerhinterzieher, aber auch für Siedler und ihre Familien, die in der Abgeschiedenheit ihre Wurzeln schlagen wollten.

2001 wurden die rund 15.000 km² um den Waterberg und die vielen einzeln stehenden kleineren Berge, „Kransberge" genannt, dem internationalen Netz von Biosphere Reserves der UNESCO angeschlossen. In Südafrika ist das malariafreie Gebiet das erste „Savannah Biosphere Reserve" mit einer enormen Vielfalt an Tieren und Pflanzen. Ende des 19. Jahrhunderts waren die meisten Tiere durch die Jagd ausgerottet, doch heute weist die Region alle Vertreter der „Big Five" und viele andere Tiere auf. Auch landschaftlich bietet sich hier mit spektakulären Bergformationen, Buschlandschaft und einem zentralen Plateau, das das Gefühl von Wildnis, Weite und Einsamkeit vermittelt, ein großes Naturerlebnis.

Blick von der Marataba Lodge auf die Waterberge

Löwenparade im Marakele National Park

Marakele National Park

Der Park wurde 1994 als Kransberg National Park gegründet und umfasste damals 150 km². Kurz darauf bekam er aber schon seinen heutigen Namen, der in der Tswana-Sprache „Weideplatz" bedeutet. Heute umfasst das Gebiet etwa 670 km². Angesiedelt wurden Elefanten, Nashörner, Büffel, Giraffen und Nilpferde, aber es gibt auch Löwen, Rappenantilopen und vor allem 800 Kapgeierpaare. Auch Eisvögel und Gaukler machen den Park zu einem beliebten Ziel für Ornithologen.

Das Landschaftsbild ist durch die Bergregion des Waterbergs geprägt: Steile Felsen, rote Sandpisten, dornige Buschlandschaft, grüne Hügel und tief eingeschnittene Täler bieten ein abwechslungsreiches Panorama. Seltene Yellowwood-Bäume, Zedern und bis zu fünf Meter hohe Baumfarne gilt es zu bestaunen. Die nicht asphaltierten Naturwege erfordern zur Erkundung des Gebiets einen **Allradwagen**. (mi)

INFO

Lage: etwa 250 km nordwestlich von Johannesburg, nahe Thabazimbi
Größe: 15.000 bzw 670 km²
Tiere: Elefanten, Nashörner, Büffel, Afrikanische Wildhunde, Giraffen, Nilpferde
Beste Reisezeit: Von Mai bis September ist Winter und das Klima ist trocken und kalt, im Sommer ist es heiß und nass.
Information: www.sanparks.org/parks/marakele
Unterkunft: Neben dem staatlichen **Tlopi Tented Camp** mit fest installierten Zelten mit Bad, Küche und Grillmöglichkeit gibt es die **Bontle Camping Site** und die private **Marataba Safari Lodge** (www.hunterhotels.com/maratabasafarico/), die in einem 85.000 ha großen privaten Konzessionsgebiet gelegen ist.
Nördlich an den Marakele National Park anschließend liegt das ebenfalls sehr exklusive **Welgevonden Private Game Reserve** (s. S. 220).

5 Pilanesberg National Park: malariafreies Tierparadies

Der Pilanesberg National Park liegt in einem erloschenen alkalischen **Vulkankrater**; davon gibt es nur drei auf der ganzen Welt. Das Zentrum dieses Kraters ist von drei konzentrischen Hügelketten umgeben. Der Pilanesberg ist mit 1.687 m die höchste Erhebung der North West Province.

Bis in die Mitte der 1970er-Jahre war diese Region Farmland. Als die Regierung beschloss, hier einen Nationalpark zu errichten, mussten die Farmer auf neue Siedlungsgebiete ausweichen. Anschließend wurde ein hoher Wildschutzzaun errichtet und in der sogenannten **Operation Genesis** siedelte die Southern African Nature Foundation Tiere an: Aus Namibia stammen die Elenantilopen, aus dem ehemaligen Transvaal die Zebras und Wasserböcke, aus KwaZulu-Natal die Breit- und Spitzmaulnashörner und vom Addo Elephant Park bei Port Elizabeth Elefanten und Büffel. Mittlerweile gibt es auch Geparde, Leoparden, Zebras, Löwen, Kudus und Hyänen zu sehen.

Der etwa 550 km² große Park (der viertgrößte Nationalpark im südlichen Afrika) musste erst der einheimischen Bevölkerung „schmackhaft" gemacht werden. Es war klar, dass sie von einem Wildschutzpark nicht begeistert sein würde, schließlich stellt das Wild traditionell eine **wichtige Nahrungsquelle** dar, die nun verloren war. Die Bedeutung der Wildtiere für die hier ansässigen Batswana lässt sich ermessen, wenn man weiß, dass ihr Wort für „Antilope" gleichzeitig die allgemeine Bezeichnung für „Fleisch" ist.

Warzenschwein im Pilanesberg National Park

Auf der Pirsch

Der erste Parkdirektor, *Jeremy Anderson*, hatte diese Überzeugungsarbeit zu leisten. Seiner Meinung nach sollte das Tierschutzgebiet keineswegs nur eine große Spielwiese für reiche Touristen werden. Es galt also, von der ökonomischen und ökologischen Wichtigkeit der Parkeinrichtung zu überzeugen. Überzählige Tiere, welche das ökologische Gleichgewicht gefährden, sollten geschlachtet und ihr Fleisch der Bevölkerung preiswert angeboten werden. Das Geld, das reiche Trophäenjäger einbringen würden, sollte direkt den neuen Ansiedlungen der Einheimischen zugute kommen. Heute wird natürlich nur noch mit Kameras auf die Tiere „geschossen".

Über 8.000 Großtiere sind hier beheimatet, dazu über 300 Vogelarten. 150 km gut ausgebaute Sandpisten erschließen das Gebiet. Die weitaus meisten Besucher kommen aus Sun City (s. S. 74). Hier können die Gäste 2–3-stündige Safari-Fahrten in den Park buchen. Der Kontrast zwischen der „Glitzerwelt" der Kasino-Stadt und der urwüchsigen Landschaft des Pilanesberg National Park könnte nicht größer sein. (mi)

INFO

Lage: etwa 150 km nordwestlich von Johannesburg
Größe: 550 km²
Tiere: Antilopen, Zebras, Nashörner, Elefanten und Büffel
Beste Reisezeit: im südafrikanischen Winter von Mai bis September
Besonderheiten: Der Park liegt in einem erloschenen alkalischen Vulkankrater. Die Gegend ist ganzjährig malariafrei.
Information: www.heritage-park.co.za, http://pilanesberggamereserve.com
Unterkunft: Im Park liegt unter anderem das relativ günstige **Manyane Rest Camp** in der Nähe des Eingangs. Es gibt Chalets mit Bad, Grillplatz und Veranda. Die etwas luxuriösere **Ivory Tree Lodge** (www.ivorytreegamelodge.com) liegt in der nordöstlichen Ecke des Parks, nahe des Bakgatla Gate. Sie bietet 57 in Terracotta-Tönen gehaltene, komfortable Zimmer sowie drei Luxussuiten mit eigenem kleinen Pool.

6 Kgalagadi Transfrontier National Park: einzigartiges Ökosystem

Im April 1999 wurden nach zehnjährigen Verhandlungen der botswanische Gemsbok National Park und der direkt angrenzende südafrikanische Kalahari Gemsbok National Park zum ersten **grenzüberschreitenden Naturschutzpark Afrikas**, dem Kgalagadi Transfrontier National Park, zusammengeschlossen. Der so neu entstandene Park umfasst eine Gesamtfläche von 38.000 km^2 . Die Regierungen von Botswana und Südafrika geben mit diesem Zusammenschluss eine Garantie für einen langfristig angelegten Naturschutz und die nahtlose Integration in das ökologische Gesamtsystem der Kalahari.

Die Vereinigung der Parks stand im Kontext der 1997 gegründeten Peace Parks Foundation, deren Ziel nicht nur grenzüberschreitender Natur- und Tierschutz sondern auch die friedliche Kooperation benachbarter Staaten im südlichen Afrika ist. Weitere grenzüberschreitende Parkfusionen sind geplant. Derzeit wird an der Umsetzung der riesigen Kavango-Zambezi Transfrontier Conservation Area (KAZA) gearbeitet, die Nationalparks in Angola, Botswana, Namibia, Zambia und Zimbabwe umfassen soll.

Der auf südafrikanischem Boden liegende Teil des Kgalagadi Transfrontier National Park ist touristisch wesentlich besser erschlossen als die botswanische

Nach der Regenzeit verwandeln sich Teile des Parks in eine grüne Oase

Kleinerer Wüstenbewohner: das Stachelschwein

Seite. Damit das Wild bei seinen Wanderungen nicht behindert wird ist die Grenze offen: Lediglich Grenzsteine im Nossob Rivier weisen den Reisenden darauf hin, ob er sich gerade auf südafrikanischem oder botswanischem Gebiet befindet.

Die Wege, entlang derer man das Wild beobachtet, folgen den Flusstälern des Auob und des Nossob, in denen jedoch nur selten Wasser fließt. Während der Auob Rivier, wie solche Trockenflussbetten genannt werden, enger, grasreich und mit vielen Bäumen bestanden ist (vor allem mit Kameldorn-Bäumen, einer Akazienart), liegt der Nossob Rivier breit vor dem Besucher. Im Gebiet des Nationalparks tummeln sich große Herden von Springböcken, Oryxantilopen, Blaugnus und Straußen. Oft kann man auch Löwen und Geparde beobachten. Insbesondere in der sommerlichen Regenzeit erwarten den Reisenden unbeschreiblich **schöne Farbspiele**: Rötliche Dünen, grüne Akazien, ein tiefblauer Himmel und nahe Haufenwolken bieten ein grandioses Naturerlebnis. (mi)

INFO

Lage: 360 km nördlich von Upington
Größe: 38.000 km²
Tiere: Löwen, Geparde, Leoparden, Antilopen
Beste Reisezeit: Tolle Naturschauspiele in der Regenzeit im Sommer. Der trockene Winter eignet sich aber besser zur Tierbeobachtung.
Information: www.sanparks.org/parks/kgalagadi

Unterkunft: Günstig und gut gelegen sind die staatlichen Restcamps **Mata Mata, Twee Rivieren** (Hauptquartier der Parkverwaltung) und **Nossob Camp**, die Campingplätze mit Sanitäranlagen und Chalets anbieten. Luxuriöser geht es hingegen in der **Xaus Lodge** (www.xauslodge.co.za) zu, die zwölf urige Chalets auf Stelzen mit eigenem Aussichtsdeck bietet.

7 Tembe Elephant Park: Artenvielfalt an der Grenze zu Mosambik

Der an der Grenze zwischen Mosambik und KwaZulu-Natal gelegene Tembe Elephant Park umfasst mehr als 30.000 ha und ist eine sehr einsame Region. Der Park ist ein kleiner **Geheimtipp für Naturliebhaber**. Einst war das Gebiet als „Elfenbein-Route“ bekannt, weil hier die Händler zwischen Zululand und Mosambik entlangzogen. Benannt ist der Park nach den hier ansässigen Tembe, die zusammen mit dem Ezemvelo KZN Wildlife den Park managen.

Heute ist die abwechslungsreiche Landschaft im nördlichen Tongaland, die aus Wald-, Sand- und Sumpfgebieten besteht, ein Paradies für Vogelfreunde: Über 340 Arten leben hier. Zudem sind zahlreiche Elefanten, Nashörner, Büffel, Giraffen, Hyänen, Kudus, Wasserböcke, Zebras, Giraffen und Warzenschweine hier zu Hause. Die Lage an der Grenze zwischen tropischer und subtropischer Zone begünstigt eine üppige und reiche Vegetation.

So idyllisch war es hier allerdings nicht immer. In den Jahren des Bürgerkriegs im nördlich an den Park angrenzenden Mosambik flüchteten nicht nur viele Menschen sondern auch zahlreiche Tiere über die Grenze ins Maputa-Land. Die **Tiere suchten Schutz** vor Rebellen und Wilderern. Lange Zeit waren besonders die Elefanten agressiv, da sie Autos mit Wilderern in Verbindung brachten. Deshalb konnten erst einige Jahre nach seiner Gründung in den frühen 1980er Jahren Touristen den Park besuchen. (mi)

Auch Impalas finden im Tembe Elephant Park Zuflucht

Leopardenfamilie

INFO

Lage: Südlich der Grenze zu Mosambik; etwa 25 km von Ndumu entfernt an der Straße Richtung Kosi Bay gelegen.
Information: www.tembe.co.za
Tiere: Elefanten, Nashörner, Büffel, Giraffen, Hyänen, Kudus, Wasserböcke, Zebras

Unterkunft: Zwei Kilometer vom Eingang entfernt liegt ein Camp mit neun komfortabel eingerichteten Zelten mit je eigenem Bad. Das private Camp verfügt über ein reetgedecktes Areal, in dem man isst, sich aufhält und im Swimmingpool baden kann. Weitere Informationen unter www.tembe.co.za.

8 Rocktail Bay: zu Besuch bei den Riesenschildkröten

Die Rocktail Bay im Nordosten des Landes liegt wirklich **„jenseits von Afrika"**. Nachdem man das Eingangstor zum Coastal Forest Reserve passiert hat, führt der sehr sandige Weg direkt hinter den bewaldeten Dünen entlang zu wunderschönen Stellen. Einer davon führt ans Meer zum Lala Nek, einer einsamen Meeresbucht, in der man baden und schnorcheln kann. Die Rocktail Bay ist weit, einsam und innerhalb von zwei Minuten von der Rocktail Bay Lodge aus auf einem „Bordwalk" zu erreichen.

Von der Lodge aus werden Fahrten in umliegende Dörfer ebenso angeboten, wie Touren in feuchte Marschlandschaften, in denen Flusspferde leben. Die ganze Gegend ist insbesondere für **Vogelliebhaber** hochinteressant.

In den Sommermonaten kann man Riesenschildkröten am Strand beobachten. Es ist ein faszinierendes Schauspiel, wenn von Ende Oktober bis Januar die weiblichen **Loggerhead- und Leatherback-Schildkröten** nachts aus dem Wasser an den Strand gekrochen kommen, um ihre Eier im warmen Sand abzulegen. Seit 100 Mio. Jahren schwimmen sie z. T. bis zu 3.500 km von Kenia und gut 2.000 km vom Cape Agulhas aus dem Süden Südafrikas hierher an Maputalands Küste. Rocktail Bay gilt als einer der besten Plätze zum Beobachten dieses Schauspiels. An den meisten Strandabschnitten sind die tiefen Spuren der bis zu 900 kg schweren Leatherback-Schildkröten (der größeren der beiden

Tauchen an der Rocktail Bay

Schlüpfende Schildkröte

Arten) zu sehen. Jedes Weibchen kommt bis zu zehnmal während einer Saison an den Strand. Meeresschildkröten gehören trotz aller unternommenen Schutzmaßnahmen zu den äußerst gefährdeten Tierarten.

Lake Sibaya

Der Sibaya-See liegt wenige Kilometer nördlich der Rocktail Bay. Mit 77 km^2 ist er der größte natürliche Süßwassersee Südafrikas. Die Gegend ist sehr ruhig und beschaulich und eignet sich zum Beobachten der Vogelwelt sowie der im See lebenden Flusspferde und Krokodile. (mi)

INFO

Lage: im Maputa-Land Coastal Forest Reserve; südlich von Kosi Bay. Von Kwangwanase nach Rocktail Bay sind es ca. 65 km.
Information: www.kznwildlife.com
Unterkunft: Die **Rocktail Bay Lodge** (www.rocktailbay.com) liegt nahe dem unberührten Strand und besteht aus Chalets auf Stelzen, die jeweils mit WC/Dusche ausgestattet sind und über eine kleine Veranda verfügen. Der Bar- und Restaurantbereich ist reetgedeckt, zu den Seiten offen und hat auch eine Lagerfeuerstelle, um die herum man beim Sundowner sitzt. Ein kleiner Pool ist vorhanden, aber schöner ist natürlich das Baden im Meer (auf dem Weg zurück zu den Chalets gibt es eine Süßwasserdusche). Alle Gäste ohne Allradfahrzeug werden am Gate zum Coastal Forest Reserve abgeholt, Fahrzeit dann etwa 30 Minuten. Information auch bei Wilderness Safaris, www.wilderness-safaris.com.

9 Hluhluwe Umfolozi Game Reserve: auf den Spuren des Black Rhino

Etwa 280 km nördlich von Durban liegt das insgesamt etwa 1.000 km^2 große Hluhluwe Umfolozi Game Reserve. Es entstand 1989 durch Zusammenlegung der seit 1895 bestehenden Schutzgebiete des Umfolozi Reserve im Süden und des Hluhluwe Reserve im Norden. Beide sind durch einen Landstreifen verbunden, durch den die R 618 („The Corridor") führt.

Tipp: Wilderness Trails

Besonders reizvoll sind geführte Wanderungen mit Wildhütern. So erreicht man wirklich abseits gelegene Gebiete. Diese „Wilderness Trails", die **drei Tage** in Anspruch nehmen (die erste Nacht in der Lodge, die anderen beiden in Zelten in der Wildnis), garantieren ein tolles Naturerlebnis. Eine frühzeitige Anmeldung ist dringend erforderlich. Die Trails werden von Mitte März bis Mitte Dezember angeboten, Infos unter www.kznwildlife.com.

Umfolozi

Das Gebiet des ehemaligen Umfolozi Reserve ist etwa 800 km^2 groß, liegt zwischen zwei Flüssen und besteht aus sehr nahrhaftem Grasland. Das Klima ist warm bis heiß und ganzjährig steht genügend Wasser zur Verfügung. Als das Gebiet durch Weiße besiedelt wurde, engte sich der Lebensraum für das Wild ein. Zudem wurden einst unzählige Wildtiere (man spricht von 100.000) getötet, um die Tsetsefliege zu bekämpfen. Erst durch die Entwicklung chemischer Insektizide in den 1940er-Jahren konnte die Tsetsefliege ausgerottet werden und es kehrte Ruhe in das Wildschutzgebiet ein. Heute gibt es in Umfolozi **über 1.000 Weiße und Schwarze Nashörner** zu sehen, außerdem Löwen, Geparde, Impalas, Wildschweine, Blaugnus, Zebras, Wasser- und Riedböcke, Leoparden, Schakale sowie Krokodile in den Flüssen.

Nicht so harmlos wie er aussieht: Afrikanischer Büffel

Der Park ist berühmt für seine Nashornpopulation

Das Wildschutzgebiet ist ganzjährig geöffnet. Der „Umfolozi Mosaic Auto Trail" führt über 67 km durch das Parkgebiet (Fahrzeit: ca. 4–5 Stunden). Die Wege sind nicht allzu gut befestigt, sodass bei Regenwetter das Befahren bestimmter Abschnitte nicht leicht ist.

Hluhluwe

Das Gebiet des ehemaligen Hluhluwe Reserve umfasst ca. 200 km². Die Landschaft ist hügelig bis bergig. Die nördlich gelegenen Gebiete sowie die Flussufer sind bewaldet. In den ebenen Gebieten herrscht Savannen-Vegetation vor, die z. T. aus dichtem Buschwerk besteht. Die Niederschläge betragen 700 mm pro Jahr, sorgen also neben den Flüssen für genügend Wasser. Die Tierwelt ähnelt der des Umfolozi Game Reserve. Außerdem leben hier aber noch Giraffen und Buschschweine.

Auch Ornithologen kommen auf ihre Kosten: Es gibt hier u. a. den Marabu-Storch, den Gaukler sowie das Perlhuhn zu sehen. Auch in diesem Reservat sind die Straßen bei Regen schwer zu befahren. Übrigens: Das „hl" im Namen wird wie „schl" ausgesprochen. (mi)

INFO

Lage: Die beiden Gebiete sind ca. 280 km von Durban entfernt.
Größe: ca. 1.000 km²
Tiere: die „Big Five", zudem Giraffen, Wildhunde, Geparde, hunderte Vogelarten, Antilopen
Information: www.kznwildlife.com
Unterkunft: Die Auswahl ist groß, das schönste (und teuerste) Camp im Park ist das **Hilltop Camp** (www.hilltopcountrylodge.co.za) mit hübschen Chalets für 2-4 Personen. Vom Restaurant hat man einen tollen Blick ins Tal. Außerhalb liegt das empfehlenswerte **Falaza Game Park and Spa** (www.falaza.co.za) mit 15 Luxus-Zelten. Tierbeobachtungen finden auf dem lodgeeigenen Game Park statt oder es werden Ausflüge in das Hluhluwe Umfolozi Game Reserve unternommen.

10 Addo Elephant National Park: Heimat der grauen Riesen

Als die ersten Siedler auf dem Gebiet des heutigen Addo Elephant National Park sesshaft wurden, machten sich sehr bald Konkurrenten bemerkbar, die ebenfalls Besitzansprüche auf das Land hatten: Elefanten! Die Tiere verwüsteten immer wieder die Felder. Nach langen Diskussionen beauftragte die Kap-Regierung 1919 den Berufsjäger Jan Pretorius damit, die **Elefanten auszurotten**. Nur elf der Tiere überlebten das Massaker. 1931 entschloss man sich, einen Nationalpark zu gründen um den Tieren Lebensraum bereitzustellen.

Mittlerweile ist die Herde auf über 450 Elefanten angewachsen. Entlang einer Rundstraße, die auf kleine Beobachtungshügel führt, kann man sie an Wasserlöchern beobachten. Seit 1961 leben im Park auch Spitzmaulnashörner, Büffel, Leoparden, Kudus sowie andere Savannentiere. Beeindruckend ist auch die Vielfalt an Vögeln. Es gibt über 170 Vogelarten, darunter Strauße, Habichte, Falken und Teichhühner. Am Stausee, in der Nähe des Restaurants, befindet sich ein beliebter Beobachtungspunkt.

Die Vegetation besteht aus Kletterpflanzen und Bäumen, wobei kaum ein Baum höher als vier Meter ist, da er vorher von den Elefanten gestutzt wird. Typische Bäume sind der Jadebaum (afrikaans: Spekboom), der Karoo Boer Bean und der Guarrie. Der Park verfügt neben dem Restaurant über mehrere Grill- und Picknickplätze.

Heute ist der Park etwa 1.800 km² groß und umfasst weite Teile des Gebiets von Bird Island in der Algoa-Bucht über die Zuurberg- Berge bis hinter den Darlington-Damm in der Karoo. Den Elefanten wird inzwischen ermöglicht, bis zur Mündung des Sundays-Flusses zu wandern.

Zurzeit entwickelt die Regierung den Addo Elephant Park zum „**Greater Addo Elephant National Park**“ weiter. Bei dem ehrgeizigen Projekt will man genügend Farmland aufkaufen, um den drittgrößten südafrikanischen Park zu eröffnen, der 360.000 ha umfassen wird. Dazu werden auch 120.000 ha Mee-

Auch den Erdmännchen bietet der Park eine Heimat

Im Addo Elephant Park ist der Name Programm

res-Schutzgebiet gehören, da der Park von der Kleinen Karoo bis zum Indischen Ozean reichen wird. Dadurch werden die „Big Five" vom Land (Elefant, Nashorn, Büffel, Leopard, Löwe) zu den „Big Seven" erweitert, da der Südkaper, ein bis zu 18 m langer Bartenwal, eines der größten Meerestiere überhaupt, und der Weiße Hai dazukommen. Es ist geplant, den Parkbesuchern dann auch Tauchgänge anzubieten. (mi)

INFO

Lage: 72 km nördlich von Port Elizabeth
Größe: 1.800 km²
Tiere: neben Elefanten auch Löwen, Geparde, Nashörner und Leoparden sowie zahlreiche Vogelarten
Informationen: www.addoelephantpark.de
Unterkunft: Günstig übernachten kann man im Park auf den **staatlichen Campingplätzen** oder in den Restcamps (addoenquiries@sanparks.org). Das empfehlenswerte **Figtree Camp** (www.campfigtree.com) liegt innerhalb eines privaten Teils des Parks und bietet neben einem atemberaubenden Ausblick sieben luxuriöse Zimmer im Kolonialstil.

11 Hermanus und De Kelders: Wale in der Walker Bay

Wenige Kilometer östlich von Kapstadt gelangt man nach Hermanus, einem beliebten **Badeort** mit vielen Unterkünften. Die Gegend bietet sich sowohl zur Walbeobachtung als auch zu ausgedehnten Wanderungen an.

Besonders schön zur Walbeobachtung und bei weitem nicht so überlaufen wie Hermanus ist der einige Kilometer weiter südlich gelegene kleine Küstenort De Kelders. Hier ist von dem Touristenrummel nicht viel zu spüren, entspre-

Morgenstimmung bei Hermanus

chend beschaulich geht es zu. Von den Klippen aus kann man mit etwas Glück die riesigen Meeressäuger beobachten. „De Kelders" ist Afrikaans für „die Höhlen". Entlang des Küstenabschnitts haben sich **zahlreiche Höhlen** in das Gestein gegraben. Klipgate Cave ist eine der berühmtesten. Sie liegt direkt außerhalb von De Kelders im Walker Bay Nature Reserve. Hier wurden jahrtausendealte Überreste der ersten Menschen gefunden, außerdem Werkzeuge aus Stein und Knochen, die 65–85.000 Jahre alt sein sollen. Der sieben Kilometer lange Klipgat Trail führt an dieser und anderen Höhlen vorbei und durch die einzigartige Fynbos-Küstenvegetation.

Wiederum etwas weiter südlich an der Küste liegt **Gansbaai**, das sich zwischen den umliegenden Touristenorten noch den Charme eines authentischen Fischereiortes erhalten hat. Ein Duft von Fish & Chips hängt in der Luft und die große Fischfabrik sowie die Trawler im Hafen tun ein Übriges… Der Ort ist bekannt für das ökologisch umstrittene Cage Shark Diving: Wer schon immer mal einen Weißen Hai aus nächster Nähe beobachten wollte, hat hier (in ei-

Abstecher zum Cape Agulhas National Park

Cape Agulhas ist geografisch der **südlichste Punkt Afrikas** und offiziell die Trennlinie zwischen Indischem Ozean und Atlantik. Der 1848 hier errichtete Leuchtturm, heute Museum und Restaurant, konnte nicht das Auflaufen von über 100 Schiffen verhindern, die an diesem Küstenabschnitt untergingen. Ihre Überreste sind im Bredasdorp Shipwreck Museum (6 Independent Street, Bredasdorp) zu sehen.

Der Park liegt 170 km östlich von Kapstadt und beheimatet über 2.000 Pflanzenarten. Fynbos-Vegetation durchzieht den Park, wobei die meisten Blumen zwischen Mai und September blühen. Auf Naturpfaden kann man in diese Wunderwelt eintauchen.

nem Käfig) die Gelegenheit dazu. Weniger Abenteuerlustigen sei ein Bootsausflug zu den vorgelagerten Inseln Dyer und Geyser Island empfohlen, bei dem die beeindruckenden Tiere ebenfalls gut zu beobachten sind. Das Gewässer zwischen beiden Inseln wird auch „Hai-Gasse" genannt. Dyer Island ist zudem von Pinguinen bevölkert.

Danger Point, die Landspitze ein kleines Stück weiter südwestlich, schrieb 1852 Geschichte: Ein britisches Schiff lief hier auf Grund. Der Kapitän gab den bis dato üblichen Befehl „Rette sich wer kann!" („Every man for himself!"). Doch die Soldaten an Bord reihten sich an Deck auf und ließen Frauen und Kinder zuerst von Bord, in dem Wissen, dass es nicht genug Rettungsboote gab, und verhinderten so eine aufkommende Panik. 442 Menschen starben, ohne zu wissen, dass es von da an hieß: „Frauen und Kinder zuerst!". (mi)

Buckelwal in der Walker Bay

INFO

Lage: östlich von Kapstadt, an der Garden Route
Information: www.tourismgansbaai.co.za, www.hermanus.co.za,
Unterkunft: Schön wohnt es sich in der **Whalesong Lodge** (www.whalesonglodge.co.za), wo man aufgrund der Lage auf den Klippen bei die Wale von der Terrasse aus beobachten kann. Das in Hermanus nahe dem Fernkloof Nature Reserve gelegene **Francolinhof Guest House** (www.francolinhof.co.za) bietet sich für Wanderungen und Kletterpartien an. Die Zimmer haben Blick auf die Bay oder die Berge. Ebenfalls in der Nähe befindet sich das luxuriöse **Grootbos Nature Reserve** (s. S. 198).

Natur & Landschaft

12 Soutpansberg: im Land der hundert Flüsse

Im Norden Südafrikas, nahe der Grenze zu Zimbabwe, liegt das Land der Venda (s. S. 120). Die **Dzata-Ruinen** ihrer Vorfahren, die im 18. Jahrhundert aus Zentralafrika kamen, sind zwar nicht ganz so eindrucksvoll wie die berühmten Ruinen in Zimbabwe, aber ein weiteres Zeugnis dafür, dass die afrikanische Kultur schon vor dem Eindringen der Europäer Steinbauten errichtete. Ein kleines Museum zeigt eine Ausstellung zur Vendakultur und -geschichte.

Das Soutpansberg-Gebirge erhebt sich bis auf 1.900 m und ist Quelle vieler Flüsse, weswegen die Gegend auch das „Land der hundert Flüsse" genannt wird. Hohe Niederschläge, besonders an den Südhängen, lassen hier großenteils Ackerbau zu. Kleine Wasserkraftwerke und Staudämme für Bewässerungskulturen in den Tälern wurden errichtet. Ehemals waren die Hänge der Berge dicht bewaldet, doch zusammenhängende Waldflächen sind heute selten geworden. Einzelne Aufforstungen (meist Eukalyptus und Kiefern) unterbrechen das Bild einer nunmehr vor allem landwirtschaftlich genutzten Feuchtsavanne.

Thohoyandou im Osten der Berge ist eine relativ neue „Stadt" und für den Reisenden wenig reizvoll. Der größte Markt in der Gegend befindet sich in Sibasa, der Siedlung auf dem Berg oberhalb von Thohoyandou. Von hier führt die Straße nach Mphephu und Makhado. Nach wenigen Kilometern bietet sich eine schöne Aussicht über Thohoyandou und das Umland. In der Nähe liegen die **Tshivhase Tea Estates**. Die Bergregion bietet in der Regel genügend Niederschlag, um Tee anzubauen. Falls dieser einmal nicht ausreichen sollte, wird Wasser aus den Bergen gewonnen, die eine hohe Wasserspeicherkapazität aufweisen.

Thatha Vondo ist eine wunderschöne Berglandschaft mit Flüssen, Wasserfällen und Wäldern. Von einem Aussichtspunkt bietet sich ein Blick auf den Vondo-Damm. In dieser Region befindet sich eine Reihe von Sehenswürdigkei-

Blick auf den Lake Funduzi

ten, insbesondere ein Besuch der heiligen Stätten empfiehlt sich. Bei einer geführten Tour kann man die alten Geschichten und Sagen von einem Venda erzählt bekommen.

Mystische Stimmung im Wald

Sacred Forest: Dieser heilige Wald ist sagenumwoben und schon seit frühester Zeit werden hier die Venda Chiefs begraben. Die Begräbnisstätte selbst kann man nicht besuchen. Die Sage berichtet, dass der ehemals mächtige Chief *Nethathe*, verkörpert von einem weißen Löwen, mit seinen Gehilfen, den Affen, darüber wacht, dass niemand diesen heiligen Ort aufsucht. Wer hier Feuerholz sammelt, wird von einer Schlange gewarnt und bei Ungehorsam gebissen, was zum Tode führt. Man gelangt über eine Piste in diesen Wald und darf, mit Genehmigung, das Auto verlassen und die magische Kraft dieses Ortes auf sich wirken lassen. Auch der **Lake Funduzi** gilt als heilig. Die Venda betrachten ihn als das Herz und die Seele des Vendalandes. In seinen Tiefen lebt der sagenhaften Überlieferung nach eine große weiße Pythonschlange und ein Krokodil wacht darüber, dass niemand Trinkwasser aus dem See entnimmt. Obwohl es gerade in diesem Gebiet sehr viel regnet, erhält der See sein Wasser in der Trockenheit, wenn die Erde der Berghänge es freigibt. Das faszinierte die Venda und führte zu dem Glauben, dass sich einfaches Regenwasser nicht mit dem heiligen Wasser des Sees vermengen kann und dass selbst das Wasser des Mutale River nur durch ihn hindurchfließt, um am anderen Ufer wieder auszutreten. Der See ist sehr fischreich, doch niemand versucht, diese Fische zu fangen, denn wer sich ihm nur mit einer Angel nähert, wird eine warnende Stimme aus seinen Tiefen hören. Von einer Anhöhe aus kann man den ganzen See überblicken. An die Ufer darf aber nur, wer vorher die Erlaubnis des ansässigen Chiefs eingeholt hat.

Tshatshingo Potholes: In diese natürlichen, in Jahrhunderten vom fließenden Wasser ins Granitgestein gegrabenen Wasserlöcher wurden in alten Zeiten die „Staatsfeinde" geworfen, nachdem ein Häuptlings-Gericht sie für schuldig befunden hatte. Niemand durfte aber von der Hinrichtung erfahren und nur ein paar ausgewählte starke Männer vollzogen sie. Wer davon erzählte wurde auf die gleiche Weise getötet. (mi)

INFO

Lage: im Norden der Limpopo Province, an der Grenze zu Zimbabwe
Informationen: www.soutpansberg.com, www.makhado.gov.za
Unterkunft: Das **Mphephu Resort** (www.wildliferesorts.org), 24 km außerhalb von Thohoyahou gelegen, bietet schöne Chalets mit Küche, in der Nähe liegen die warmen Munwamadi-Quellen.
Besonders empfehlenswert ist zudem die **Sigurwana Lodge** (s. S. 186).

13 Augrabies Falls National Park: die Fälle der „Mutter aller Flüsse“

Für die San ist der Oranje „die Mutter aller Flüsse“. Sie nennen ihn Igarib, „den großen Fluss“. Allein der Oranje ermöglicht Leben in den extrem trockenen Halbwüstenlandschaften im Norden Südafrikas. Die Quelle des Flusses, der eine Gesamtlänge von 1.860 km aufweist, liegt auf 3.160 m Höhe in den Drakensbergen. Hier sorgen hohe Niederschläge für eine ganzjährige Wasserführung. Der Oranje hat einen unruhigen Lauf, viele Katarakte und Sandinseln, sodass er nicht schiffbar ist. Doch für die Wasserversorgung Südafrikas spielt er als größter Fluss des Landes eine herausragende Rolle.

Kurz vor der Grenze zu Namibia sorgt der Oranje für ein besonderes Naturschauspiel: Er stürzt hier in eine tiefe Schlucht, die er vor ca. zwei Millionen Jahren in den rötlichen Granit gegraben hat. Die Augrabies-Fälle, 1967 zum Augrabies Falls National Park erklärt, gehören zu den **sechs größten Wasserfällen der Welt**. Insgesamt 146 m tief stürzen die braunen Fluten beim Hauptfall in die rote Granitschlucht. Während der spätsommerlichen Hochwasserzeit ergänzen weitere 19 Fälle das Naturspektakel. Die gesamte Schlucht ist neun Kilometer lang und bis zu 260 m tief.

Im Zuge einer Anhebung der Landmassen vor etwa 70 Millionen Jahren begann der Oranje, sich in den Untergrund einzugraben. Man vermutet, dass der Fluss im Laufe der Zeit eine **große Menge Diamanten** transportiert und diese vor allem in seinem Mündungsbereich abgelagert hat. Dort liegt heute Oranjemund, das Zentrum des namibischen Diamantenabbaus. Ein Teil der Diamanten liegt aber sicher auch auf dem Grunde der Schlucht, in die die Wassermassen der Augrabies-Fälle stürzen.

Sukkulenten wie der Köcherbaum gehören zur typischen Vegetation der Region

Beeindruckendes Naturspektakel

Die Pflanzen- und Tierwelt der Region ist vielfältig: Es wachsen wilde Olivenbäume und Kapweiden. Turmschwalben, Finken, Regenpfeifer, Trappgänse und Fischadler können beobachtet werden. Ebenso beanspruchen Paviane, Steinböcke, Springböcke und Klippspringer diese Gegend als Lebensraum.

Der erste Weiße, der die Augrabies-Fälle zu Gesicht bekam, war der schwedische Söldner Hendrik Wikar, der aus seiner Garnison am Kap geflüchtet war und durch die Wildnis des Nordens irrte. Am 6. Oktober 1778 gelangte er an die Fälle, die die Einheimischen „Ankoerebis" oder „Loukurubes" nannten, was „Ort des tosenden Lärms" bedeutet.

Unmittelbar vom staatlichen Restcamp führt ein kurzer Weg zur Schlucht des Oranje sowie zu den Fällen. Er führt über Felsen und ist zur Schluchtseite hin durch Gitter gesichert. Vorsicht: Etwa am Ende des offiziellen Weges gibt es große **Potholes** (herausgewaschene, bis zu zwei Meter tiefe Löcher), in die man hineinfallen kann. Ein ganz besonderer Tipp ist aber eine Fahrt auf der Parkstraße in Richtung Westen. Man gelangt hier in wenigen Minuten zu verschiedenen spektakulären Aussichtspunkten wie **Ararat** oder **Oranjekom**, die einen einem unvergesslichen Blick in die Schlucht des mäandrierenden Oranje bieten. (mi)

INFO

Lage: 120 km westlich von Upington
Größe: 880 km²
Besonderheiten: Gehören zu den sechs größten Wasserfällen der Welt.
Pflanzen: Sukkulenten (Köcherbäume)
Informationen:
www.sanparks.org/parks/augrabies/

Unterkunft: Der Augrabies Falls National Park bietet **vielseitige Möglichkeiten zum Camping**, hat einen schön gelegenen Caravan-Platz und bietet außerdem noch Übernachtungen in kleinen Häuschen an.
Tipp: Klippspringer-Wanderweg

14 Richtersveld National Park: Kanutour durch die Wildnis

Im äußersten Nordwesten der Northern Cape Province gelegen ist der Richtersveld National Park eines der letzten beinahe unberührten Gebiete des südlichen Afrika. 2007 wurde die Region aufgrund ihrer biologischen Vielfalt zum Weltnaturerbe der UNESCO erklärt. Es handelt sich um eine *mountain desert*, eine Gebirgswüste mit weniger als 50 mm Jahresniederschlag. Dafür bringen aber häufige Morgennebel die erforderliche Feuchtigkeit vom Meer. Die Ursache dafür ist der kalte Benguelastrom.

2003 wurde die Region von den namibischen und südafrikanischen Präsidenten zum **Richtersveld Transfrontier Park** erklärt. Dadurch sollten zum einen die umliegenden Gemeinden Kuboes, Sanddrift, Lekkersing und Eksteenfontein vom Tourismus profitieren, zum anderen sollte die einzigartige Biodiversität des Parks geschützt werden. Die Öffnung der Grenze sollte zudem dazu beitragen, das kulturelle Erbe und den Lebensraum der Nama zu erhalten. Der Park ist eine der letzten Regionen, in denen die Nama ihren traditionellen Lebensstil, die mobile Viehhaltung, aufrecht erhalten können. Es finden sich außerdem einige archäologisch wichtige Stätten: Alte Relikte menschlichen Lebens wurden in einer Höhle bei Die Toon gefunden, sie stammen schätzungsweise aus dem Jahre 2200 v. Chr.

Blick in die weite Ebene des Richtersveld National Park

Ein Erlebnis: Kanusafari auf dem Oranje

Der Park ist bekannt für seine wasserspeichernden Sukkulenten, die sich den klimatischen Bedingungen angepasst haben. Dazu gehören die Köcherbäume, artverwandte Stammsukkulenten, wie die *Aloe Pillansii* sowie die nur hier vorkommenden *halfmen* (Pachypodium namaquanum). Der Name geht auf die ungewöhnliche Form des Baums zurück, der oben auf seinem Stamm nur eine kleine runde Krone hat, die an einen Kopf erinnert. Insgesamt soll es im Park über 2.700 Pflanzenarten geben, darunter über 500 endemische Arten.

Die hier lebenden Tiere haben sich ebenfalls an das harsche, aride Klima angepasst. In den etwas grüneren Gebieten am Oranje leben ca. 200 Vogelarten und einige Säugetiere. Außerdem bevölkern 36 Eidechsenarten und über 15 Schlangenarten, denen das insgesamt eher heiße und trockene Klima sehr entgegenkommt, den Park.

Der Park ist durch ein Wegesystem gut erschlossen, wobei es in einigen Flusstälern sehr sandig werden kann. Ebenso sind die Abstiege von der Hochfläche zum Oranje, z. B. zum Camp De Hoop, selbst für geübte Offroad-Fahrer eine Herausforderung.

Ein besonderes Abenteuer und weit mehr als eine einfache Kanufahrt ist eine **Safari auf dem Oranje**: Der Fluss entspringt in den Drakensbergen und sein kurviger Verlauf führt durch ganz Südafrika, bis er bei Oranjemund in den Atlantik mündet. Die Tour am Rande des Richtersveld National Park verspricht faszinierende Landschaftserlebnisse, Entspannung, unglaubliche Sonnenuntergänge, Abendessen am Lagerfeuer und sternenklare Nächte am Flussufer. In 4–6 Tagen kann man Ruhe und Abenteuer genießen und dabei einige der versteckten Schätze dieser einsamen Gegend entdecken. Tagsüber wird gepaddelt und gebadet, es werden (kleinere) Stromschnellen überwunden, Vögel beobachtet sowie Spaziergänge auf die umliegenden Hügel gemacht. Nebenbei erschließt sich das Ökosystem der Wüste. Am Oranje leben z. B. der Fischadler, der Goliathreiher und der Hauben-Zwergfischer, der auf der Suche nach Nahrung in den Fluss taucht. (mi)

INFO

Lage: südlich des Oranje, an der Grenze zu Namibia
Größe: 1.624 km²
Pflanzen: wasserspeichernde Sukkulenten (Köcherbäume)
Informationen: www.sanparks.org/parks/richtersveld/. Kanutouren werden z. B. von www.felixunite.com angeboten.
Unterkunft: Das staatliche Sendelingsdrif Rest Camp verfügt über zehn Chalets mit Bad und Ausblick auf den Oranje. Außerdem gibt es mehrere einfache Campingplätze und zwei rustikale Wilderness Camps.

15 Blyde River Canyon: entlang der Panoramaroute

Im Nordosten der Provinz Mpumalanga liegt eine der **schönsten Landschaften Südafrikas**. Hier, an der Nahtstelle des Highvelds und des Lowvelds, erschließt die Panoramaroute großartige Landschaften, deren Höhepunkt der **Blyde River Canyon** ist. Die beiden Flüsse Blyde und Ohrigstad River haben die einmalige Schluchtenlandschaft geschaffen: 32 km lang ist der Blyde River Canyon, der kürzere Diepkloof Canyon 16 km. Vom Hochland, das Höhen von über 2.000 m erreicht, bricht eine Landstufe ins Lowveld ab, das durchschnittlich 300–600 m hoch liegt.

Tipp: Wanderwege

Für Wanderfreunde stehen zwei Fernwanderwege und drei kürzere Strecken zur Verfügung, die eine intensive Begegnung mit dieser Landschaft ermöglichen. Besonders bietet sich der **Blyderivierspoort Hiking Trail** (65 km, 5 Tage) an. Er erstreckt sich von God's Window nordwärts durch den Blyde State Forest bis zum Sybrand van Niekerk Public Resort.

Der Name des Blyde River geht auf eine Geschichte zurück: Im Winter 1840 leitete der Voortrekker Hendrik Potgieter eine Expedition zum portugiesischen Hafen Laurenço Marques. Die Frauen wurden auf den malariafreien Höhen des Drakensbergs in der Nähe von Graskop zurückgelassen. Als die Männer zur vereinbarten Zeit nicht zurückkehrten, glaubten die Frauen, dass ihren Männern Unheil zugestoßen sei und nannten den Fluss, an dem sie campierten, „Treur" („Trauer"). Dann brachen die Frauen in Richtung Ohrigstad auf, doch auf ihrem Weg wurden sie von Potgieter und seinen Männern am weiter westlich fließenden Fluss eingeholt. Diesen Fluss nannten sie „Blyde" („Freude").

Die **Panoramaroute** umfasst das westliche Gebiet der Drakensberge, die steil – über 1.000 m – über eine Randstufe ins Lowveld abbrechen. Durch diese Randstufe haben sich Flüsse ihren Weg gebahnt und so gibt es hier viele Schluchten und Wasserfälle. Die uralten präkambrischen Gesteine (Dolomite und Quarzite) sind oft mit verschiedenfarbigen Flechten bedeckt. Große Gebiete sind wiederaufgeforstet worden, andere ursprünglicher bewachsen.

Die Rundtour kann in Sabie starten. Der kleine Ort liegt 1.109 m über dem Meer, direkt am Abhang des Mount Anderson (2.285 m) und des Mauchbergs (2.115 m). Letzterer wurde nach *Carl Mauch* benannt, dem deutschen Geologen, der 1871 die berühmten Ruinen von Great Zimbabwe entdeckte. Sabie ist von dichten Wäldern umgeben, in der Nähe liegen herrliche Wasserfälle wie z. B. die Lone Creek Falls (68 m, eindrucksvoller Wasserschleier) und die Bridal Veil Falls („Brautschleier"-Wasserfälle). Weiter geht es zu den **MacMac Pools**, herrlichen natürlichen Pools mit wunderbar klarem, aber sehr kaltem Wasser, in denen man schwimmen kann. Die Zwillings-Wasserfälle (Zugang von der Straße Sabie–Graskop) stürzen 56 m tief in eine bewaldete Schlucht.

1873 entdeckte *Johannes Muller* in diesem Flusslauf Gold; zwar in guter Qualität, doch in relativ geringen Mengen, die es nicht zuließen, dass zu viele Goldgräber erfolgreich waren. Trotzdem kam es zu einem regelrechten Massenandrang in diese Gegend. 1874 besuchte der damalige südafrikanische Präsi-

Blick aus God's Window am südlichen Ende des Blyde River Canyon

dent *Thomas Burgers* die Fundstätte und war erstaunt, sehr viele Schotten bei der Arbeit zu sehen: Jeder Zweite war irgendein „Mac" – und fortan hießen die Zwillingswasserfälle einfach „MacMac".

Am Zusammenfluss des Blyde River mit dem Treur River ist eine Jahrmillionen alte geologische Erscheinung zu sehen: die **Bourke's Luck Potholes.** Damals, als der Fluss noch mehr Wasser und Geröll mitführte, wurden diese Strudelkessel in dem Untergrund aus weicherem Gestein ausgehöhlt. Man kann sie heute auf Pfaden und über kleine Holzbrücken erreichen. Hier fand um 1870 **Tom Bourke** Gold, zwar keine sehr ergiebigen Vorkommen, aber dennoch fühlte er sich „lucky" (deshalb der Name „Bourke's Luck Potholes"). Hinter den Potholes stürzt sich der Blyde River in eine Schlucht, die Tiefen von bis zu 800 m erreicht. (mi)

INFO

Lage: im Nordosten der Provinz Mpumalanga
Höhe: zwischen 300 und 2.000 m
Besonderheiten: Die Route umfasst eine Vielzahl an Wasserfällen und Zusammenflüssen mit interessanten geologischen Formationen.
Unterkunft: Schön nächtigen kann man in der luxuriösen **Tanamera Lodge** (www.tanamera.co.za) an den Hängen des Sabie-Tals mit tollem Ausblick auf die Wälder des Lowveld. Die acht Chalets liegen einsam im Busch und bieten neben romantischer Atmosphäre Highlights wie Naturbadewannen und Wasserfallduschen. Von hier aus kann man auch die alte Goldgräberstadt Pilgrim's Rest besuchen (s. S. 104). Ebenfalls empfehlenswert ist die **Chestnut Country Lodge** (www.chestnutlodge.co.za), hier gibt es einen Pool mit fabelhaftem Ausblick.

16 Abstecher nach Swasiland: traditionelles Königreich

Swasiland ist mit 17.364 km² kaum größer als das Bundesland Schleswig-Holstein und doch bietet es dem Reisenden ein vielseitiges Landschaftsbild. Hohe Berge, weite Ebenen und traumhaft gelegene Dörfer gilt es zu entdecken. Besonders reizvoll sind das **Bergland im Westen**, das von vielen tiefen Flusstälern durchschnitten ist und natürlich die **Wildparks**, die, abseits der Hauptreiserouten gelegen, einen geruhsamen Aufenthalt versprechen.

Das Leben der Swasi ist noch eng mit alten Traditionen verbunden. Zu den meisten feierlichen Anlässen wird **traditionelle Kleidung** angelegt und nach alten Sitten und Gebräuchen gefeiert und getanzt. Doch selbst im alltäglichen Leben sieht man noch viele Menschen in Trachten herumlaufen. Besonders die Chiefs halten an dieser Tradition fest und es ist nichts Ungewöhnliches, wenn man in bunten Stoff gewickelte Männer mit modernen Aktenkoffern durch die Straßen von Mbabane laufen sieht. Die Hauptstadt Swasilands ist nach *Chief Mbabane* benannt, der einst verantwortlich für die königlichen Viehbestände war. Da Chief Mbabane ein sehr strenger Mann war, wird seither das Wort „Mbabane“ von den Swasi für „bitter“ und „scharf“ gebraucht. Von der Hauptstadt aus sind Ausflüge entlang der Tea Road, ins Pine Valley, nach Pigg's Peak oder in das Grand Valley mit seinen faszinierenden Panoramen möglich.

Südöstlich Mbabanes liegt das **Ezulwini Valley**. „Ezulwini“ bedeutet „Platz des Himmels“. Benannt wurde das Tal nach dem früheren königlichen Kraal. Hier gibt es landesweit die meisten Hotels und die meisten Sehenswürdigkeiten sind von hier aus gut zu erreichen. Im Ezulwini Valley findet man auch zahlreiche Craft Shops. Sie reihen sich wie eine Perlenkette an der Hauptstraße auf. Im Herzen des Ezulwini Valley gelegen ist das **Lobamba Royal Village**. Hier befinden sich der Königskraal, das Parlamentsgebäude, das Nationalmuseum und weitere prunkvolle Staatsgebäude wie der Embo State Palace: Hier empfängt der König seine Untertanen und hält Audienzen ab.

Frauen beim Reed-Tanz in traditioneller Kleidung (www.swazi.travel)

Von Mbabane in Richtung Norden geht es auf dem gut ausgebauten Mswati III Highway über Höhen und Täler, wobei man einen guten Eindruck von der **Bergwelt Swasilands** bekommt und viele schöne Ausblicke in die Täler hat. Schließlich gelangt man nach Pigg's Peak. Der nur aus einer Straße bestehende, dafür aber mit einem Kasino ausgestattete Ort entstand – wie sollte es in dieser Gegend anders sein – durch einen Goldfund. 1885 entdeckte der Franzose William Pigg eine so reiche Ader, dass hier für die nächsten 80 Jahre die größte Goldmine des Landes entstehen konnte.

Bergige Landschaft (www.swazi.travel)

Südlich von Pigg's Peak liegt das **Malolotja Nature Reserve**, Swasilands schönster Park. Auf 18.000 ha bietet sich für Naturliebhaber eine Fülle von Attraktionen, wie z. B. der Ngwenya Mountain (1.829 m). Neben bekannten Savannentieren wie Zebra, Gnu und Kuhantilope leben hier viele Reptilien. Besonders interessant ist die Geologie der Region. Es gibt hier die ältesten Sedimentgesteine der Erde und über drei Milliarden Jahre alte, fossile Algen.

Im Osten des Landes, schon fast an der Grenze zu Südafrika, liegt das **Hlane Game Reserve**. Das wohl bekannteste und mit 30.000 ha größte Wildschutzgebiet des Landes wurde 1967 von König *Sobhuza II.* offiziell zum Schutzgebiet erklärt. Im Laufe der Jahre versuchte man, den Wildbestand aufzustocken. Es gibt hier mittlerweile Elefanten, Nashörner, Giraffen, Wasserbüffel, Strauße, Zebras, Krokodile und viele andere Savannentiere. Einmal im Jahr findet die *Butimba*, die vom König eröffnete Jagd statt. Daran dürfen ausschließlich erfahrene und geladene Jäger teilnehmen. Nur ein Teil des Reservates ist für Besucher geöffnet und nur wenige Touristen nehmen den weiten Anfahrtsweg bis zu dem Hlane Game Reservat auf sich. So kann der Reisende hier ungestört ein Stück des ursprünglichen Afrika erleben. (mi)

INFO

Lage: im Osten Südafrikas, an der Grenze zu Mosambik
Größe: 17.364 km²
Einwohnerzahl: 1,3 Millionen
Staatsform: absolute Monarchie
Hauptstadt: Mbabane
Information: www.welcometoswaziland.com, www.swazi.travel

Unterkunft: Etwa 10 km nördlich von Pigg's Peak liegt das **Phophonyane Private Nature Reserve** (www.phophonyane.co.sz), ein privates Reservat mit einer der schönsten Unterkünfte des südlichen Afrika (s. S. 212).

17 Kosi Bay Nature Reserve: verborgene Perle am Indischen Ozean

Wer Abgeschiedenheit, Ruhe und das Meer liebt, der sollte sich einen Aufenthalt in der Region des Kosi Bay Nature Reserve nicht entgehen lassen. Für Individualreisen ist es ein **Paradies auf Erden**. Es besteht nicht aus einer Bay im eigentlichen Sinne (also mit Zugang zum Meer), sondern aus einem System von vier Seen, von Norden nach Süden: Lake Makhawulani (First Lake), Lake Mpunwini (Second Lake), Lake Nhlange (Third Lake) und Lake Amanzimnyama (Fourth Lake).

Fischer in der Kosi Bay

Diese Seen sind vom Meer durch Sanddünen abgegrenzt und haben nur bei Flut über Kosi Mouth einen Wasserzugang. Die einzelnen Seen sind durch Kanäle miteinander verbunden, sodass man interessante Kanufahrten unternehmen kann. Die Landschaft ist außerdem gut geeignet für Vogelbeobachtungen, zum Fischen und zum Schnorcheln. In Meeresnähe gibt es Palmenwälder.

Das schönste **Schnorchelrevier** liegt bei Kosi Bay Mouth, wo im Schutz der Dünen das Meer in das Seen-Gebiet eindringt. Hier kann man eine große Vielfalt an Fischen beobachten. Für einen Ausflug nach Kosi Mouth ist ein entsprechendes Permit erforderlich, das man über die Lodgen anfordern kann. Die Anfahrt ist landschaftlich sehr schön, vor allem, wenn man die Höhe der Dünen erklommen hat, um danach zum Meer hinunterzufahren.

In der Meeresbucht gibt es „Fish-Traps", mit deren Hilfe die Einheimischen Fische fangen. Es ist überhaupt interessant zu sehen wie die Menschen hier, an der Grenze zu Mosambik, in kleinen lockeren Dorfgemeinschaften in und mit der Natur leben.

Die Wege im Kosi Bay Nature Reserve sind generell sehr sandig und es müssen immer wieder kleine Flüsse durchquert werden – ein Allradfahrzeug ist deshalb ein Muss! Die normale Straße endet sieben Kilometer vor der Küste, ab hier geht es also nur noch mit 4x4 weiter.

Eine der schönsten, aber auch anstrengendsten Möglichkeiten, das Gebiet für sich zu entdecken, ist der **Kosi Bay Hiking Trail.** Jeden Tag wird zwischen drei und vier Stunden gewandert, daneben bestehen Möglichkeiten zu Bootstouren, Schnorchel- und Badeausflügen, Ausritten zu Pferd und ganz einfach zum Entspannen. Nach der Anreise mit dem Allradwagen und der ersten Übernachtung im Basis Camp geht es nordwärts zum First Lake, wo der seichte Kanal durchwatet wird und die Möglichkeit zum Schnorcheln besteht. Am zweiten Tag geht es auf der anderen Seeseite in Richtung Süden zu einem weiteren Camp direkt am Meer. Während der Eierlegesaison der Schildkröten werden nächtliche Ausflüge zum Strand angeboten. Bevor es nach einer weiteren Übernachtung zurück zum Basis Camp geht, wird auf einem Floß aus Raphiapalmstämmen ein Sumpfgebiet durchquert. (mi)

INFO

Lage: Im äußersten Nordosten von KwaZulu-Natal; vom Tembe Elephant Park bis zum Kosi Bay Nature Reserve sind es ca. 55 km.
Information: www.maputaland.net, www.jacanacollection.co.za
Unterkunft: Bei KZN Wildlife (www.kznwildlife.com) können Hütten gebucht werden. Einfache, aber schöne Camps sind z. B. das **Bhanga Nek Camp** (www.bhanganek.co.za) oder das **Maputaland Bush Camp**. Zudem gibt es die tolle **Kosi Bay Lodge** (www.kosibaylodge.co.za) die auf einem Hügel liegt und den Lake Nhlange (Third Lake) überblickt. Man erreicht die Lodge von Kwangwanase aus mit einem normalen Pkw. Es gibt hier saubere, einfach eingerichtete Chalets, einen gepflegten Swimmingpool, schöne Außenanlagen sowie ein kleines „Handwerkerdorf" gleich nebenan, in dem hübsche Souvenirs gefertigt werden. Ein zehnminütiger Spaziergang führt durch einen dichten Wald ans Seeufer. Hier liegt das Boot der Lodge, mit dem man Ausflüge unternehmen kann.
Die **Kosi Forest Lodge** (www.zulunet.co.za) liegt bei Kwangwanase, ab hier ist sie ausgeschildert. Man kann die Lodge nur mit einem Allradfahrzeug erreichen; Gäste mit normalem Pkw parken auf einem eingezäunten Gelände und werden hier zu festen Zeiten abgeholt. Die Fahrt ab hier dauert ca. 15 Min. – der Weg ist sehr, sehr sandig. Die Lodge liegt in einem kleinen Wäldchen auf einer Anhöhe unweit eines Sees. Es gibt ein „Sundowner Deck" und die „Bush Suites" sind komfortabel, alle mit WC/Dusche und Badewanne (draußen unter freiem Himmel in den Sand gebaut) ausgestattet. Es gibt kein elektrisches Licht, dafür ist abends alles sehr schön mit Kerzen illuminiert. An Aktivitäten bieten sich Kanufahrten auf einem benachbarten Fluss, Schnorcheln, Vogelbeobachtungen an.

18 iSimangaliso Wetland Park: Wunder und UNESCO-Welterbe

Der iSimangaliso Wetland Park (bis 2007 Greater St. Lucia Wetland Park) wurde 1999 aufgrund seiner außergewöhnlichen **Vielfalt in Flora und Fauna** zum ersten UNESCO-Weltnaturerbe in Südafrika erklärt und zeigt ein faszinierendes Zusammenspiel von Kultur, Tier- und Pflanzenleben, Mineralien und vielfältigen Landschaften. Der Park umfasst artenreiche Korallenriffs, Strände und Küstenbewaldung, Salz- und Frischwassermarschland, offene Flussmündungen, üppige Küstenstreifen mit Mangroven, Schilf, Buschland und Waldgebiete. „iSimangaliso" bedeutet in Zulu „Wunder" und geht auf den Beamten *Ujeque* des legendären Zulu-Königs *Shaka* zurück. Jener erzählte nach einem Besuch der Gegend von den gesehenen Wundern, woraus das Zulu-Sprichwort „Ubone isimanga esabonwa uJeqe kwelama Thonga" („Wenn du Wunder gesehen hast, hast du das gesehen, was Ujeque in Thonga gesehen hat") entstand.

Der **Lake St. Lucia** mitten im Naturschutzgebiet war ursprünglich kein See, sondern Küstengebiet. Bewaldete Sanddünen trennen heute den See vom Indischen Ozean. Vor über 60 Millionen Jahren wich an der Stelle des heutigen Naturschutzgebietes das Meer allmählich zurück, weil sich das Land hob. Zurück blieben seichte Vertiefungen, die heute von Lagunen, Seen und Meeresbuchten ausgefüllt werden. Hier gibt es ideale Lebensbedingungen vor allem für die Vogelwelt. Über 520 Arten sind hier vertreten, u. a. Pelikane, Kaspische Seeschwalben, Ibisse, Störche und Flamingos. An den Flussmündungen leben Krokodile, die gelegentlich auch den See bevölkern. Weit mehr als 400 Flusspferde sind hier beheimatet, Riedböcke, Buschböcke sowie das Nyala sind ebenfalls anzutreffen.

Ausblick aus der Thonga Beach Lodge

Tauchen in den Korallenriffs

Es gibt die Möglichkeit zur Teilnahme an **geführten Wildniswanderungen**. So beginnen beispielsweise dreitägige Touren in Charters Creek. Ein erfahrener Wildhüter ist bei der Wanderung mit dabei. Mit Booten gelangt man in einsame, beinahe unberührte Regionen und täglich werden etwa 16 km zurückgelegt.

Nördlich des Lake St. Lucia liegt die **Sodwana Bay**. Die Küste besteht aus einem Streifen von dichten und dschungelartig bewachsenen Sanddünen. Wild wachsende Bananenbäume und Mildwood-Bäume gedeihen hier. Weitere Höhepunkte liegen unter Wasser: Die unglaubliche Fischvielfalt und die südlichsten Korallenriffe Afrikas machen das Gebiet zu einem Topspot für Angler und Taucher. In der Nebensaison ist der ruhigere Strand ein Traum, das Meer mit 21–27 °C wohl temperiert und es gibt einsame Tauch- und Schnorchelmöglichkeiten. Von Ende Oktober bis Januar bieten die weiblichen Loggerhead- und Leatherback-Schildkröten nachts ein atemberaubendes Naturschauspiel (s. S. 26). (mi)

Tipp: Tauchen an der Sodwana Bay

Mehrere Riffs der Sodwana Bay bieten eine faszinierende Unterwasserwelt. Das **7 Mile Reef**, das im Durchschnitt in 18 m Tiefe liegt, zählt mit seiner ca. vier Meter hohen Unterwasserdüne zu den schönsten Riffs der Welt.

INFO

Lage: 200 km nördlich von Durban
Tiere: über 520 Vogelarten, außerdem Krokodile, Flusspferde und Schildkröten
Größe: 360 km²
Besonderheit: UNESCO-Weltnaturerbe seit 1999
Unterkunft: Das **Camp Mabibi** zählt zu den schönsten und ruhigsten Campingplätzen Südafrikas. Mabibi gehört zum Maputa-Land Coastal Forest Reserve. Die Strände sind ein Traum. Nobler nächtigt man in der **Thonga Beach Lodge**: Von den zwölf reetgedeckten, luxuriösen Bungalows blickt man auf den einsamen Strand. Die Lodge ist nur mit einem Geländewagen zu erreichen. Exklusivität ist garantiert, Tauchen und Schnorcheln sind möglich (www.zulunet.co.za).

19 Royal Natal National Park: das Amphitheater der Drakensberge

Die Drakensberge, jener **mächtige Gebirgszug** in Südafrika, der die schönsten Gebirgsszenerien des Landes aufweist, blickt auf eine interessante geologische Entwicklung zurück: Vor mehr als 100 Millionen Jahren war das südliche Afrika ein Gebiet ausgedehnter Sümpfe und Regenwälder. Durch Klimaveränderungen dörrte das Land aus, die Sümpfe wurden trocken, die Wälder starben ab, urzeitliche Tiere wurden zu Fossilien. Aus diesem Schlamm entstanden verschiedenfarbige Sande. Winde wehten diese Sande auf, die sich in höheren Gebieten auftürmten und letztlich eine 300 m dicke Sandsteinschicht bildeten.

Vor etwa 25 Millionen Jahren drangen dann durch Risse im Gesteinsgefüge Lavamassen nach oben. Die durch Vulkane eruptierten Basalte waren über 1.000 m mächtig und bilden heute die Drakensberge, genannt „das Dach" Südafrikas. Diese Gesteinsformationen wurden bis auf 4.000 m über den Meeresspiegel angehoben. Hier regnen sich bis heute die feuchten Luftmassen des In-

Faszinierendes Naturerlebnis: der Royal Natal National Park

dischen Ozeans ab und im Laufe der Zeit wurden tiefe Täler geschaffen. Da es an der Ostseite des Gebirgsmassivs besonders viel regnet, war hier die Abtragung am intensivsten. Durch diese Erosion wurde der Basalt wieder abgetragen und der darunter liegende Sandstein freigelegt. Die Gipfel allerdings bestehen weiter aus Basalt. Von der Ostseite aus betrachtet, formen die Basaltmassen eine hohe Wand, die nur durch Schluchten und enge Täler unterbrochen wird. Die Zulu im Osten nennen die Basaltwand „Khahlamba", „Barriere". Das Volk der Sotho, das auf den Höhen lebt, nennt den östlichen Gebirgskamm „Dilomo tsa Natala", „die Kliffs von Natal". Der Basalt ist recht porös, sodass das ablaufende Wasser tiefe Schluchten auswaschen konnte. In diese Schluchten stürzen Wasserfälle.

Das Gebiet des **Royal Natal National Park** liegt am Fuße des Mont-Aux-Sources und ist etwa 80 km² groß. Die steilen Felsabhänge an der Ostseite formen einen weiten Bogen, den man als „Amphitheater" bezeichnet. Dieser halbmondförmige Bogen wirkt majestätisch und ist umrahmt von den beiden Gipfeln des Sentinel (3.165 m) und des Eastern Buttress (3.047 m). Der Mont-Aux-Sources selbst ist mit 3.282 m einer der höchsten Berge Südafrikas. Der Tugela River hat in diesem Massiv seine Quelle, seine Wassermassen stürzen in einer Abfolge von vielen Wasserfällen von über 3.000 m Höhe auf 1.432 m in die Tiefe. Der höchste Wasserfall hat dabei eine Falltiefe von 614 m.

Die Erkundung und Erschließung dieser Landschaft ist u. a. zwei Franzosen zu verdanken: den protestantischen Missionaren *Thomas Arbousset* und *François Daumas*, die 1830 auch das Hochland von Lesotho erforschten. Sie nannten den Berg aufgrund seines Quellenreichtums „Mont-Aux-Sources" („Quellenberg").

Bereits 1906 wurde die Hochgebirgsregion zum Nationalpark erklärt. Der Beiname „Royal" wurde hinzugefügt, nachdem die britische Königsfamilie anlässlich eines Staatsbesuches im Jahre 1947 hier weilte. Es ist nicht übertrieben, wenn man das Drakenstein-Amphitheater, diese eindrucksvolle Hochgebirgskette, als eine der herausragenden landschaftlichen Schönheiten Südafrikas bezeichnet. Die dem Gebirgsmassiv vorgelagerten Ebenen sind ein **idealer Lebensraum** für Rehantilopen, Bergriedböcke, Klippspringer, Paviane und Gnus.

Im Visitor Centre des Royal Natal National Park gibt es ein kleines Museum mit Exponaten zur Pflanzenwelt, Geschichte, Archäologie, Tierwelt und Geologie. Proteas und andere Wildblumen können bewundert werden. Über 184 Vogelarten sind im Parkgebiet registriert. **Wanderwege** stehen ebenso zur Verfügung wie Pferde, die man zum Ausritt mieten kann. Auf die Höhe des Mont-Aux-Sources führt ein 23 km langer Wanderpfad. (mi)

INFO

Lage: östlich an Lesotho angrenzend, in der Provinz Kwa Zulu-Natal
Größe: ca. 8.000 ha
Besonderheit: das Amphitheater und die Tugela Falls
Information: www.kznwildlife.com, www.drakensberg-tourism.com/royal-natal-national-park.html
Unterkunft: Der KZN vermittelt Unterkunft im **Thendele Camp**, wo man für relativ wenig Geld einen imposanten Ausblick auf die Bergwelt hat. Oft frühzeitig ausgebucht. Zudem gibt es zwei Campingplätze und einige private Lodges in der Nähe.

20 Giant's Castle Game Reserve: die Burg des Riesen in den zentralen Drakensbergen

Südlich des Cathkin Peak erreicht der Hauptkamm der Drakensberge auf einer Länge von über 35 km fast durchgängig Höhen von rund 3.000 m. Diese unüberwindbare Basaltwand gipfelt im **Giant's Castle** („Burg des Riesen") mit 3.312 m. Die Zulu haben vor diesem Berg großen Respekt und nennen ihn „Ntabayikonjwa" („der Berg, auf den man nicht zeigen darf"). Der Name leitet sich aus einer Legende ab, nach der es der Berg den Menschen übel nehme, wenn sie auf ihn zeigten, denn dann räche er sich mit schlechtem Wetter. Tatsächlich brauen sich hier oft extreme Wettersituationen zusammen, die allerdings weniger mystisch als vielmehr naturwissenschaftlich erklärbar sind: Die steile Bergwand zwingt feuchtwarme Luftmassen zum Aufstieg, sodass die Luftfeuchtigkeit kondensiert und als heftige Regenschauer wieder herunterkommt. Im Winter verzeichnet dieses Gebiet hohe Schneefälle, während sich in den Sommermonaten schwere Gewitterstürme häufen können.

Tipp: Lammergeyer Hide

Eine der Besonderheiten des Parks ist der Lammergeyer Hide. Er liegt ca. fünf Kilometer vom Restcamp entfernt. Zwischen Mai und September werden maximal sechs Personen (Voranmeldung empfehlenswert, Infos unter www.kznwildlife.com) frühmorgens zu dem Ansitz gefahren, wo man die seltenen Bartgeier und andere Tiere beobachten kann.

Nördlich des Giant's Castle gelegen: Cathedral Peak

Beobachtungstour zu den Geiern

Die Vorberge bieten hervorragendes Weideland für Elenantilopen, Gnus, Ried- und Buschböcke, Klippspringer, Kuhantilopen, Bleichböckchen und Steppenducker. Am zahlreichsten vertreten sind allerdings die Elenantilopen, die sich hier besonders rasch vermehren. Seltener sieht man Schakale, Paviane und Leoparden. Die Vogelwelt ist vor allem durch Geier, Adler und Falken vertreten.

Im Gebiet des Bushman's River gibt es im oberen Abschnitt der Schlucht einige Höhlen mit ausgezeichnet erhaltenen Sanzeichnungen. Sie legen Zeugnis davon ab, dass diese Regionen schon vor Tausenden von Jahren zumindest zeitweise besiedelt waren.

Das gesamte Gebiet eignet sich hervorragend zur Erholung. Eine Vielzahl von Reit- und Wanderwegen (50 km) erschließt die grandiose Naturlandschaft. Im Giant's Castle Camp gibt es einen Reitstall, von dem aus man zu zwei- bis viertägigen Reitausflügen aufbrechen kann. Camping- und Übernachtungsmöglichkeiten sind vorhanden (Hütten und Rondavels).

Nördlich angrenzend an den Park liegt das **Cathedral Peak Mountain Reserve**, das ebenfalls Teil der Ukahlamba Drakensberg World Heritage Site ist. Auch hier gibt es zahlreiche Wandermöglichkeiten. (mi)

INFO

Lage: an der Ostgrenze des südafrikanischen Binnenhochlands
Höhe: bis zu 3.312 m
Besonderheit: UNESCO-Weltnaturerbe seit 2000
Information: www.kznwildlife.com

Tiere: Antilopen, Zebras, Nashörner, Elefanten und Büffel
Unterkunft: Das **Giant's Castle Camp** (buchbar über www.kznwildlife.com) liegt wunderschön in einem einsamen Tal mit Blick auf die Berge. Sehr schnell belegt, daher unbedingt im Voraus buchen.

21 Südliche Drakensberge: zum höchsten Punkt Südafrikas

Die Europäer nannten den südlichen Teil des Basalt-Massivs Drakensberg („Drachenberg"). Legenden früherer Zeiten erzählen von Drachen, die auf den Höhen lebten. In dieser einsamen Bergregion gibt es viele Höhlen mit Felszeichnungen von San, die bis vor etwa 100 Jahren hier gelebt haben.

Zum den südlichen Drakensbergen gehören **verschiedene Naturschutzgebiete**. Die gesamte Region eignet sich hervorragend für ausgedehnte Wanderungen, zum Angeln, Reiten oder einfach nur zum Erholen.

Das am Fuße der Drakensberge liegende Naturschutzgebiet **Kamberg Nature Reserve** (22.232 ha) ist insbesondere für Angler eine Empfehlung. Hütten und Campingmöglichkeiten stehen zur Verfügung. Verschiedene Tiere können beobachtet werden, darunter Berg- und Großriedböcke, Blessböcke, Rehantilopen, Weißschwanzgnus, Elenantilopen und Grauducker.

76 km westlich von Nottingham Road entfernt liegt das **Lotheni Nature Reserve**. Der Name dieses wilden und einsamen Naturschutzgebietes (3.984 ha) stammt vom Lotheni-Fluss, der flach ist und in dem viele Forellen leben. Hier, an den Ausläufern der Drakensberge leben u. a. Riedböcke, Elenantilopen, Oribis und Buschböcke. Früher befand sich hier eine Schaffarm; in einem „Settler's Museum" werden Utensilien aus jener Zeit ausgestellt. Es besteht die Möglichkeit, Reitpferde auszuleihen. Für Wanderfreunde bietet sich der 12 km lange Rundwanderweg „Eagle Trail" an.

Das **Vergelegen Nature Reserve** liegt in 1.500 m Höhe und ist 1.100 ha groß. Zwei Hütten (mit je fünf Betten) können gebucht werden. Besonders interessant ist dieses Reservat für Angler, da es viele Forellen gibt.

Lotheni-Wasserfall

Die Drakensberge sind ein Paradies für Angler

Garden Castle ist das südlichste Nature Reserve der Drakensberge. Es ist 35.000 ha groß. Die Wanderwege sind sehr schön und für die Übernachtung stehen Chalets und sogar Berghöhlen zur Verfügung. Außerdem sind in diesem Gebiet viele Felsmalereien zu finden.

Zu den spektakulärsten Erlebnissen der uKhahlamba-Drakensberge gehört eine Fahrt über den steilsten Pass Südafrikas, **den Sani-Pass**. Der Name des Passes geht auf einen Basotho-Chief zurück und nicht, wie der Name vermuten lässt, auf die San, die die Berghöhlen dieser Region lange Zeit bewohnten. Da der Pass ab einer bestimmten Höhe nur für Geländewagen zugelassen ist, empfiehlt sich eine geführte Tour. Innerhalb einer Stunde gelangt man von den grünen Bergausläufern zu Beginn des Anstiegs (1.400 Meter Höhe) über den steilen Sani-Pass hinauf auf den Sani Top in 2.873 m Höhe. Hier befindet sich das Sani Top Chalet in rauer alpiner Landschaft, die auch „Tibet of Africa" oder „The Roof of Africa" genannt wird. Früher gelangte man nur mit Basotho-Ponys über den damaligen Versorgungsweg und den neben dem am Bushman's Nek einzigen Zugang nach Lesotho von KwaZulu-Natal.

Heute ist der Sani Top der höchste Punkt im südlichen Afrika, den man mit dem Auto erreichen kann. In zum Teil abenteuerlicher Geschwindigkeit rauschen große Lkw die äußerst steile und mit dicken Steinen versehene Piste des **Sani-Passes** rauf und runter. Für normale Pkw ist der Weg ab dem südafrikanischen Grenzposten gesperrt. Die schmale Piste und der steile Abgrund sorgen für Nervenkitzel. Besonders schwierig zu fahren sind die letzten 14 Serpentinen. Sie winden sich haarnadelförmig den extrem steilen Hang hinauf.

Unterhalb des südafrikanischen Grenzpostens gibt es eine Aussichtsplattform, von der aus man einen Großteil des Passes sehen kann. Wegen schneller Wetterumschwünge kann es je nach Jahreszeit auch schon mal schneien. Der kleine Grenzposten von Lesotho liegt 16 km hinter dem SA Police Post oben auf dem Hochplateau und ist zusammen mit den Rundhütten der Einheimischen als „the loneliest settlement in Africa" bekannt. (mi)

INFO

Lage: südlicher Teil der Drakensberge
Information: www.kznwildlife.com
Unterkunft: Das direkt neben dem Posten liegende **Sani Top Chalet** bietet neben dem Pub auch kleine Mahlzeiten und sehr einfache Unterkunft. Wenn dunkle Regenwolken aufziehen, sollte man hier oben übernachten. Dann kann man am nächsten Tag die Tageswanderung (30 km vom Sani Top) zum **Thabana Ntlenyana** (3.482 m), dem höchsten Berg südlich des Kilimanjaro, unternehmen. Man kann sich auch auf dem Pferd zum Gipfel begeben.

22 Frühling im Namaqualand: ein buntes Blumenmeer

Wussten Sie, dass...

... der Namaqua National Park in einem von nur zwei existierenden ariden „Hotspots" ökologischer Vielfalt liegt?

... der Park Heimat der kleinsten Schildkröte der Welt ist, der Namaqua Speckled Padloper?

... hier die vielfältigste Sukkulenten-Flora der Erde zu finden ist?

Auf den ersten Blick und zur „falschen" Jahreszeit wirkt das Namaqualand öde und menschenfeindlich. Es fallen nur wenige Niederschläge, teilweise nicht einmal 50 mm pro Jahr. Bis zur Mitte des 19. Jahrhunderts kamen ausschließlich San mit diesen widrigen Lebensbedingungen zurecht.

Seinen eigentlichen Reiz zeigt das Land aber vor allem im Frühling, wenn der Regen fällt. Dann erblühen viele Felder zu einem **Meer von Blumen**. Wie mit einem bunten Teppich ist der sonst so trostlose Boden dann bedeckt. Besonders verbreitet sind die orangefarbenen Namaqua Daisies (Dimorphoteca), auch Kapmargeriten genannt. Gelb, ocker- und orangefarben blühen „Gänseblümchen". Daneben gibt es u. a. auch Cotula (Laugenblume), Arctotis (Bärenohr) und Ursinia. Diese Pflanzen überdauern die langen Trockenperioden im Boden und der Nebel vom Atlantik sorgt für die nötige Mindestfeuchte. Um die Blumenpracht richtig genießen zu können, sollten Sie das Land nach Möglichkeit von Norden nach Süden bereisen, da die Blüten sich immer der Sonne zuneigen. Sie öffnen sich in der Regel erst gegen 10 Uhr und schließen sich wieder gegen 16 Uhr.

Im 550 km² großen **Namaqua National Park** in der Nordostecke der Northern Cape Province blühen im Frühjahr wahre Wildblumen-Teppiche aus 3.500 Pflanzenarten. Die an sich sehr karge Landschaft zaubert dann nach Re-

Blühende Pracht: Daisies

Im Namaqualand sind nicht nur die Blumen farbenfroh

genfällen quasi über Nacht eine ungeahnte Farbenpracht hervor. Die Landschaft wird von Granitfelsen bestimmt, die teils rund sind, teils flache Flächen bilden. Das gebirgige Gebiet weist vier Gipfel von über 1.500 m Höhe aus. der höchste ist der im Süden liegende Rooiberg mit 1.700 m. Durchzogen wird der Nationalpark von sandigen Flusstälern. Wenn gerade nichts blüht gilt es die vielen Sukkulenten (auch Köcherbäume) zu entdecken. Das Gebiet lässt sich in vier Regionen unterteilen: die meeresnahe Sukkulenten-Karoo („Strandveld Succulent Karoo"), daneben die Lowland Succulent Karoo, die Upland Succulent Karoo und schließlich das North Western Mountain Renosterveld, wo es auch Fynbos-Vegetation gibt.

Der Park ist während der Frühjahrsblüte von 8–17 Uhr geöffnet, wobei die beste Beobachtungszeit für Blumen zwischen 10.30 und 16 Uhr liegt. Es gibt einen gebührenpflichtigen Rundweg.

Goegap Nature Reserve

Etwa 15 km außerhalb von Springbok liegt dieses 150 km² große Schutzgebiet. Es gibt hier alle im Namaqualand vorkommenden Sukkulenten sowie jede Menge blühender Pflanzenarten zu bewundern. Während der Blütezeit (Ende Juli bis Anfang Oktober) wird hier ein „Flower Information Office" eingerichtet. Im Park kann man auf Wanderwegen die Vegetation bewundern. Alternativ bieten sich Ausflüge mit dem Mountainbike oder der Allradfahrzeug-Trail durch das gesamte Nature Reserve an. Im Informationsbüro gibt es eine Ausstellung über die Entstehungsgeschichte der Namaqualand-Wüste und ihre Tier- und Pflanzenwelt. (mi)

INFO

Lage: Zu erreichen ist das Gebiet von Kapstadt aus über die N 7 (495 km). Vor Kamieskroon biegt man in Richtung Park ab. Von hier sind es noch 22 km.
Größe: 550 km²
Information: www.sanparks.org
Unterkunft: Im Park selbst gibt es keine Übernachtungsmöglichkeiten. Im nördlich gelegenen Springbok gibt es eine Reihe von Unterkünften, z. B. die **Naries Guest Farm** (www.naries.co.za), die wohl luxuriöseste Unterkunft im ganzen Namaqualand. Empfehlenswert ist zudem das **Mountain View Guesthouse** (www.mountview.co.za), ein schönes B&B mit hilfsbereiten Gastgebern.

23 Tankwa Karoo National Park: Einsamkeit in der Karoo

Diesen Park darf man nicht mit dem Karoo National Park bei Beaufort West verwechseln! Erst 1987 gegründet, bedeckt er inzwischen eine Fläche von 1.110 km². Die Gesamtfläche wird seitdem nicht mehr wie früher landwirtschaftlich genutzt: Langsam kann sich deshalb in diesem Bereich die Vegetation erholen. Nomaden haben schon vor 2.000 Jahren diese Landstriche mit Schafherden genutzt, später kamen Europäer von der Kaphalbinsel, um hier ihre Viehherden grasen zu lassen. Doch für eine ständige Weidenutzung war diese Landschaft einfach zu trocken. Das heutige Parkgebiet ist eines der trockensten der Karoo, es fällt nicht mehr als 100 mm Niederschlag pro Jahr. Die Temperaturschwankungen zwischen Winter (etwa 5,7 °C) und Sommer (38,9 °C) sind enorm.

Da das Gebiet aufgrund der vergangenen Überweidung sehr kahl ist, interessieren sich zurzeit kaum Touristen, sondern eher Botaniker, Ökologen und Zoologen für diese abseits liegende Region. Nach seltenen Regenfällen allerdings überzieht die Blütenpracht von Wildblumen den Park. Beste Besuchszeit ist das Frühjahr zwischen August und Oktober, wo nicht nur die Wildblumenpracht zu bestaunen ist, sondern auch gute Vogelbeobachtungen möglich sind.

Aufgrund der Einsamkeit und noch fehlenden Infrastruktur sollte man eine Tour in den Nationalpark auf jeden Fall bei der Parkbehörde anmelden und sich nach dem Zustand der Straßen erkundigen. (mi)

Wer Einsamkeit sucht, ist hier richtig

INFO

Lage: nördlich der Cederberge; von Kapstadt über Ceres, dann nach Norden (einsame, aber gute Straße, schöne Landschaftsszenerien).

Information:
www.tankwakaroopark.com,
www.sanparks.org.
Mit vollem Tank fahren, Tankstellen gibt es nur in Ceres und Calvinia. Im Park gibt es weder Läden noch Restaurants.

Unterkunft: Tanqua Guest House
Buchung über South African National Parks, www.sanparks.org, Selbstversorgung. Dieses einfache Gästehaus, im Stil eines Forts gebaut, liegt am südlichen Rand des Nationalparks.

Im Frühjahr ist ein Besuch besonders reizvoll

24 Swartbergpass: durch die Karoo von Oudtshoorn nach Prince Albert

Die Tour verspricht atemberaubende Ausblicke und einen Eindruck von der Einsamkeit der Karoo! Sie startet in **Oudtshoorn**, der mit 45.000 Einwohnern bei weitem größten Stadt in der Little Karoo. Oudtshoorn liegt, von den umliegenden Bergen geschützt, in einem sanften Tal. Einst verband man die Stadt vor allem mit dem Vogel Strauß, dem größten Laufvogel der Welt (s. S. 180).

Nördlich von Oudtshoorn liegen die **Cango Caves**. Diese gehören zu den größten und ausgedehntesten Tropfsteinhöhlen-Systemen der Welt (s. S. 156). Weiter nach Norden geht die Fahrt in die Berge. Der atemberaubende 1.586 m hohe Swartberg-Pass wurde zwischen 1881 und 1886 unter Leitung von *Thomas Bain* erbaut. Für den **Bau des Passes** wurden ihm 240 Sträflinge zugeteilt,

Unterwegs auf dem Swartbergpass

die fast ausschließlich per Hand gruben und hackten. Gesprengt wurde mit Schießpulver bzw. mit einer ganz eigenwilligen Methode: Man erhitzte die Felsen mit Feuer und schüttete dann kaltes Wasser darüber. Die Passstrecke ist nicht asphaltiert, schmal und oft sehr steil. Wer nicht schwindelfrei ist, sollte die Strecke möglichst nicht befahren.

Wem das noch nicht genug Nervenkitzel ist: Nördlich der Swartberg-Passhöhe biegt eine knapp 50 km lange Schotterpiste nach **Gamkaskloof** ab. Die erst 1962 erbaute Trasse ist aber nur bei gutem Wetter und umsichtiger Fahrweise zu bewältigen. Richtig schön wird es auf den letzten sehr steilen Kilometern, wenn die Piste in ein grünes Tal, auch „Hel" („die Hölle") genannt, abfällt. Schon 1840 wurde dieses Tal landwirtschaftlich genutzt, obwohl es bis 1962 keine Zufahrt gab. Alles musste mit Lasttieren hergebracht werden. 1991 hat der letzte Farmer aufgegeben und nun verwaltet die Cape Nature Conservation das 1.570 ha große Areal. Es gibt bereits einige Übernachtungs-Hütten und einen einfachen Campingplatz. Zurück geht es dann nur wieder über dieselbe Piste. Die Strecke ist auch beliebt bei **Mountainbikern**. Nach Gamkaskloof führt seit 1995 sogar ein jährlich stattfindendes Extrem-Radrennen: „To Hell and Back".

Weiter in Richtung Prince Albert erlebt man die Great Karoo wie sie wirklich ist: einsam! **Prince Albert** ist ein verschlafenes Nest, so wie man sich das inmitten der Karoo vorstellt. Alles geht gemächlich seinen Weg. Dabei werden die Mohair-Schafe, Oliven, Aprikosen, Feigen und andere Produkte aus der Umgebung im ganzen Land geschätzt. Und auch die Bausubstanz, schön herausgeputzte kapholländische und viktorianische Gebäude, kann sich sehen lassen. Mittlerweile stehen 19 Häuser unter Denkmalschutz und zahlreiche kleine Bed & Breakfasts sowie ein lokales Museum haben ihre Türen geöffnet. Am meisten aber erfährt man über den Ort, wenn man sich in das **Swartberg Hotel** begibt. Hier hängen alte Fotos aus und die bis zu 70 Jahre alten Gästebücher in der Lounge machen deutlich, welche Bedeutung dem Ort einst durch den Swartberg Pass zugekommen ist. Benannt wurde Prince Albert übrigens nach dem Ehemann der englischen Königin Victoria: Prinz Albert von Sachsen-Coburg und Gotha.

Prince Albert ist der beste Ausgangspunkt für Ausflüge und Wanderungen in die Swartberge. Zwei bis drei Tage kann man hier gut verbringen, nachts den klaren Sternenhimmel bewundert und sich tagsüber auf Erkundungstour zum **Swartberg Pass** oder zur 60 km entfernten Schlucht von **Meiringspoort** begeben. Diese über 14 km lange Schluchtdurchfahrt durch die Swartberg-Kette verbindet die Little und die Great Karoo miteinander. (mi)

INFO

Lage: In den Kapprovinzen; die Great Karoo liegt nordöstlich der Little Karoo.
Größe: über 500.000 km²
Name: „Karoo" bedeutet in der Khoi-Sprache „Land des Durstes".
Vegetation: Halbwüstenlandschaft
Unterkunft: In Prince Albert gibt es das oben erwähnte historische **Swartberg Hotel** (www.swartberg.co.za) mit gutem Landrestaurant und einer hübschen Bar. Zudem gibt es das **Kuierhuis** (www.princealbert.org.za), ein altes kapholländisches Haus aus dem Jahr 1858, in dem bis zu acht Personen übernachten können.

25 Camdeboo National Park: das Valley of Desolation

Schon die Anfahrt ab Graaff-Reinet (s. S. 84) macht den Ausflug zum Valley of Desolation („Tal der Trostlosigkeit") zu einem Erlebnis. Zunächst steigt die Straße entlang eines kleinen Tals steil an. Nach etwa sechs Kilometern hat man einen ausgezeichneten Blick auf das fast 500 m tiefer gelegene Graaff-Reinet und die Camdeboo-Ebene. Schräg gegenüber befindet sich die Spandau-Koppe, die ihren Namen von einem deutschen Reiteroffizier erhielt, der sich an die Spandauburg erinnert fühlte. Nach weiteren drei Kilometern erreicht man den Parkplatz, von dem aus man zu den Aussichtsplattformen gelangt.

Tipp: Nieu Bethesda

50 km nördlich von Graaff-Reinet liegt das bezaubernde Örtchen Nieu Bethesda. Der Ort sprüht nur so vor trockenem Karoo-Charme. Hier lebte zurückgezogen die Künstlerin *Helen Martins*. Das von ihr kreierte Owl House ist auf jeden Fall einen Besuch wert. Aus Zement, Draht und Glas hat sie in und um ihr Haus zahlreiche Skulpturen, vor allem Eulen, geschaffen. Nach ihrem Tod im Jahre 1976 wurde das Haus zum Museum. Coffeeshops und Gasthäuser laden zum Verweilen ein.

Das Tal wurde im Laufe von Millionen von Jahren durch **Verwitterungserosion** geschaffen. Dabei „zerplatzen" die Steine durch den schnellen Wechsel von warmer und kalter Luft einerseits und von Nässe und Trockenheit andererseits. Dadurch werden Schrumpfungs- und Ausdehnungsprozesse hervorgerufen, denen die Steine nicht standhalten können. Hierbei sind verschiedenste Felsformationen entstanden und Steinsäulen von über 100 m Höhe ragen senkrecht auf. Wer etwas Muße hat, kann von hier aus einem Wanderweg folgen, der nach ca. 30 Minuten zurück zum Parkplatz führt.

Das Karoo Nature Reserve wurde im Oktober 2005 zum Nationalpark erklärt und heißt seitdem Camdeboo National Park. Dieser hat eine Fläche von etwa 19.000 ha, womit er die Stadt fast ganz umschließt. Kernstück des Gebiets ist der Ryneveld's-Pass-Stausee, an dem man **unzählige Vogelarten** beobachten kann. Im Park selbst sind mittlerweile mehrere Savannentiere angesiedelt worden, darunter die scheuen Ducker-Antilopen und verschiedene Springbockarten. Neuerdings leben auch Bergzebras hier. In dem Park gibt es mehrere Wanderwege. (mi)

Auch Bergzebras leben heute hier

Blick auf das Valley of Desolation

Lage: rund um die Stadt Graaff-Reinet, in der Eastern Cape Province
Größe: ca.19.000 ha
Information:
www.sanparks.org/parks/camdeboo/
Unterkunft: Im Park selbst gibt es keine Unterkünfte, dafür ist die Auswahl in Graaff-Reinet umso größer (s. S. 84). Das Tourist Office (www. graaffreinet. co.za) informiert über mögliche Unterkünfte. Dabei sind besonders die **Gästefarmen** sehr zu empfehlen, da man hier meistens im alten Farmhaus (teilweise über 200 Jahre alt) untergebracht ist, während die Farmerfamilien in neuere Gebäude umgezogen sind. In der Regel handelt es sich um Selbstversorgerunterkünfte, aber nach Vereinbarung werden auch Mahlzeiten zubereitet. Die Häuser haben meist nur eine Küche und ein gemeinsames Wohnzimmer, oft teilen sich zwei Wohnparteien auch ein Badezimmer. Die Übernachtung hier verspricht daher eher Geselligkeit als Abgeschiedenheit, obwohl einige Farmen weit außerhalb liegen.

INFO

26 Erzhafen und idyllisches Naturparadies in der Saldanha Bay

Die einige Kilometer nördlich von Kapstadt gelegene Saldanha Bay ist für zwei sehr unterschiedliche Sehenswürdigkeiten bekannt: zum einen für den West Coast National Park, zum anderen für den in den 1970er-Jahren angelegten Erzhafen. Wer Interesse am **Wirtschaftsleben eines Rohstofflandes** hat, sollte sich den Hafen einmal ansehen. Hier bekommt man eine Vorstellung davon, welchen Aufwand allein der Transport der Rohstoffe mit sich bringt. Einzig um das Erz von den Minen an die Küste zu bringen wurde eine 850 km lange Eisenbahnstrecke durch wüstenähnliches Gebiet gebaut. Mit etwas Glück sieht man einen der etwa zwei Kilometer langen Erzzüge, auf denen jeweils 16.000–20.000 t Erz transportiert werden können.

Die Strecke von Yzerfontein über die Saldanha Bay bis nach Lamberts Bay wird auch als „**Seafood-Route**" bezeichnet, da es hier unzählige Muschel- und Crayfish-Aufzuchtstationen gibt, deren Produkte in den nahe gelegenen Restaurants auf vielfältige Weise zubereitet werden.

In der Zeit von Juli bis November kann man Wale an der Küste beobachten. Diese halten sich gerne in der kühlen Meeresströmung auf, da sie in der Regel nährstoffreicher ist. Dieses Reisegebiet eignet sich hervorragend für einen zweitägigen Ausflug von Kapstadt aus und ist ein Muss für Crayfishliebhaber.

Austernfischer, Kormorane und unzählige Möwen besiedeln das Sumpfgelände des **West Coast National Park.** Man schätzt die Zahl der Vögel im Som-

Fischer mit Lobster-Fang an der West Coast

Fischerboote in Paternoster

mer auf über 60.000. Es gibt mehrere Möglichkeiten, den Park zu erkunden. Die eindrucksvollste ist sicherlich die per Kanu. Täglich werden geführte Kanutrips angeboten und auch ein motorisiertes Boot steht zur Verfügung.

Für Wanderfreunde gibt es eine Reihe von **Wanderwegen**. Auf mehrtägigen Ausflügen stehen einfache Unterkünfte zur Verfügung. Nähere Auskünfte erteilt die Lodge-Verwaltung. Gerade im Frühling empfiehlt sich eine Wanderung, denn dann blühen unzählige Blumen. In der Zeit von August bis Anfang Oktober ist auch das private Postberg Nature Reserve am nördlichen Zipfel der Halbinsel für die Öffentlichkeit freigegeben.

Nördlich von Vredenburg liegen die beiden Fischerorte **Paternoster** und Velddrif. Besonders ersterer hat noch seine alten Strukturen und Häuser erhalten. Vor den Küsten dieser Orte wird vor allem Crayfish gefangen. In Velddrif wird der für die Westküste typische Bokkems, ein in Salz eingelegter Fisch, hergestellt. In der Flussmündung des Berg River nisten häufiger Pelikane und Flamingos. (mi)

INFO

Lage: In der Western Cape Province. Von Kapstadt zum West Coast National Park sind es etwa 100 km.

Information:
www.sanparks.org/parks/west_coast/

Unterkunft: Im West Coast National Park gibt es eine Reihe staatlich verwalteter Unterkünfte, so z. B. das **Abrahamskraal Cottage** nahe dem Abrahamskraal-Wasserloch, das bis zu sechs Personen beherbergen kann (Selbstversorger). Im voll ausgestatteten **Jo Anne's Beach Cottage** nahe Churchaven haben bis zu acht Personen Platz (Selbstversorger). Zudem gibt es noch ein paar schöne Hausboote in der Langebaan Lagoon (Infos unter www.houseboating.co.za).
Das **Paternoster Hotel** (www.paternosterhotel.co.za) ist ein 100 Jahre altes Gebäude mitten in dem idyllischen Fischerdorf. Die **Naries Guest Farm** (www.naries.co.za) an der R355 nach Kleinsee ist eine sehr gastfreundliche und geschmackvoll eingerichtete Farm (10.000 ha groß). Es gibt Selbstversorger-Einrichtungen, Gästezimmer im Guesthouse und drei Mountain Suites in afrikanischem Stil. Tolles Frühstück und gutes Abendessen.

27 Garden Route National Park: Knysna National Lake Area

Das Naturschutzgebiet Knysna National Lake Area ist seit März 2009 dem **Garden Route National Park** angeschlossen. Das Gebiet befindet sich unmittelbar an der Garden Route ungefähr zehn Kilometer westlich von Knysna und ist etwa 106 km² groß. In dem einzigartigen Ökosystem – einem ausgewiesenen Wasservogel-Gebiet – findet u. a. eine bedrohte Seepferdchenart eine Heimat. Viele Vogelarten, Antilopen und vereinzelt sogar Elefanten sind hier heimisch. Die Naturschutzbestrebungen werden groß geschrieben und die angebotenen Wassersportaktivitäten stehen mit dem Ökosystem im Einklang. Übernachtungsmöglichkeiten gibt es hier keine, dafür bietet aber das malerische Städtchen Knysna (s. S. 182) hervorragende Unterkünfte.

Seit der Zeit, als die ersten Europäer in diese Gegend kamen und das viele **wertvolle Holz** entdeckten, kam es zum Raubbau. Vor allem Hartholzbäume, die oft über 600 Jahre alt waren, wurden rücksichtslos gefällt. Das Holz benutzte man zunächst zum Bau von Schiffen, später wurden daraus Bahnschwellen hergestellt. Im Jahre 1936 gelang es endlich, die Abholzung unter staatliche Kontrolle zu bringen.

Blick auf Knysna

Lourie im Knysna Forest

Eine schöne Route durch das **Knysna Forest Country** ist die Strecke bis nach Avontuur über die Outeniqua Mountains und den Prince Alfred's Pass (hin und zurück knapp 150 km). Die Straße dorthin beginnt etwa drei Kilometer hinter Knysna und zweigt nach links, also nach Norden ab. Rund 14 km hinter der Abzweigung gelangt man an den „Big Tree" (den „Grooten Boum"). Der sogenannte King Edward's Big Tree – ein Gelbholzbaum – ist ca. 46 m hoch und über 700 Jahre alt.

Wenn man hinter der Abzweigung zum Big Tree etwa 1½ km weiter nach Norden fährt, erreicht man die Diepwalle Forest Station, die mitten im **Knysna Forest** liegt. Hier beginnt der Elephant Walk, der insgesamt 18,2 km lang ist und ca. 6½ Stunden in Anspruch nimmt. Unterwegs kann man mehrere Riesen-Yellowwoodbäume sehen und, wenn man Glück hat, vielleicht sogar Elefanten.

Der Waldgürtel des Knysna Forest, in dem Pinien und Eukalyptus angepflanzt wurden und von Natur aus Stink- und Yellowwood-Bäume heimisch sind, erstreckt sich auf einer Länge von 177 km und einer durchschnittlichen Breite von ca. 16 km auf der Küstenterrasse zwischen dem Meer und den Outeniqua sowie Tsitsikamma Mountain Ranges. In der Tiefe dieser Wälder finden sich uralte Bäume (bis zu 800 Jahre), Farne, Kletterpflanzen und Wildblumen. (mi)

INFO

Lage: östlich von Kapstadt direkt am Meer, in der Western Cape Province
Größe: 106 km²
Information: www.sanparks.org/parks/garden_route/
Unterkunft: Im Park gibt es keine Unterkünfte, dafür umso mehr in Knysna, z. B. die **Fish Eagle Lodge** (www.fisheaglelodge.co.za), ein sehr schön gelegenes Haus mit Blick auf Lagune und Berge. Ruhig, mit Swimmingpool - und preiswert (B&B). Die Gastgeber sind ein aus Deutschland eingewandertes Ehepaar. Anfahrt: von Kapstadt aus kommend die White Bridge (Lagunenbrücke) an der N2 überqueren und Richtung Knysna fahren. Nach etwa 2-3 km geht links die Welbedacht Lane ab, der man 1.400 m folgt. Danach geht es links (300 m) zur Fish Eagle Lodge.

28 Tsitsikamma Coastal National Park: Top-Ziel an der Garden Route

Der Tsitsikamma Coastal National Park ist seit März 2009 Teil des Garden Route National Park. Der urige Name stammt aus der Khoi-Sprache und bedeutet „klares“ oder „sprudelndes Wasser“. Das Gebiet umfasst einen schmalen, 113 km langen Küstenabschnitt. Es ist gekennzeichnet durch dichte Wälder mit z. T. sehr altem Baumbestand, hohen Regenfall, viele Bäche und Flüsse, Schluchten sowie eine malerische Steilküste. Die Hauptattraktionen sind die **Storms River Gorge** (Ausblick von der Storms River Bridge), der Storms River Mouth, die **Küstenwanderwege** und der Strand am Nature's Valley. Die wahre Schönheit und grandiose Natur dieser Landschaft bleiben dem Wanderer vorbehalten (s. S. 154).

Viele Bäche und Flüsse sowie Steilküsten sind typisch für den Tsitsikamma Coastal Park

Auf den ersten Kilometern des Parkgebiets führt die N2 von Osten durch relativ unspektakuläre Waldregionen und passiert dabei die beliebte Tsitsikamma Lodge. Kurz darauf erreicht man dann die Storms River Bridge und das Tsitsikamma Total Village. Erstere ist 192 m lang, wurde 1956 als erste Brücke ihrer Art erbaut und führt über die schmale Schlucht des Storms River. Eine Aussichtsplattform bzw. ein Spaziergang über die Brücke verdeutlichen, welche Meisterleistung die Ingenieure damals vollbracht haben. Das Storms River Village, das einen Kilometer südlich der N2 liegt, bietet einige Unterkünfte sowie Geschäfte. Früher hatte es mehr Bedeutung, als die ehemalige Hauptstraße noch durch das Dorf führte und man sich vier Kilometer südöstlich von hier über den (Old) Storms River Pass und die „Old Bridge" quälte. Heute werden Touren zu den Holzfällern organisiert. Wanderwege und eine Mountainbike-Strecke erfreuen die Outdoor-Fans.

Ein auch mit dem Auto leicht erreichbares Highlight des Tsitsikamma Coastal National Park ist das Mündungsgebiet des Storms River („**Storms River Mouth**"), zu dem eine zehn Kilometer lange Stichstraße neun Kilometer westlich der Storms River Bridge hinunterführt. Bereits die letzten Kilometer vor Erreichen des Parkplatzes sind atemberaubend. Zuerst fällt die Straße steil ab zum Meer, dann bieten sich zwei schöne Haltebuchten für den direkten Ausblick aufs Meer an. Am Ende der Straße befinden sich die Parkbehörde und die beliebten Cottages. Tagsüber ist dieses Herzstück des Parks leider stark besucht, was umso mehr für eine Übernachtung spricht. Das Meeresrauschen, die sich an den Felsen brechenden Wellen und ein kleiner Strand laden zumindest zu einer kleinen Rast ein.

Die kurze Wanderung (25 Minuten je Richtung) zur **Suspension Bridge**, einer Hängebrücke über der Mündung des Storms River, lohnt in jedem Fall. Der Weg dorthin führt durch einen Feuchtwald, wie er für die Küste hier typisch ist. Der Weg ist befestigt, aber trotzdem an manchen Stellen steil und etwas mühselig. Wer nicht so gut zu Fuß ist, sollte nicht unbedingt auf die schaukelnde Brücke gehen. Auf der anderen Seite des Flusses führt ein sehr steiler Pfad hinauf zu einem einmaligen Aussichtspunkt. Der Aufstieg dauert etwa 20 Minuten, hinunter ist es dann keineswegs einfacher. Nahe der Suspension Bridge legen kleine Boote zu einer kurzen Fahrt in die Storms River-Schlucht ab. Die Fahrt vermittelt einen guten Eindruck von den Schluchten entlang der Garden Route, ist dafür aber auch nicht gerade preiswert.

Bleibt man auf der N2, so gelangt man nach ca. neun Kilometern zur **Bloukrans River Bridge**. Diese ist mit einer Höhe von 216 m die höchste Brücke entlang der Garden Route und deswegen ein beliebter Spot für Bungee Jumper (s. S. 155). Landschaftlich schöner als die N2 ist aber die alte Strecke entlang der R102, die zuerst nahe des Bloukrans River und dann wieder 25 km vor Plettenberg Bay auf die N2 trifft. Im Osten führt sie noch durch langweilige Aufforstungsgebiete der Holzkonzerne. Kurz darauf fällt sie aber am Bloukrans Pass steil ab, um sich durch nahezu unberührte Schluchtenvegetation zu schlängeln. Etwas westlich davon beeindruckt ein Ausblick auf die oben beschriebene Bloukrans River Bridge. Der Marine Drive führt hoch auf die Klippen über dem Meer. Die Alternativstrecke ist allerdings nicht für große Wohnmobile geeignet. (mi)

INFO

Lage: östlich von Plettenberg Bay, in der Eastern Cape Province
Größe: ein schmaler Streifen, 113 km entlang der Küste; ca. 640 km²
Information: www.sanparks.org/parks/garden_route/
Unterkunft: Die beliebte **Tsitsikamma Lodge** (www.tsitsikammalodge.com) besteht aus hübschen, mit viel Holz ausgestatteten Cabins und einem guten Restaurant. Das einfache **Storms River Mouth Restcamp** (reservations@sanparks.org) ist ebenfalls sehr schön und bietet tolle Wandermöglichkeiten.

29 Zum Kap der Guten Hoffnung: Rundfahrt um die Kaphalbinsel

Niemand besucht Kapstadt, ohne einen Ausflug zum **Cape of Good Hope** zu unternehmen. Wenn das Kap auch nicht das südlichste Afrikas ist, ranken sich doch allerlei Legenden und Geschichten um dieses natürliche Wahrzeichen. Vor dem Kap (die genaue Stelle ist unklar) treffen sich auch der warme Agulhas- und der kalte Benguela-Strom. Doch nicht nur die Landspitze an sich, auch die Fahrt auf der 170 km langen Route um die Kaphalbinsel – besonders entlang des weltberühmten Chapman's Peak Drive – ist ein besonderes Erlebnis.

Beginnt man die Tour an der Westküste, so fährt man durch den kleinen Fischerei- und Touristenort **Hout Bay**, der malerisch an der gleichnamigen Bucht gelegen ist. Schon früh wurde die strategisch wichtige Lage des Ortes von den Europäern erkannt. *Johan van Riebeeck* nannte die waldreiche Bucht „Houtbaaitjen" („Holzbucht") und veranlasste 1662 den Bau einer kleinen Straße. Nur wenige Jahre später wurden hier die ersten Farmländereien Südafrikas zugelassen. Mittlerweile ist Hout Bay ein beliebtes Wochenendziel, besonders Bootstouren vom Hafen nach Duiker Island können begeistern, z. B. beim Besuch der Seehundkolonie und der Vogelwelt.

Weiter Richtung Süden geht es über den **Chapman's Peak Drive** nach Fish Hoek. Diese 150 m über dem Meer gelegene, 10 km lange Strecke gehört zu den schönsten Küstenstraßen der Welt. Die Aussicht von hier ist sagenhaft. Nach der letzten scharfen Kurve zur Küste hin zeigt sich der sechs Kilometer lange weiße Sandstrand von **Noordhoek**.

Straße mit Aussicht zum Kap der Guten Hoffnung

Pinguine am Boulders Beach

Weiter geht es zum **Cape of Good Hope Nature Reserve**. Die ersten Menschen am Kap waren Khoi. Sie lebten vom Fischfang, unterhielten hier wegen des rauen Klimas aber nur bedingt permanente Siedlungen. Seit *Bartolomeu Diaz* 1488 auf der Suche nach einem Seeweg nach Asien das Kap als erster Europäer entdeckte, spinnen sich viele Geschichten, in denen Wahres oft kaum von Erfundenem zu unterscheiden ist, um diesen geografisch auffälligen Punkt. Dass nicht dieses Kap die südlichste Stelle Afrikas ist, sondern das 140 km weiter südöstlich gelegene Cape Agulhas, interessiert kaum jemanden. Schon die ersten Seefahrer haben das Kap der Guten Hoffnung als Wendepunkt betrachtet. Sobald das felsige, oft im Nebel verhüllte und sturmanfällige Kap umrundet war, hatten sie es geschafft. Heutige Besucher sind von der einzigartigen Vegetation, Spaziergängen zu den Schiffswracks und den Picknickmöglichkeiten am Strand begeistert. Zwischen Juli und Oktober besteht zudem die Möglichkeit, Wale zu beobachten.

Vom Kap nach Muizenberg geht es über **The Boulders**. Dieses kleine Naturareal weist eine besondere Attraktion auf: eine Pinguin-Kolonie. 1983 fand man unter den windgeschützten Büschen oberhalb des Strandes ein einsames Pinguin-Pärchen. Mittlerweile haben diese beiden sich vermehrt und andere Familien angezogen, sodass sich jetzt über 3.000 Afrikanische Pinguine an dem kleinen Strandabschnitt tummeln.

Vorbei an Fish Hoek sollte man sich einen Besuch im Hafen von **Kalk Bay** nicht entgehen lassen. Wenn die bunten Fischerboote in den Hafen einlaufen, kann man den Fischern beim Anpreisen ihres Fangs zuschauen. Da fliegen Fische ans Ufer und Geldscheine tun selbiges in Gegenrichtung. Hier gibt es zudem den weithin bekannten Fish & Chips-Imbiss „Kalky's". An der Main Street reihen sich viele kleine Antiquitätengeschäfte aneinander, in denen das Stöbern richtig Spaß macht. Von Porzellan und Silber über Bücher und Möbel bis hin zu alten Rasenmähern findet man hier alles. **Muizenberg** ist vor allem bekannt für seinen schönen weißen Sandstrand und die in knalligen Farben angestrichenen Holz-Badehäuschen. Von Muizenberg geht es durch das Weinanbaugebiet Constantia Valley (s. S. 172) zurück in Richtung Kapstadt. (mi)

INFO

Länge der Route: 170 km
Lage: im Südwesten Südafrikas
Reisezeit: Mitte September bis April, in dieser Zeit ist mit wenig Regen zu rechnen.
Besonderheiten: Chapman's Peak Drive, Cape of Good Hope Nature Reserve, Naturareal The Boulders, Steenberg Wine Estate
Unterkunft: s. S. 192–195.

Städte

30 Sun City: das Las Vegas des südlichen Afrika

Sun City ist ein riesiger Vergnügungskomplex mitten in der Savannenlandschaft und die zweitwichtigste Einnahmequelle der North West Province. Da im calvinistisch geprägten Südafrika früher Glücksspiele und Nachtclubs verboten waren, kamen viele Südafrikaner hierher, um sich an den „verbotenen Früchten" zu laben. Oft wird Sun City deshalb im Volksmund als „**Sin City**" (Sündenstadt) bezeichnet.

Tipp

Von Sun City bietet sich ein Ausflug in den nahegelegenen Pilanesbarg National Park an (s. S. 20).

Bis zu 40.000 Besucher kommen täglich hierher und bringen pro Jahr mehr als 500 Mio. Rand ein. Doch auch viele sportbegeisterte Südafrikaner kommen, weil im Stadion von Mmabatho und im Vergnügungszentrum Sun City Fußballspiele und Weltmeisterschaften im Profiboxen ausgetragen werden. Sun City liegt wie eine **grüne Oase** in der Savanne, ist aber sicherlich nicht jedermanns Geschmack.

Märchenpalast in Lost City

Das „Las Vegas des südlichen Afrika" bietet neben vier Luxushotels das zweitgrößte Spielkasino der Welt (Roulette, Black Jack, Baccara, Spielautomaten). Außerdem gibt es Kinos, Diskotheken sowie ein großes Schwimmbad und einen ausgezeichneten Golfplatz. Besucher, die mit dem Pkw anreisen, werden mit einem „Skytrain" (Einschienenbahn) zum Hotelkomplex gebracht. Auf einem großen, selbstverständlich künstlich angelegten See werden verschiedene Wassersportarten betrieben. Für Kinder steht ein Abenteuer-Spielplatz zur Verfügung. Seit den 1990er-Jahren erwartet den Besucher außerdem „Lost City", ein weiterer Kasino-Komplex im Stil einer legendären afrikanischen Stadt. Die Anlage ist märchenhaft schön gestaltet und soll an

Am „Wave Pool" des Kasinohotels – Strand inklusive

versunkene afrikanische Kulturen erinnern. Zusammenfassend kann man Sun City durchaus als eine gelungene Mischung aus Natur, Sporterlebnis und „Glitzerwelt" der Kasinoszene bezeichnen. Dass ein Aufenthalt hier nicht gerade für Budget-bewusste Reisende geeignet ist, versteht sich von selbst. (mi)

INFO

Lage: südlich des Pilanesberg National Park; von Pretoria aus fährt man ca. 150 km.
Information: www.aboutsuncity.com
Unterkunft: Das **Sun City Hotel** ist ein riesiges Kasino-Hotel am Fuße der Pilanesberge. 340 Zimmer, Suiten und Apartments stehen zur Verfügung. Ein Abenteuerspielplatz für Kinder ist ebenso vorhanden wie alle erdenklichen Sportanlagen und ein Schwimmbad mit allen Schikanen. Mehrere hervorragende Restaurants und Bars machen die Auswahl schwer. **The Cascades** ist ebenfalls ein Luxus-Palast. Das Hotel verfügt über 234 Zimmer und elf Apartments. Sehr schöne Anlage mit tropischen Wasserfällen, Grotten, Lagunen, üppigem Pflanzenwuchs und vielen Vögeln. Das Restaurant Peninsula hat einen schönen Blick auf die Gartenanlagen. Internationale Speisekarte. Das Hotel **Palace of the Lost City** ist der Architektur einer legendären nordafrikanischen Kultur nachgebildet - ausgestattet mit allem, was das Herz begehrt: Beautyfarmen, Tennisplätze, Shows - Luxus vom Allerfeinsten. Hervorragende italienische und internationale Küche. An der Poolbar werden exotische Cocktails serviert. Das Hotel verfügt über 338 Zimmer, darunter vier Luxussuiten. Infos über diese und weitere Hotels unter www.suninternational.com.

31 Pretoria: zu Besuch in der Stadt der Jacarandas

Ein Besuch der offiziellen **Hauptstadt** der Republik sollte eigentlich bei keiner Südafrika-Reise fehlen. Sobald man das eher hektische Johannesburg verlassen hat, erreicht man nach knapp 60 km die „Beamtenstadt", in der die Gangart ruhiger ist. Pretoria liegt mit 1.367 m etwa 400 m niedriger als Johannesburg. Dadurch ist das Klima im Sommer heißer und im Winter milder, wozu natürlich auch die geschützte Lage zwischen einer südlichen Hügelkette und den nordwestlichen Magaliesbergen beiträgt. Die Stadt wurde bereits 1855 durch *Marthinus Wessel Pretorius* gegründet, der sie nach seinem Vater, *Andries Pretorius*, benannte. Dieser hatte die entscheidende Schlacht am Blood River gewonnen und damit die weiße Besiedlung Gautengs eingeleitet. Seit Bestehen der Republik Südafrika ist Pretoria die Hauptstadt.

Info: Tshwane oder Pretoria?

Im Rahmen der Reorganisation der Verwaltungsbezirke bemühte sich die heutige Regierung um eine „Afrikanisierung" der aus der Kolonialzeit stammenden Städtenamen. 2005 benannte der Stadtrat Pretoria in „Tshwane" um. Dagegen gab es jedoch Bürgerproteste, sodass die Namensgebung derzeit gerichtlich verhandelt wird. Bis dahin heißt die Stadt weiterhin offiziell „Pretoria".

Heute wird Pretoria überall als die „**Stadt der Jacarandas**" bezeichnet. Im Oktober und November ist die Stadt in das zarte Lila der blühenden Trompetenbaumgewächse getaucht. Das war nicht immer so. 1888 importierte ein Bürger Pretorias, *J. A. Celliers*, zwei „Jacaranda mimosifolia" aus Rio de Janeiro. Der ursprünglich aus dem Nordwesten Argentiniens stammende Baum gedieh in dem Klima Gautengs ausgezeichnet. Celliers pflanzte die Bäume in seinem Garten in Sunnyside. Sie stehen noch immer hier und heute steht statt seines Hauses an gleicher Stelle die Schule von Sunnyside. 1898 kam der Gärtner *James Clark* nach Pretoria. Er sollte im Auftrag der Regierung geeignete Baumsorten züchten. Er bestellte Samen aus Australien. In der Lieferung war ein Paket Samen der gleichen Jacaranda-Art, die Celliers gepflanzt hatte. In der staatlichen Baumschule von Groenkloof entwickelten sich daraus stämmige Bäumchen, die Clark 1906 der Stadt Pretoria schenkte. Diese „Ur-Jacarandas" wurden entlang der Bosman Street gepflanzt. Sie fanden so viel Zustimmung bei der Bevölkerung, dass man beschloss, in ganz Pretoria diese Bäume zu pflanzen. James Clark erhielt den Spitznamen „Jacaranda-Jim". Inzwischen säumen über 70.000 Exemplare die knapp 500 Straßenkilometer der Stadt.

Pretoria hat insgesamt etwa 1,8 Mio. Einwohner. Trotz der räumlichen Ausdehnung über 570 km² wirkt die Hauptstadt eher provinziell. Zu diesem „gemütlichen" Eindruck tragen viele alte Gebäude bei, ebenso die hügelige Lage, aber auch die zahlreichen gepflegten Parks mit ihren bunten Blumenbeeten.

Mit außergewöhnlichen Sehenswürdigkeiten kann die Stadt nicht aufwarten – einmal abgesehen von dem Voortrekker-Monument (s. S. 106). Die folgenden Stätten sind aber allemal einen Besuch wert: Das **Krugerhaus** ist das Wohnhaus des ehemaligen südafrikanischen Präsidenten *Paul Kruger*, nach dem auch der Kruger Park benannt wurde. Viele Gegenstände aus seinem Leben sind an

City Hall

dieser Stelle zusammengetragen. Sogar seine Staatskarosse sowie der private Eisenbahnwaggon sind zu besichtigen. Auch der **Historic Church Square** lohnt einen Besuch. Hier stand die erste Kirche, um die herum die Stadt wuchs und hier ist das Herz der City, wo vor allem die Paul Kruger-Statue besichtigt werden kann. Am Sockel des Monuments befinden sich vier Bronze-Statuen, die Soldaten der damaligen Bürgerwehr darstellen. An diesem historischen Platz steht auch der 1898 fertig gestellte Justizpalast. Heute ist das Gebäude Sitz des Obersten Gerichtshofes für Transvaal. Ebenfalls am Church Square befindet sich der Old Raadsaal (von *Sytze Wierda* im italienischen Renaissancestil konzipiert), dessen Grundstein 1889 Präsident Kruger legte.

Das **Regierungsgebäude** (Union Buildings) wird von besonders patriotischen Südafrikanern und in manchen Prospekten als einer der schönsten Regierungssitze der Welt bezeichnet. Das von *Sir Herbert Baker* errichtete Gebäude mit seinen Ministerien und dem Staatsarchiv der Republik ist weniger aufgrund seiner architektonischen Originalität („griechischer Stil", wie es manchmal heißt) sehenswert, sondern vielmehr wegen der schönen Aussicht auf Pretoria. Unterhalb der Union Buildings fällt das Gelände terrassenförmig ab und hier befinden sich sehr gepflegte Parkanlagen mit einer Vielzahl von Blumen. (mi)

INFO

Lage: im Nordosten Südafrikas in der Provinz Gauteng, ca. 50 km nördlich von Johannesburg

Information:
www.tshwanetourism.co.za

Unterkunft: Das elegante **Rozenhof Guest House** (www.rozenhof.co.za) zeigt in Stil und Ausstattung Einflüsse der französischen Hugenotten, der Briten sowie der Holländer. Das Gelände gehört dem früheren südafrikanischen Premierminister Tielman Ross. Nahe der Brooklyn Mall (Geschäfte, Restaurants).

Fototipp: Einen hervorragenden Blick über die Stadt hat man von der Willem Punt Ave. im Stadtteil Muckleneuk (Süden). Am besten kann man hier im Morgen- oder Abendlicht fotografieren.

32 Johannesburg: die „Stadt des Goldes“

Johannesburg, abgekürzt oft „Jo'burg“ genannt, wird in den Bantu-Sprachen als „Egoli“ bezeichnet, was so viel wie „Stadt des Goldes“ heißt. Es ist die größte Stadt Afrikas südlich der Sahara und nimmt von der Einwohnerzahl her den dritten Rang auf dem gesamten Kontinent ein (hinter Kairo und Lagos). Ca. 3,8 Mio. Menschen leben hier, dazu kommen schätzungsweise 3 Mio. Menschen in Soweto, das seit 2002 Stadtteil von Johannesburg ist. Und wenn wir schon bei den Superlativen sind: Johannesburg ist die größte Stadt der Welt, die nicht am Meer oder einem Fluss oder See liegt. Und es ist diejenige menschliche Ansiedlung, in deren Umfeld man die **reichsten Goldvorkommen** der Erde findet.

Sicherheitshinweis

Die Situation in Johannesburg hat sich in den letzten Jahren gebessert, trotzdem bleiben einige Gegenden sehr gefährlich für Touristen, auch die Innenstadt. Infos dazu und allg. Hinweise im Anhang (s. S. 235).

Im Jahre 1886 breitete sich hier noch eine fast menschenleere Savannenlandschaft aus, in der verstreut einige Farmen lagen. Durch Zufall wurde auf dem Gebiet der Farm Langlaate Gold entdeckt. Der Landvermesser *Johann Rissik* und der Direktor des Minendepartments *Johannes Christian Joubert* begannen damit, Claims abzustecken. Da beide den Vornamen Johannes trugen, soll man beschlossen haben, den Ort „Johannesburg“ zu nennen. Bald entwickelte sich ein Städtchen.

Auch wenn es keinen besonders guten Ruf hat: Johannesburg ist die modernste Stadt Afrikas und zumindest manche seiner Stadtteile sind einen Besuch wert, wenn man sein Bild von Südafrika abrunden will. Im Vergleich zu Kapstadt,

Blick auf die Skyline von Johannesburg, das wirtschaftliche Zentrum Südafrikas

das sehr europäisch anmutet, ist Johannesburg der „Schmelztiegel" der Regenbogen-Nation Südafrika. Menschen aller Hautfarben, Religionen und Sprachen geben Johannesburg ein sehr **kosmopolitisches Flair**. Dies spiegelt sich auch in Johannesburgs belebter Kunst- und Kulturszene wider.

Sehenswert ist unter anderem der Komplex des **Market Theatre**, das sowohl klassische als auch experimentelle Stücke bietet. Er beherbergt neben fünf Theaterbühnen u. a. eine Galerie, einen Pub und ein Restaurant (http://markettheatre.co.za/). In der **Johannesburg Art Gallery** in Joubert Park (www.joburg.org.za) kann man der größten Galerie des Subkontinents einen Besuch abstatten – ein unbedingt empfehlenswerter Abstecher, denn der Stifter des Museums *Sir Hugh Lane* hat eine hervorragende Sammlung zusammengetragen, die mit der Zeit immer weiter ergänzt wurde. Darunter befinden sich Werke von *Pablo Picasso*, *Camille Pissarro*, *Claude Monet* und *Edgar Degas*. Auch holländische Werke aus dem 17. Jahrhundert sind hier zu finden. Eine großartige Abteilung südafrikanischer Kunst, unter anderem von *Gerard Sekoto*, *Alexis Preller*, *Maud Sumner*, *Sydney Kumalo* und *Ezrom Legae*, rundet das Bild ab. Der Schwerpunkt soll in Zukunft vor allem auf zeitgenössische Kunst aus Südafrika gelegt werden. Dazu zählen Masken, Skulpturen oder Schmuck aus Holz und Stein, aber auch die sogenannte Township-Kunst. Sie besteht z. B. in aus Metall- und Plastikabfällen hergestellten Figuren, Spielzeugautos, -motorrädern und -flugzeugen sowie aus Alltagsgegenständen.

Gerard Sekoto

Der 1993 im Alter von 80 Jahren im französischen Exil verstorbene Begründer der Township-Kunst, Gerard Sekoto, ist einer der wichtigsten und bekanntesten künstlerischen Vertreter des Landes und für viele der „Vater" der modernen südafrikanischen Kunst. In seinen farbenfrohen, aber weder beschönigenden noch mitleiderregenden Bildern schilderte er das alltägliche Leben in den Townships der 1940er-Jahre und wurde so zum Pionier von urbaner schwarzer Kunst und sozialem Realismus.

Das 125 ha große Gebiet des **Botanischen Gartens** ist besonders für seinen Rosengarten berühmt, der ab 1964 angelegt wurde. Man kann über 4.500 Rosen 60 verschiedener Arten bewundern. Interessant ist auch der Kräutergarten, in dem es neben Gewürzkräutern auch Kräuter afrikanischer Medizinmänner gibt (www.jhbcityparks.com).

Sehenswert sind in jedem Fall auch das Apartheid-Museum (s. S. 102), der Constitution Hill (s. S. 103) und Gold Reef City (s. S. 104). Auch ein Ausflug nach Soweto (s. S. 144) lohnt sich. (mi)

INFO

Lage: im Norden des Landes (Gauteng)
Information: www.joburg.org.za
Unterkunft: Die von Touristen besuchten Hotels liegen ausschließlich in den nördlichen Stadtteilen wie etwa Sandton. Hier gibt es z. B. **The Michelangelo** (www.legacygroup.co.za), ein wunderschönes Stadthotel mit Anschluss an die Shopping Mall. Empfehlenswert ist auch **A Room with a View** in Melville (www.aroomwithaview.co.za), ein kleines, toskanisch angehauchtes Gästehaus. Ganz schick geht's im **Melrose Arch** (www.melrosearch.co.za) zu, das sich das erste Designer-Hotel in Johannesburgs nennt. Eine Besonderheit sind etwa die in einem flachen Pool stehenden Bartische. Alternative günstige Übernachtungsmöglichkeiten gibt es in der Nähe des Flughafens.

33 Bloemfontein: Hauptstadt des Free State

Bloemfontein liegt zentral im Free State und ist gut geeignet für einen Zwischenstopp. Es wird „Stadt der Rosen" genannt, sein niederländischer Name bedeutet wörtlich: „Blumenquelle". Klimatisch gesehen ist Bloemfontein eine **Stadt der Extreme**. Während im Sommer die durchschnittlichen täglichen Maximaltemperaturen bei 30 °C liegen, betragen die Werte im Winter „nur" 15 °C. Zum Vergleich: In Durban schwanken die Temperaturen nur zwischen 27 und 22 °C.

Wo sich heute Eerste- und St. Andrew's Street kreuzen haben schon vor Jahrhunderten die San ihr Wasser aus einer Quelle geholt. Der erste weiße Siedler in der Gegend, *Nicolaa Brits*, der 1840 mit einem Burentrek hierher gekommen war, fand diese **Quelle mit unzähligen Blumen** bestanden vor und nannte daher seine Farm Bloemfontein. 1841 entschlossen sich die Briten, an dieser Quelle eine Garnison zu stationieren und einen Verwaltungssitz zu errichten. Sie kauften Brits seine Farm ab und erbauten 1846–48 das Queens Fort. Obwohl viele Buren weiter nach Norden auswichen und in Transvaal siedelten, entwickelte sich Bloemfontein zum Zentrum des bereits 1842 gegründeten Oranje-Free-State, der vornehmlich den Buren vorbehalten bleiben sollte. 1849 wurde das heute älteste Gebäude der Stadt, der First Raadsaal, gebaut.

Die Anwesenheit der Briten blieb den Buren stets ein Dorn im Auge, waren diese doch de facto Kolonialherren. Aber Briten und Buren lebten dennoch verhältnismäßig friedlich nebeneinander, denn sie hatten ein gemeinsames Ziel: die Besitznahme von möglichst viel afrikanischem Land und die Konsolidierung der weißen Machtposition im südafrikanischen Raum. 1885 wurde die Old Pre-

Der Oberste Gerichtshof Südafrikas sitzt in Bloemfontein

sidency, der Sitz dreier burischer Präsidenten, im viktorianischen Stil erbaut – ein Zeichen des weißen Zusammenhaltes.

Während des **Burenkrieges** war Bloemfontein hart umkämpft. Die Briten schossen vom Naval Hill mit Kanonen auf die Buren. 1900 schließlich fiel die Stadt. Mit der Eingliederung des Oranje-Free-State in die Südafrikanische Union wurde Bloemfontein Sitz des Obersten Südafrikanischen Gerichts und neben Pretoria und Kapstadt dritte Hauptstadt des Landes. Auch heute noch spiegelt die Stadt den Stolz der Buren wider. Neben einem burischen Kriegsmuseum sind das Haus des ehemaligen Burengenerals *Hertzog* und verschiedene andere burisch geprägte Museen zu sehen.

Das Oliewenhuis Art Museum im kapholländischen Stil

Bloemfontein ist keine Stadt der großen Sehenswürdigkeiten, aber dennoch einen Besuch wert. Besonders schön sind die **vielen Parks**, die in den heißen Mittagsstunden Schatten spenden. Im Hamilton Park gibt es mit über 3.000 Exemplaren die größte Orchideensammlung Südafrikas. Sehenswert ist auch der Naval Hill nördlich des Zentrums, von dem man eine ausgezeichnete Aussicht auf die Stadt hat und wo es einen kleinen Wildpark gibt.

Im King's and State President Park mit 4.000 Rosenbüschen gibt es einen kleinen Zoo und einen botanischen Garten. Die City Hall, die 1935 nach italienischen Motiven entworfen wurde, ist ebenfalls sehenswert. Den Grundstein legte *Prince George*, der spätere Duke of Kent.

Das **National Museum** (www.nasmus.co.za) zeigt archäologische Funde sowie kulturelle und historische Gegenstände. Dazu gehört auch das Oliewenhuis Art Museum, das sich südafrikanischer Kunst widmet.

Bloemfontein ist bekannt für seine Theater. Das Sand du Plessis Theatre ist der große Stolz der Stadt. Für 60 Mio. Rand erbaut, wurde es 1985 eröffnet. Gegenüber, im H. F. Verwoerd Building, befindet sich ein Fenster aus 17.000 Einzelgläsern; es ist damit das größte seiner Art auf der Welt.

Das National Afrikaans Literature Museum stellt Manuskripte, Bücher, Fotografien und persönliche Gegenstände südafrikanischer Dichter und Autoren aus. Das Kulturzentrum Old Presidency zeigt eine geschichtliche Ausstellung, Gemälde, Möbel und wechselnde Kunstausstellungen. (mi)

INFO

Lage: im Zentrum Südafrikas
Information: www.freestatetourism.org
Unterkunft: Das **Hobbit Boutique Hotel** (www.hobbit.co.za) ist eines der schönsten Guesthouses der Stadt. Sehr schöne Zimmer, ausgezeichneter und sehr freundlicher Service. Etwas außerhalb liegt das **De Oude Kraal** (ca. 35 km südlich von Bloemfontein, www.oudekraal.co.za), ein altes Farmhaus. Die gemütlichen Zimmer haben alle einen Kamin. Die Küche ist umwerfend.

34 Durban: Badeort am Indischen Ozean

Beinahe jeder Südafrika-Besucher kommt auf seiner Reise nach Durban und auch die Südafrikaner verbinden mit Durban **Badevergnügen** und ganzjährig schönes Wetter. Die Stadt ist aber nicht nur ein Badeort, sondern auch eine bedeutende Industrie- und Hafenstadt. Und sie ist die „Indian City", die Stadt der Inder (s. S. 122). Im Großraum Durban leben insgesamt ca. drei Millionen Menschen. Die bunt gemischte Bevölkerung sorgt für ein quicklebendiges Stadtbild.

Am Weihnachtstag 1497 erreichte *Vasco da Gama* die Bucht und nannte sie „Río de Natal" („Weihnachtsfluss"). Aber erst 1823 begann die systematische Besiedelung der Region. Am 23. Juni 1835 wurde die Ansiedlung nach dem Kap-Gouverneur *Sir Benjamin Durban* benannt. Die Zulu betrachteten Natal als ihr Stammesgebiet. Durban akzeptierten sie als Ausnahme: In diesem Ort sahen die Zulu einen guten Handelsplatz und waren bereit, den Siedlern Land zuzugestehen. 1838 aber kamen die **Voortrekker** nach Natal und es gab heftige Auseinandersetzungen mit den Zulu, denen die Weißen das Land streitig machten. Am 17. April 1838 fand bei Ndondakusuka eine große Schlacht statt, in deren Verlauf 16 Händler und 600 ihrer Gefolgsleute ihr Leben ließen. Die Überlebenden flohen aus Durban oder fanden Schutz auf der kleinen Insel Salisbury Island. Die Nachricht von diesen Auseinandersetzungen rief die britische Regierung auf den Plan und am 3. Dezember 1838 landete britisches Mi-

Blick auf die Waterfront

litär in Port Natal. Die nicht geflohenen Kaufleute schlossen sich den Voortrekkern an, um sich an der Schlacht am Blood River zu beteiligen und Rache zu nehmen (16. Dezember 1838, s. S. 109). Als halbwegs Frieden eingekehrt war, zogen sich die Briten zurück, doch im Mai 1842 begannen neue Unruhen.

Nach der Schlacht am Blood River gründeten die Buren die erste Voortrekker-Republik mit einem „Volksraad" (Repräsentantenhaus). Diese Republik wurde jedoch sofort von den Engländern bekämpft. Sie schickten den Hauptmann *Smith* nach Durban, der sich aber in einer Schlacht bei Congella nicht gegen die Voortrekker behaupten konnte. Insgesamt 34 Tage belagerten die Voortrekker das Fort der Briten. Der Belagerung wurde erst dadurch ein Ende gesetzt, dass der berühmt gewordene Siedler *Richard Philip (Dick) King* in Grahamstown Hilfe holte. Im Mai 1844 wurde Natal durch die Briten der Kapkolonie angegliedert. Damit war Natal für britische Siedler geöffnet, der Weg zu einer eigenständigen Kolonie und zu einer späteren Provinz geebnet. Von Durban ausgehend, begann der **wirtschaftliche Aufschwung** in Natal.

Neben dem indischen Viertel mit dem Victoria Street Market lohnt sich in Durban unter anderem ein Besuch des 20 ha großen **Botanischen Gartens**, der bereits 1849 angelegt wurde. Er lädt auf schattigen Wegen zum Spazieren und Verweilen ein. Sehenswert sind u. a. die Palmfarne. Nicht entgehen lassen sollte man sich den Palmenweg. Beeindruckend ist auch die Orchideensammlung im Orchideen-Haus.

Die im neobarocken Stil 1910 nach dem Vorbild des Rathauses von Belfast errichtete **City Hall** ist eines der alten Wahrzeichen der Stadt. Hier ist heute u. a. das Natural Science Museum mit seinen naturkundlichen Sammlungen (Säugetiere, Insekten) untergebracht. Im zweiten Stockwerk ist die Durban Art Gallery einen Besuch wert, sie gilt als eine der größten südafrikanischen Kunstsammlungen und zeigt europäische und südafrikanische Maler. Auch das „neue Südafrika" ist hier vertreten: Zu bewundern gibt es Flechtkunst aus KwaZulu-Natal. Meistens flechten Frauen die diese Körbe, doch der berühmteste Flechter ist *Reuben Ndwandwe*.

Die **uShaka Marine World** ist ein Vergnügungspark mit (Unter-)Wasser-Attraktionen wie Tauchen im Haifischbecken, Aquarium und Delfinarium, vielen weiteren Aktivitäten und Restaurants. Der 15 ha große Themenpark ist der größte seiner Art in Afrika.

Von den beinahe 120 Schlangenarten Südafrikas kann man im **Fitzsimon's Snake Park** die meisten sehen (u. a. Schwarze und Grüne Mambas, Kobras, Puffottern). Der Schlangenpark dient auch der Schlangengiftforschung; man gewinnt hier jährlich 20.000 Dosen an lebensrettendem Serum, die der Versorgung des gesamten südlichen Afrika dienen. (mi)

INFO

Lage: an der Ostküste, in der Provinz KwaZulu-Natal
Information: www.durban.kzn.org.za
Unterkunft: Die **Ridgeview Lodge** (www.ridgeview.co.za) bietet einen schönen Blick über Durban und den Indischen Ozean, gediegen eingerichtet. Das **Protea Hotel Edward** (www.proteahotels.com) besticht mit viktorianisch angehauchter Atmosphäre, sehr gepflegt – gute Restaurants, erstklassiger Service.

35 Graaff-Reinet: die „Perle der Karoo"

Graaff-Reinet, auch „Perle der Karoo" genannt, ist eine kleine Stadt in der Flussschleife des Sunday River und hat heute 33.000 Einwohner. Bereits 1786 gegründet, ist es die viertälteste Stadt der Kapprovinz. In den ersten Jahrzehnten seiner Existenz war Graaff-Reinet eher ein Dorf, das den Farmern als Versorgungszentrum diente und als Schutz vor den Angriffen der Xhosa. Bereits 1794 gründete die Kapregierung hier einen Verwaltungssitz, den **Drostdy**. Doch wurden nur wenige Verwaltungsangestellte eingesetzt, die in Zeiten der Unruhen kaum militärische Hilfe versprachen. Unzufrieden mit diesem Zustand riefen die Bürger daraufhin 1796 den „Landdrost" aus, vertrieben die Engländer und erklärten Graaff-Reinet zum eigenständigen Staat. Dieser Zustand hielt aber nicht lange an, denn die Engländer kamen, diesmal mit militärischer Unterstützung, zurück und übernahmen wieder die Regierungsgewalt.

Mitte des 19. Jahrhunderts kamen viele englische und deutsche Siedler hierher und die Stadt wurde das zweitwichtigste landwirtschaftliche Handelszentrum der Kapprovinz. Benannt wurde sie nach dem Gouverneur *Cornelis Jacob van der Graaff* und seiner Frau *Cornelia Reinet*. Heute ist Graaff-Reinet einer der **historischen Glanzpunkte** des Landes und rühmt sich mit 200 unter Denkmalschutz stehenden Gebäuden. Unter ihnen befinden sich Bauten aus allen Epochen im kapholländischen Stil. Keine andere Stadt des Landes erreicht diese Zahl auch nur annähernd. Und keine andere Stadt ist, wie Graaff-Reinet, von einem Nationalreservat umgeben.

Die **Innenstadt** bietet unzählige schöne und interessante Gebäude, die alle im Umkreis von etwa 500 m um das Drostdy Hotel liegen, sodass man sie in Ruhe an einem Tag besichtigen und sich zwischendurch in den Tee-Gärten oder im Kromms Inn erholen kann. Im Old Library Museum finden sich u. a. zwei sehr interessante Abteilungen: Zum einen kann man Bilder des Fotografen *William Roe* bewundern, der in der zweiten Hälfte des 19. Jahrhunderts das Land bereist hat. Besonders eindrucksvoll sind vor allem die Fotos vom alten Graaff-Reinet und von den ersten Diamantenschürfungen am Big Hole in Kimberley. Zum anderen gibt es eine geologisch-paläontologische Abteilung, die über 200 Mio. Jahre alte Überreste von Sauriern ausstellt. Diese Tiere lebten im Gebiet der Karoo, als es sich noch um eine sumpfige Ebene handelte. Bekanntestes Exemplar ist der Pareiasaurus, ein Reptil, das bis zu einer Tonne wiegen konnte bei einer Länge von nur drei Metern. In späteren Erdzeitaltern ist er aus diesem Gebiet ausgewandert und man hat Überreste von ihm auch in Sibirien gefunden.

Im alten Verwaltungsgebäude der Kapregierung, dem Drostdy, befindet sich heute ein Hotel. Das ehemalige Haupthaus, in dem sich heute die Eingangshalle des Hotels befindet, wurde bereits kurz nach der Gründung der Stadt errichtet und diente den Engländern als Verwaltungssitz. Doch nach den Streitigkeiten zwischen Bewohnern der Stadt und den Beamten wurde das Gebäude zum Hotel umfunktioniert. Im Laufe der Jahre wurde es immer weiter vergrößert und erst im 20. Jahrhundert wieder in seinen ursprünglichen Zustand versetzt. Die Innenräume wurden zum größten Teil wieder so hergerichtet, wie sie Mitte des 19. Jahrhundert ausgesehen haben.

Kleinstadt in kapholländischem Stil: Graaff-Reinet

Hinter dem Hauptgebäude befindet sich der Stretch's Court, eine kleine Kopfsteinpflasterstraße mit sieben Häuschen, die ursprünglich als Sklavenunterkünfte dienten. Mitte des 19. Jahrhunderts kaufte *Kapitän Stretch* diese Häuser, teilte das Gebiet in Parzellen auf und verkaufte sie weiter. 1966 schließlich gingen sie in den Besitz der „Vereinigung historischer Gebäude Südafrikas" über, die sie völlig restaurierten und dem Hotel übergaben.

Das 1812 als Pfarrhaus erbaute **Reinet House** diente später als Veranstaltungsort für Lehrerinnenseminare. Heute findet man hier ein Museum mit einer sorgfältig ausgewählten Sammlung von Möbeln, Küchengeräten, Kinderspielzeug und anderen Dingen, die sich in den Haushalten des 19. Jahrhunderts befunden haben.

Weitere interessante Gebäude der Stadt sind die alte Apotheke in der Caledon Street, das Hester Rupert Art Museum, das sich in der Dutch Reformed Mission Church befindet und zeitgenössische südafrikanische Kunst bietet, und die die ganze Stadt überragende Dutch Reformed Church, die der Salisbury-Kathedrale nachempfunden wurde. In der Old Residency (Parsonage Street) aus dem Jahre 1820 kann man alte Werften anschauen. (mi)

INFO

Lage: mitten in der Karoo, in der Eastern Cape Province

Information: www.graaffreinet.co.za, www.graaffreinetmuseums.co.za

Unterkunft: Das **Andries Stockenström Guesthouse** ist ein denkmalgeschütztes Haus mit fünf sehr schönen Zimmern. Tolles Essen im Restaurant, kreative Kombination von französischer Küche mit lokalen Einflüssen. Essen nur für Übernachtungsgäste (www.asghouse.co.za). Das **Drostdy Hotel** (www.drostdy.co.za) ist ein Klassiker unter den Country Hotels mit ausgezeichnetem Restaurant, in dem man sich bei Kerzenlicht ins 19. Jahrhundert zurückversetzt fühlt. Kapholländischer Stil, tolle Lage.

36 Buffalo City (East London)

Die östlichste Großstadt der Eastern Cape Province liegt an der Mündung des Buffalo River zwischen den ehemaligen Homelands Transkei und Ciskei. Wie Port Elizabeth ist Buffalo City eine Industrie- und Hafenstadt, die auch einige wenige kulturelle Sehenswürdigkeiten zu bieten hat. Interessanter und schöner ist aber sicherlich die Umgebung mit ihren **unzähligen Stränden** und den gleich dahinter aufragenden, mit dunklem Grün bedeckten Bergen, die besonders im Frühdunst mit der aufgehenden Sonne einen unvergesslichen Eindruck hinterlassen. Buffalo City eignet sich auch hervorragend als Ausgangspunkt für Touren in die ehemalige Ciskei.

Tiefseeangeln

Für Abenteuerlustige hier noch ein Tipp: Die besten „Deep-Sea-Fishing"-Touren starten von Gonubie aus. Infos dazu gibts im Tourist Office in East London.

Das erste Schiff, das an der Mündung des Buffalo River anlegte, war die „Centaurus" im Jahr 1688. Die Mannschaft hatte den Auftrag, nach Überlebenden von Schiffskatastrophen zu suchen. Tatsächlich gelang es, 18 Männer zu finden. Diese lebten mittlerweile zusammen mit Xhosa in der Gegend von Cove Rock. 1752 unternahm *Ensign Beutler*, im Auftrag von Gouverneur *Ryk Tulbach*, eine erste richtige Erkundungsfahrt hierher. Er berichtete von einem Fluss, den die Einheimischen „Konka" („Büffelfluss") nannten. Erst 1847, nach Beendigung des „War of the Axe" zwischen Xhosa und europäischen Siedlern, wurde die Flussmündung geografisch vermessen und man baute das Fort Glamorgan als Teil einer Befestigungskette, um die Versorgungsroute von der Flussmündung bis nach King William's Town zu sichern. Offiziell wurde die Gegend 1848 annektiert und der Flusshafen erhielt den Namen **Port East London**.

Buffalo City hat heute knapp 500.000 Einwohner und ist eine Industriestadt, die ein wenig im Schatten von Port Elizabeth und Durban existiert. Die Innenstadt ist relativ klein und es herrscht hier ein eher gemütliches Treiben.

Am Hafen

Buffalo City hat eine Universität und eine Technische Hochschule. Dennoch wird die Stadt gerne wegen ihres gemütlichen Flairs als Rentnerdomizil bezeichnet. Neben einem Besuch des East London Museum lohnt sich noch die Besichtigung der Wollbörse (Ecke Church/Cambridge Street), wo sich Aufkäufer aus der ganzen Welt an Auktionen beteiligen. Besucher sind willkommen.

Das Rathaus von Buffalo City

Im **East London Museum** ist die vielleicht umfangreichste naturkundliche Sammlung Südafrikas untergebracht. Eine Besonderheit stellen die Exponate über maritimes Leben dar. Unter ihnen spielt eine primitive Fischart namens Coelacanth eine herausragende Rolle. Man glaubte, dass dieser Fisch seit etwa 50 Millionen Jahren ausgestorben sei und war mehr als erstaunt, als im Jahre 1938 das erste lebende Exemplar aus dem nahen Chalumna River gefischt wurde. Ebenso gibt es hier das weltweit einzige Dodo-Ei zu sehen, das 1846 aus Mauritius gebracht wurde. Beim Dodo handelt es sich um einen im 17. Jahrhundert ausgerotteten, flugunfähigen Vogel, der weit größer als der Truthahn war. Die heimatkundliche Abteilung zeigt einige Exponate aus dem Kulturkreis der Xhosa.

Die **Ann Bryant Art Gallery** wurde der Stadt 1947 von *Ann Bryant* geschenkt. Schon das Haus selbst ist einen Besuch wert. Hier werden, in z. T. wechselnden Ausstellungen, Werke südafrikanischer und anderer Künstler ausgestellt. Insbesondere sollen einheimische Künstler aus der Provinz unterstützt werden. Interessant ist auch das Modell der „Knysna", des ersten Schiffs, das in der Mündung des Buffalo River seine Ladung gelöscht hat (www.annbryant.co.za).

Das Baille Memorial auf dem **Signal Hill** erinnert daran, dass hier 1836 die britische Flagge durch den Marineoffizier *John Baille* gehisst wurde, als die „Knysna" dort ankerte und ihre Ladung löschte. Im Gegenzug wurden Felle eingetauscht. Die Mündung des Buffalo River erschien damals als ein besonders günstiger Versorgungshafen, da der Nachschub für die britischen Söldner auf dem Landweg von Port Elizabeth durch Übergriffe der Xhosa erheblich behindert wurde. (mi)

INFO

Lage: an der Ostküste, in der Eastern Cape Province
Information: www.tourismbuffalocity.co.za, www.buffalocity.gov.za
Unterkunft: Die **Thornycroft Lodge and Spa** (www.thornycroft.co.za) liegt direkt am Nahoon-Fluss, ein wunderschönes Anwesen mit sehr guter Küche und herzlichen Gastgebern. Großes Schlafzimmer mit separater Küche und Bad. **The Oakhampton B&B** (www.oakhampton.co.za) ist ein sehr persönlich geführtes Haus mit neun Zimmern, die meisten davon mit eigenem Bad.

37 Nelson Mandela Bay: am Ende der Garden Route

Port Elizabeth liegt im Osten der Kapprovinz an der Mündung des Baakens River und bildet fahrtechnisch gesehen den östlichen Abschluss der Garden Route. Es ist die größte Stadt der östlichen Kapprovinz und bildet seit 2001 mit den Vororten Uitenhage und Despatch die Nelson Mandela Bay Municipality. Diese erstreckt sich über 16 km entlang der Algoa Bay und bietet dem Reisenden mit ihren Stränden und Museen viele Möglichkeiten.

Der ehemalige Gouverneur *Sir Rufane Donkin* benannte 1820 die entstehende Siedlung nach seiner zwei Jahre zuvor in Indien verstorbenen Frau *Elizabeth.* Im Rahmen der Afrikanisierung der aus der Kolonialzeit stammenden Städtenamen in Südafrika wurde Port Elizabeth mit seinen Nachbarstädten zunächst in „Nelson Mandela Metropole", später in „Nelson Mandela Bay" umbenannt.

Die Gründung von Port Elizabeth erfolgte 1799, als die Briten das Fort Frederick errichteten. Es handelt sich hierbei um das älteste Steingebäude in der östlichen Kapprovinz und das älteste britische Bauwerk südlich der Sahara. Von dem Fort aus überwachte Hauptmann *Francis Evatt* in der Zeit von 1817–1850 die Ankunft britischer Siedler.

Heute ist Port Elizabeth bzw. Nelson Mandela Bay eine blühende Industriestadt, in deren Großraum über eine Million Menschen leben. Der bedeutendste Industriezweig ist der **Fahrzeugbau** (Ford und GM sowie VW und Audi in Uitenhage). Von besonderer Bedeutung ist auch der Wollhandel. Die Wollbörse von Port Elizabeth ist die größte in Südafrika.

Port Elizabeth hat aber mehr zu bieten als Industrie und Hafen: Von besonderem Reiz ist seine Lage am Hang eines 60–90 m hohen Plateaus, das als „The Hills" bezeichnet wird und auf dessen schönsten Grundstücken große Villen stehen. Die Innenstadt, die bereits kurz hinter den Hafenanlagen steil aufsteigt, beherbergt viele Häuser im viktorianischen Baustil. Ein Spaziergang am Berghang über der City lohnt sich.

Vom **Campanile**-Turm aus, der 1923 zum Andenken an die Siedler des beginnenden 19. Jahrhunderts errichtet wurde, hat man einen ausgezeichneten Ausblick auf die Innenstadt und vor allem den Hafen.

Blick auf die Uferpromenade

Kasino

Am Castle Hill Nr. 7 wurde das **Historical Museum** 1830 als Wohnhaus des irischen Pfarrers *Francis McCleland* erbaut. Im Hinterhof sind in einem Raum Spielzeug und Puppen aus jener Zeit ausgestellt. Besonders eindrucksvoll ist die Küche im Keller, in der man u. a. eine handbetriebene Waschmaschine bestaunen kann.

Am Ende der Main Street befindet sich der **Market Square**, auf dem ein Modell des Diaz-Kreuzes steht. In früheren Zeiten wurde der Platz nicht nur für Marktveranstaltungen genutzt. Er war schon von Beginn an als „Parkplatz" für Ochsenkarren konzipiert und die Stadtverwaltung hatte einen Parkwächter angestellt, der für geordnetes Parkverhalten zu sorgen und die Tiere zu verpflegen hatte.

Weiterhin sehenswert sind das Nelson Mandela Metropolitan Art Museum, in dem neben Ölgemälden und Radierungen auch moderne Keramik- und Video-Kunst südafrikanischer Künstler zu sehen ist. Entlang dem Humewood Beach, gleich hinter dem Elizabeth Sun Hotel, befindet sich das **Bayworld Museum** mit Ozeanarium, Snake Park und Tropical House. Die naturwissenschaftliche Abteilung bietet eine große Anzahl an ausgestopften Tieren, wobei der Schwerpunkt auf der maritimen Tierwelt liegt. (mi)

INFO

Lage: im westlichen Teil der Eastern Cape Province
Information:
www.nelsonmandelabay.gov.za
Unterkunft: Im **Kelway Hotel** (www.thekelway.co.za) gibt es eine preiswerte und witzige Art zu übernachten: Die Zimmer sind Schlafwagen-Abteile und auch sonst gilt hier das Motto Eisenbahn. Im **King's Tide Boutique Hotel** (www.kingstide.co.za, ca. 10 Min. vom Flughafen) gibt es stilvoll eingerichtete Zimmer, eine Bar und einen Pool. Im **Andersons Guest House** (www.lin.co.za/andersons/), ca. 20 Min. vom Zentrum entfernt, hat man einen tollen Blick aufs Meer. Mit Glück kann man von hier aus Wale und Delfine beobachten. Es stehen fünf Apartments zur Verfügung, Frühstück auf Anfrage erhältlich.

38 Plettenberg Bay: Badevergnügen an der Garden Route

Plettenberg Bay ist einer der beliebtesten Badeorte an der Garden Route. Es wurde 1778 nach dem Gouverneur *Joachim van Plettenberg* benannt, der hier ein See-Zeichen errichtete, um damit den Anspruch der Niederländisch-Ostindischen Handelskompanie auf diese Bucht zu dokumentieren. Dieses Zeichen wurde von der Historical Monuments Commission 1964 ins South African Cultural Museum in Kapstadt gebracht. Die Holländer unternahmen auch Anstrengungen, die Bucht als Hafen für das Verschiffen von Holz aus dem Hinterland zu benutzen, woran heute nur noch die Ruinen eines im Jahr 1788 erbauten Lagerschuppens erinnern.

Beinahe in jedem Prospekt über Südafrika ist das **Beacon Island Hotel** abgebildet. Hier befand sich früher eine von norwegischen Siedlern erbaute Walfangstation. Als 1920 die Norweger diese Stelle verließen, begann Plettenbergs Entwicklung zum Ferienort.

Tipp: Stanley Island

Stanley Island ist die einzige Privatinsel vor der südafrikanischen Küste. Die Inhaber errichteten hier ein wahres Natur-Refugium. Motorbootfahrten, Kanufahren, Schwimmen, Fischen, Wandern und sogar ein Motor-Glider-Flugplatz gehören zu den angebotenen Aktivitäten. Die Übernachtung erfolgt in reetgedeckten Häuschen und natürlich sind auch ein Restaurant sowie eine Bar vorhanden. Man erreicht Stanley Island über die Keurbooms River Bridge, ca. sieben Kilometer außerhalb von Plettenberg Bay.

Leider ist Plettenberg Bay in der Hochsaison oft völlig überlaufen, aber es gibt ja auch einiges zu sehen und zu erleben! Besonders hervorzuheben ist der **kilometerlange Strand**, an dem wunderschöne Muscheln zu finden sind. Lohnend ist auch eine zwei- bis vierstündige Wanderung im Robberg Islands Nature Reserve

Blick auf die Küste

Unterkunft mit Ausblick: die Periwinkle Lodge

südlich der Stadt, die u. a. zu einer Robben-Kolonie sowie zur **Nelson Cave** führt. Letztere wurde bereits vor über 100.000 Jahren von Menschen bewohnt und man nimmt an, dass bei der Landung der ersten Entdecker Khoi in ihr lebten. Ausflüge ins Hinterland schließen Touren zum Tsitsikamma National Park (s. S. 68), in die Knysna-Berge und an kaum besiedelte Küstenabschnitte in Richtung Westen ein.

Der Ausblick vom Signal Hill oberhalb des Ortes bietet eine unvergessliche Panoramasicht auf Plettenberg Bay und die Küste. Besonders hervorzuheben sind noch die einzigartigen ca. 90-minütigen **Walbeobachtungstouren** (Juli–November), bei denen man nicht nur bis zu vier Walarten zu sehen bekommen kann, sondern auch Delfine und die Robben-Kolonie auf Robberg Island.

Wer sich körperlich betätigen möchte, der kann auf den nahen Flüssen eine Kanutour unternehmen. Aber Achtung: Es kann hier sehr heiß werden und wer auf dem Keurboom River paddelt, muss die Tiden mit einplanen! (mi)

INFO

Lage: an der Garden Route, ca. 500 km östlich von Kapstadt
Information: www.plettenbergbay.co.za.
Unterkunft: Die **Lily Pond Country Lodge** (www.lilypond.co.za) ist eine wunderschöne, gepflegte Anlage. Es gibt tolle Zimmer mit Wanne und Whirlpool, Dusche drinnen und draußen sowie eigener Terrasse. Sehr gutes Frühstück, herzliche Gastgeber.
Schöne Zimmer, z. T. mit Kamin, und einen tollen Blick auf die Küste bietet die **Periwinkle Lodge** (www.periwinkle lodge.co.za).
Die luxuriöse **Hog Hollow Country Lodge** (www.hog-hollow.com) bietet neben einem Swimmingpool, sehr gutem Essen und komfortablen Räumen verschiedenste Aktivitäten an (Bootstouren, Bungee Jumping, Reiten etc.).

39 Stellenbosch: kapholländische Universitätsstadt

Stellenbosch liegt in einem sehr fruchtbaren Tal am Eerste River, 111 m über dem Meer. Die zweitälteste Stadt Südafrikas beherbergt etwa 100.000 Einwohner. Bekannt wurde Stellenbosch als Zentrum eines der besten südafrikanischen Weinanbaugebiete und als Sitz der renommierten 1918 gegründeten Stellenbosch-Universität mit heute mehr als 24.000 Studenten.

Außerdem ist Stellenbosch berühmt für seinen Reichtum an **historischer Bausubstanz**. Von allen Siedlungen, die am Kap während der Zeit der Niederländisch-Ostindischen Handelskompanie gegründet wurden, ist Stellenbosch die am besten erhalten gebliebene. So kann man in diesem idyllisch gelegenen Städtchen hervorragende Zeugnisse kapholländischer Architektur sehen.

Auf einer Inspektionsreise ins Landesinnere kam einst der neu ernannte Gouverneur *Simon van der Stel* in das Gebiet des heutigen Stellenbosch. Er war fasziniert von der Schönheit des Landes, zumal in dieser Zeit viele Blumen blühten und der Fluss aufgrund der winterlichen Regenfälle viel Wasser führte. Die Stelle, an der van der Stel campierte, nannte man in der Folgezeit Stellenbosch (was so viel bedeutet wie „van der Stel's Busch"). Doch Stellenbosch war von Anfang an nicht nur als landwirtschaftliches Zentrum gedacht. Bereits 1682 wurde der Ort Sitz einer Regionalbehörde und 1685 sogar Gerichtsort für ein Gebiet von rund 25.000 km².

Stellenbosch ist bekannt für seine zauberhafte kapholländische Architektur

Renish Church Complex

Die herrlichen **kapholländischen Häuser**, gesäumt von alten Eichen und manchmal auch von blauviolett blühenden Jacarandas, sind für die heutigen Besucher des Städtchens ein reizvolles und unvergessliches Erlebnis. Besonders am Samstagnachmittag oder am Sonntag, wenn die geschäftige Unruhe gewichen ist, wird man von der friedlichen und gemütlichen Atmosphäre eingenommen.

Sehenswert ist das Stellenryck Wijn Museum, in dem sich alles um Wein dreht. Hauptattraktion aber ist die **Dorp Street**, die älteste und zugleich die besterhaltene geschlossene Häuserzeile in Südafrika. La Gratitude (95 Dorp Street) zum Beispiel wurde 1798 von Reverend *Meent Borcherds* erbaut und diente bis 1835 als Pfarrhaus. Der Giebel mit dem „allsehenden Auge Gottes“ ist ein gutes Beispiel frühneuklassizistischer Giebelkunst.

Einen Besuch wert ist auch das Stellenbosch Dorpmuseum an der Ryneveldstraße. Ziel des 7.000 m^2 umfassenden Museumsdorfes ist es, einen Eindruck vom Wandel der Architektur von 1709 bis 1929 zu geben. Von Haus zu Haus gehend, kann sich der Besucher ein Bild vom Wandel der Zeiten machen und Möbel, Mode und Hauseinrichtungen betrachten. Im Rupert Museum (www.rupertmuseum.org) gibt es südafrikanische und internationale Kunst, vorwiegend Gemälde aus der Zeit von 1950 bis 1985, zu bewundern. Highlights sind u. a. 27 Werke von Irma Stern.

Stellenbosch ist Zentrum eines der besten **Weinanbaugebiete** Südafrikas. Die Weinroute führt zu den berühmten Weingütern der Umgebung. Hier, in den fruchtbaren Tälern des Berg-, Eerste- und Bree-Flusses, gedeihen Weinreben besonders gut. Die Winzereien, deren gepflegte Gebäude oft im kapholländischen Stil erbaut sind, liegen idyllisch zwischen den weiten Weinfeldern. Oft kann man, neben der Gelegenheit zur Weinverkostung, auch im winzereieigenen Restaurant hervorragend essen. Nehmen Sie sich Zeit, genießen Sie die Weine und das gute Essen – den Ausflug zu den Weingütern, die entlang der Weinroute liegen, werden Sie nicht bereuen! (mi)

INFO

Lage: direkt östlich von Kapstadt
Information:
www.tourismstellenbosch.co.za.
Unterkunft: **Bonne Esperance** (www.bonneesperance.com) ist ein hübsches B&B-Haus im viktorianischen Stil mit einem kleinen Swimmingpool.
Das **Knorhoek Guest House** (www.knorhoek.co.za) ist ein wunderschönes altes Haus im kapholländischen Stil mit dazugehörigem Weinanbaugebiet (s. S. 196).

40 Kapstadt: The Mother City

Kapstadt ist die Stadt in Südafrika, die am ehesten einen **ausgedehnten Besuch** lohnt und eigentlich ins Programm jeder Rundreise gehört. Neben landschaftlichen Höhepunkten bietet Kapstadt als „Gasthaus der Meere" eine Vielzahl kulinarischer Erlebnisse, vom hervorragenden Wein des Kaplandes bis zu den abwechslungsreichen Küchen der verschiedenen hier lebenden Nationalitäten.

Die Stadt liegt am **Fuße des Tafelberges**, umgeben von Weinbergen, Obstplantagen, einer faszinierenden Vegetation und malerischen Meeresbuchten. Zu den traditionellen Gebieten der großen Stämme der Tswana, Zulu, Xhosa und Sotho ist es weit. Die Geschichte der ältesten europäischen Siedlung im südlichen Afrika begann 1652, als *Jan van Riebeeck* im Auftrag der Niederländisch-Ostindischen Handelskompanie eine Versorgungsstation aufbaute. Vor der Ankunft der Weißen wurde die Region von Khoikhoi-Hirten für ihre Schafherden und von den ihnen verwandten San für die Jagd genutzt. Allmählich entwickelte sich das spätere Kapstadt zu einem „Garten Eden" für die Seeleute, die sich auf dem langen Weg von Asien nach Europa und umgekehrt befanden. Schon aus 150 km Entfernung signalisierte an klaren Tagen der Tafelberg, dass man bald den Schutz des Hafens erreichen würde und dass man endlich wieder frisches Fleisch, Obst, Gemüse und Wasser genießen konnte.

Für die Vielzahl an bedeutenden Sehenswürdigkeiten Kapstadts findet sich hier nicht genügend Raum… Eine kleine Auswahl sei dennoch erwähnt und wird teilweise in anderen Kapiteln detaillierter beschrieben: das Castle of Good Hope, der Tafelberg, das Malay Quarter (s. S. 130), eine Hafenrundfahrt, die Victoria & Alfred Waterfront und natürlich die Fahrt nach Robben Island (s. S. 114). Nicht fehlen darf auch ein Besuch des Weinlandes (s. S. 170) und der Kaphalbinsel (s. S. 70).

Die Victoria & Alfred Waterfront

Das **Castle of Good Hope** (www.castleofgoodhope.co.za), das älteste Steingebäude Südafrikas, entstand 1666 und wurde von etwa 300 Matrosen in einem Jahr erbaut. Jeder der hier verarbeiteten Steinblöcke stammt aus Holland. In dem historischen Gebäude kann man alte Gemälde, Möbel und Porzellan sehen.

In der über 300 Jahre alten **Long Street** mit ihren teilweise wunderschön restaurierten viktorianischen Häusern mit schmiedeeisernen Balkongeländern, befinden sich viele Trödel- und Antiquitätenläden sowie Restaurants, Cafés und Pubs. In letzter Zeit siedelten sich zudem viele Backpacker-Hostels rund um die Straße an, sodass man dort sehr viele Reisende aus der ganzen Welt antrifft.

Buntes Treiben auf Kapstadts Straßen

Weltberühmt ist die **Victoria & Alfred Waterfront**. Als das Hafenbecken zu klein zu werden drohte und immer mehr Seeschiffe im großen Duncanbecken festmachten, beschlossen die südafrikanischen Hafenbetriebe zusammen mit der Stadt, dem Land und einer Reihe von privaten Geschäftsleuten, hier einen multikulturellen Stadtteil aufzuziehen. Dazu wurden Architekten und Planer auch von außerhalb des Landes herangezogen. Neben unzähligen Restaurants, Cafés, Kinos, Theaterbühnen und Geschäften hat man ein Seefahrermuseum und ein meereskundliches Museum eingerichtet. Die Theater werden von führenden Künstlern geleitet. Man setzt hier besonders auf experimentelle Stücke, wobei eine Bühne immer „leichte Kost" bieten soll. Weiterhin gibt es mehrere Hotels und unbegrenzte Möglichkeiten für Freizeitaktivitäten: Segeltouren, Hubschrauberflüge, Stadtrundfahrten, die Besichtigung von Seenot-Rettungsanlagen und vieles mehr versprechen einen abwechslungsreichen Aufenthalt. Inzwischen ist die Waterfront zur bestbesuchten Attraktion Südafrikas geworden. (mi)

INFO

Lage: ganz im Südosten des Landes
Information: www.tourismcapetown.co.za
Unterkunft: Das **Diamond Guest House** (www.diamondhouse.co.za) ist eine ruhig gelegene Villa mit Blick aufs Meer. Sehr liebevoll eingerichtet. Weitere Unterkünfte s. S. 192–195.

Geschichte

Blick auf Wupperthal in den Cedarbergen

41 Sterkfontein Caves: die Wiege der Menschheit und UNESCO-Welterbe

Wenn Südafrika als Zeugen seiner Geschichte auch keine antiken Tempel, Amphitheater oder mittelalterlichen Ritterburgen aufweisen kann, so hat die Forschung doch einwandfrei festgestellt, dass bereits in urgeschichtlichen Zeiten Menschen und ihre evolutionären Vorgänger das südliche Afrika bewohnten. Aufsehenerregend waren die Entdeckungen von **Raymond Dart und Robert Broom**, Forschern aus dem Transvaal Museum in Pretoria. In der Zeit zwischen den beiden Weltkriegen gelang es ihnen, in den Höhlen von Transvaal Funde zu sichern, die den Beginn einer neuen Ära bei der Suche nach menschlichen Vorfahren einleiteten. Sie hatten Knochen des **Australopithecus africanus** gefunden, eines Hominiden, der ungefähr vor 1–3 Mio. Jahren in Afrika lebte. Südafrika wurde für mehr als ein Vierteljahrhundert der Brennpunkt der frühgeschichtlichen Forschung, als man auf der Suche nach dem Ursprung des Menschen die fehlende Verbindung zwischen Affen und Menschen aufspüren wollte.

Vor etwa 70.000 Jahren tauchte im südlichen Afrika der **Homo sapiens** auf. Seine Werkzeuge, deren Überreste man in Höhlen fand, waren schon relativ weit entwickelt. Felsmalereien an Eingangswänden oder markanten Felsüberhängen stehen teilweise in einem engen Zusammenhang mit den gefundenen Artefakten. Ältere Schmelzstätten, z. B. bei Phalaborwa im transvaalischen Lowveld, deuten darauf hin, dass bereits am Ende der Jungsteinzeit oberflächennahe Erze verarbeitet wurden, mit denen man bessere Waffen und Werkzeuge herstellen konnte. Man benutzte sie vermutlich nicht nur zum Kampf oder zur Jagd, sondern auch zu einer einfachen Bodenbearbeitung (Getreideanbau) und zur Viehhaltung. Verzierte Töpfe dienten als Vorratsbehälter für Fleisch, Getränke und Früchte. Diese Fundstücke werden der frühen Eisenzeit zuge-

Zu Besuch in der Wiege der Menschheit

rechnet (200–900 n. Chr.). Weitere Funde von Geräten und anderen Siedlungsresten (Wüstungen) im Nordosten Südafrikas weisen zusätzlich auf eine mittlere (900–1500 n. Chr.) und eine späte Eisenzeit (1500–19. Jahrhundert) hin. Man nimmt an, dass die damalige Bevölkerung größere, mit Steinwällen umgebene Siedlungen anlegte, sodass es zu einer permanenten Besiedlung und Landnutzung im feuchten Ostteil des Landes kommen konnte.

Das Maropeng Visitor Center in Form eines Grabhügels

Die **Sterkfontein Caves**, 45 Autominuten nordwestlich von Johannesburg, gehören zum UNESCO-Weltkulturerbe und werden auch als die „Wiege der Menschheit" bezeichnet. Sterkfontein ist Afrikaans und bedeutet „starke Quelle". In den Höhlen fand man die ältesten menschlichen Überreste überhaupt und so zählen sie zu den wichtigsten archäologischen Fundstellen der Welt. 1998 wurde hier ein 3,5 Mio. Jahre alter menschlicher Schädel entdeckt, den man **Mrs. Ples** taufte. Insgesamt tauchten über 600 Fossilien und Überreste des Australopithecus auf. Die geführten Touren finden halbstündlich statt und dauern ca. eine Stunde. Im Sterkfontein Visitor Center kann man sich im Vorfeld über den Beginn der Menschheitsgeschichte informieren.

Das sehenswerte **Maropeng Visitor Center** mit angeschlossenem Restaurant liegt etwa zehn Kilometer nordwestlich der Höhlen. Auf Setwsana, der in dieser Region Südafrikas verbreitetsten Sprache, bedeutet Maropeng „Rückkehr zum Ursprung". Im Infocenter ist eine interessante Ausstellung über die Entwicklung des Menschen über Jahrmillionen zu sehen. Der Eingangsbereich des Centers ist einem Grabhügel („Tumulus") nachempfunden. Auf dem Weg dorthin lohnt ein Blick nach links und rechts neben dem Weg: Hier befindet sich seit 2005 eine Ausgrabungsstätte für Funde aus der Steinzeit. Die hier entdeckten Werkzeuge, unter anderem Hackmesser und Faustkeile, stammen aus der altsteinzeitlichen Acheuléen-Kultur. (mi)

INFO

Lage: ca. 50 km nordwestlich von Johannesburg
Information: www.maropeng.co.za, www.cradleofhumankind.co.za

Unterkunft: Das **Maropeng Hotel** liegt neben dem Visitor Center, ist aber eher auf Konferenzen ausgelegt. Alternativ bietet sich Johannesburg an (s. S. 78).

42 Die ersten Bewohner des südlichen Afrika: die San

Schon vor 12.000 bis 15.000 Jahren scheinen San im südlichen Afrika gelebt zu haben. Ihre Herkunft ist bis heute unbekannt. Viele Felsmalereien – in Namibia, Südafrika und Botswana – sind Überbleibsel ihrer alten Kultur und legen Zeugnis von ihrer jahrtausendealten Lebensweise ab. Diese **prähistorischen Kunstdokumente** zeigen oft sehr naturalistisch dargestelltes Wild, während die Darstellung des Menschen zurücktritt und sehr abstrakt und skizzenhaft bleibt: langbeinig, ohne Gesicht und Profil.

Heute leben nur noch ca. 100.000 San im südlichen Afrika, bevorzugt in den Gebieten der Kalahari, die zu Namibia, Botswana und Südafrika gehören, sowie in der Kapregion. Hierhin zogen sie sich zurück, als nomadisierende Viehzüchter auf der Suche nach neuen Weidegründen das Wild vertrieben und so den San die natürliche Nahrungsgrundlage raubten.

Die San leben traditionell als wandernde Jäger und Sammler. Ihre Lebensweise ist von den saisonalen Wanderschaften der großen Tierherden bestimmt. Sie leben in einer **egalitären Gesellschaft**, die sich durch gemeinschaftliche Entscheidungen selbst regiert. Einige Mitglieder der Gemeinschaft können durch besondere Fähigkeiten, aber auch durch ihr fortgeschrittenes Alter oder vorbildliches Sozialverhalten eine führende Position erlangen. Frauen und Männer sind gleichgestellt und die Trennung der Aufgabenbereiche ist nicht so streng wie etwa bei den bantusprachigen Nachbarn. Die Frauen gelten als die Ernährerinnen der Familie, da sie durch das Sammeln von Nüssen, Beeren und essbaren Pflanzen verlässlicher Nahrung beschaffen können als es den Männern durch die Jagd möglich ist.

Die San werden von Angehörigen anderer Ethnien häufig als „arm" bezeichnet, da es ihnen verboten ist, materielle Güter anzuhäufen. Der Reichtum der

Die San leben in einer egalitären Gesellschaft

Felszeichnungen in den Drakensbergen

San manifestiert sich jedoch auf andere Art. Um in ihrer unwirtlichen Umwelt überleben zu können, haben sie eine **soziale Übereinkunft** entwickelt, die einen Zwang zum Teilen einschließt. Jedes Mitglied einer Gemeinschaft muss seinen Besitz innerhalb der Familie und der Gemeinschaft aufteilen. Je mehr eine Person gibt, umso höher wird ihr Ansehen. Jedes Individuum hat außerdem in seinem Leben eine bestimmte Anzahl an festen Partnern, mit denen es regelmäßig Geschenke austauscht. Dieses Tauschsystem wird „hxaro" genannt und dient dazu, in Zeiten persönlicher Not materiell von seinen Tauschpartnern abgesichert zu werden. Der Reichtum einer Person manifestiert sich daher auch in seiner Anzahl an Tauschpartnern. Um erfolgreich tauschen zu können sind „exotische" Waren von Vorteil. Viele San besuchen regelmäßig Gemeinden ihrer Bantu-Nachbarn, um von ihnen Töpfe, Tonpfeifen oder Eisengeräte einzutauschen. Im Gegenzug dazu bringen sie Honig, Wildfleisch, Straußeneiperlen oder Pfeilgift. Teilzwang und Tauschfreundschaften finden sich auch in vielen anderen afrikanischen Gesellschaften, insbesondere bei den Khoi. Hier ist das Ansammeln bestimmter Prestigegüter nur dann geduldet, wenn sich die betreffende Person gleichzeitig als großzügiger Spender zeigt.

In den Drakensbergen ist die weltweit größte Anhäufung von **San-Felszeichnungen** zu sehen. Mittlerweile sind über 350.000 Zeichnungen in über 500 Höhlen bekannt – aber nicht alle sind Besuchern zugänglich. Viele wurden im Laufe der Jahre auch zerstört. Besonders beeindruckend sind die Malereien in den Höhlen von Giant's Castle, Injisuthi und Kamberg. (mi)

INFO

Information & Tour: 70 km nordwestlich von Kapstadt liegt das San-Kulturzentrum !Khwa ttu (www.khwattu.org). Hier werden von San geführte Touren angeboten, die einen Einblick in das kulturelle Erbe und das moderne Leben der San bieten. Der Nachbau eines traditionellen San-Dorfs wird besucht.

43 Zeugnisse der Apartheid in Johannesburg: Apartheid-Museum, Hector Pieterson Memorial und Constitution Hill

Apartheid-Museum

Eine der neueren Attraktionen von Johannesburg ist das 2001 eröffnete Apartheid-Museum. Es zeigt auf 6.000 m² in beeindruckender und aufwühlender Weise Zeugnisse der Apartheid: alte Fotos, Erfahrungsberichte von Zeitzeugen und Ausweise, die neben persönlichen Daten auch die Rasse der jeweiligen Person kennzeichnen. Schon die Eintrittskarten für das Museum machen deutlich, auf welch emotionale Reise sich der Besucher einlässt: Auf den Plastikkarten steht entweder „Non-White“ oder „White“. Die Nach-Apartheid-Verfassung Südafrikas wird in einem Raum mit Kieselsteinen auf dem Boden gewürdigt. Als Zeichen der Solidarität mit den Opfern der Apartheid kann jeder Besucher selber einen Kieselstein auf einen Haufen legen. Zum Durchatmen nach diesen Eindrücken lädt die schöne Umgebung des Museumsgebäudes zu einem Spaziergang ein: Buschlandschaft, Parkwege und ein kleiner See sorgen für Entspannung.

Hector Pieterson Memorial und Museum

„Zu Ehren der Jugend, die ihr Leben gab im Kampf für Freiheit und Demokratie. Zum Andenken an Hector Pieterson und alle anderen jungen Helden und Heldinnen unseres Kampfs, die für Freiheit, Frieden und Demokratie ihr Leben ließen.“ – So lautet die Inschrift an dem Denkmal, das an einen der schwärzesten Tage des Apartheid-Regimes erinnert. Der zwölf Jahre alte Schüler *Hector Pieterson* hatte am 16. Juni 1976 mit Tausenden anderen an einer Demonstration teilgenommen, um friedlich gegen die Einführung von Afrikaans als Unter-

Gedenkschrift am Hector Pieterson Memorial

Vor dem Apartheids-Museum

richtssprache zu demonstrieren. Zum einen wollte niemand die Sprache der Unterdrücker sprechen, zum anderen hatten die meisten nie Afrikaans gelernt und sahen sich so der Möglichkeit einer Schulbildung beraubt. Die Polizei beendete die Demonstration auf brutale Weise – mindestens 500 Menschen kamen dabei ums Leben. Ein Foto dieser Niederschlagung wurde weltberühmt und sorgte sowohl im Ausland als auch in Südafrika selbst für Entsetzen und Empörung. Es zeigt den von einer Kugel getroffenen, sterbenden Hector Pieterson, den ein anderer Schüler auf dem Arm trägt. Daneben ist Hectors Schwester *Antoinette Sithole* zu sehen. Sie leitet heute, zwei Blocks entfernt von der Stelle, an der ihr Bruder starb, das Museum.

Constitution Hill

Auf dem Constitution Hill in Johannesburg steht nicht nur das Verfassungsgericht Südafrikas, hier findet man auch den Old Fort Prison Complex, der rund 100 Jahre Geschichte erlebt hat. Hier saßen Engländer ein, die auf Seiten der Buren gekämpft hatten, streikende Minenarbeiter und schließlich Anti-Apartheids-Aktivisten. So wurde das auch als „Number Four" bekannte Gebäude zu einem der berüchtigtsten Gefängnisse der Apartheid-Ära. Tausende Menschen, unter anderem *Nelson Mandela* und *Mahatma Gandhi,* waren hier inhaftiert. Auf einer geführten Tour durch das moderne Museum werden dem Besucher die grausamen Haftbedingungen und allgemein die Schrecken jener dunklen Epoche Südafrikas vor Augen geführt. Aber auch Südafrikas bemerkenswerter Weg zu Freiheit und Demokratie wird dokumentiert. (mi)

INFO

Lage: Apartheid-Museum: Ecke Northern Parkway und Gold Reef Road, Ormonde (www.apartheidmuseum.org). Hector Pieterson-Museum: Ecke Moema und Vilakazi Street, Orlando West, Soweto. Constitution Hill: 11 Kotze Street, Braamfontein (www.constitutionhill.org.za).

44 Gold Reef City und Pilgrim's Rest: auf den Spuren des Goldrausches

Johannesburg wird auch als „Stadt des Goldes“ bezeichnet. Kein Besucher sollte es versäumen, die auf dem Gelände des früheren Gold Mine Museums entstandene **Gold Reef City** zu besuchen – auch wenn das Ganze vielleicht ein bisschen was von Disney World hat. Die ursprüngliche Idee für den Bau dieser „Stadt“ stammt von *John Rothschild*. Die Chamber of Mines teilte dessen Auffassung, dass das kleine Gold Mine Museum nicht so recht zu einem Land passt, dessen Reichtum im Wesentlichen auf Gold aufgebaut wurde. Bald fanden sich Investoren, die die Bauten finanzierten. Der Gedanke hinter dem Bau von Gold Reef City war vor allem, der Nachwelt am Beispiel original nachgebauter Häuser, Geschäfte, Lokale und anderer Einrichtungen zu zeigen, wie das Leben in Johannesburg im 19. Jahrhundert aussah. Der Besucher wird von Damen und Herren empfangen, die Kostüme und Anzüge aus der Goldgräberzeit tragen. Musikalische Einlagen versetzen den Besucher in Stimmung, die nostalgische Architektur trägt ebenso dazu bei. Mit einer Eisenbahn, die von einer Dampflok gezogen wird, kann man eine Rundfahrt durch das Gelände unternehmen. Auch werden zu bestimmten Zeiten Tänze verschiedener ethnischer Gruppen aufgeführt.

Videovorführungen und eine geologische Ausstellung informieren über die Goldvorkommen. Im alten Shaft No. 14 kann der Besucher unter Tage einen Blick auf goldhaltige Gesteinsadern werfen. Im Schmelzhaus wird das Goldschmelzen vorgeführt. Man kann beobachten, wie ein **Goldbarren von 25 kg** (= 833 Unzen) Gewicht gegossen wird. Dieser Barren, aufgrund des hohen Eigengewichtes von Gold nur von der Größe eines Ziegelsteines, kann mit einer Hand nicht aufgehoben werden. Je nach aktuellem Goldpreis beträgt sein Wert ca. ½ Million Euro. Doch mit Argusaugen wird darüber gewacht, dass ja niemand dieses „Souvenir“ mitnimmt.

Vergnügungspark im Goldrausch: Gold Reef City

Ziel vieler Glückssucher: Pilgrim's Rest

Pilgrim's Rest

Der kleine Ort an der Panorama-Route, in der Nähe des Kruger National Park gelegen, ist heute längst ein beliebtes Touristenziel. Er liegt am Fuße des Mauchberges und wurde 1986 zum National Monument erklärt.

1873 entdeckten *Alec Patterson* und *William Trafford* entlang des Pilgrim's Creek Gold. Alec Patterson trug den Spitznamen „Wheelbarrow Alec" („Schubkarren-Alec"), da er seine ganze Habe auf diese Weise mit sich führte. Trafford soll bei der Entdeckung des Goldes vor lauter Freude gerufen haben: „The pilgrim is at a rest." („Der Pilger hat seine Ruhe gefunden."), das Echo der Berge verkürzte den Ausruf zu „Pilgrim's Rest". Es handelte sich damals um die **ergiebigsten Goldfunde** im südlichen Afrika, und die Kunde drang bis zu den Goldadern Kaliforniens und Australiens, sodass sich bekannte Digger von dort aus nach Pilgrim's Rest aufmachten, in der Hoffnung, das große Glück zu finden. Die Goldsucher liebten Pilgrim's Rest, weil hier das Klima angenehm kühl war – und weil man praktisch entlang des gesamten Creeks fündig wurde. (mi)

INFO

Lage: Gold Reef City: 8 km südlich von Johannesburg an der M1 gelegen; Pilgrim's Rest: 380 km nördlich von Johannesburg
Information: www.goldreefcity.co.za, www.pilgrimsrest.org.za
Unterkunft: In Pilgrim's Rest gibt es unter anderem das gediegene **Mount Sheba Hotel** (www.mountsheba.co.za), das auf einer Anhöhe liegt. Zimmer mit Kamin, erstklassige Küche. Tagsüber bieten sich Wanderungen durch die Wälder an. Das **Royal Hotel** (www.royal-hotel.co.za) an der Main Street ist ein historisches Haus im viktorianischen Kolonialstil, das zum National Monument deklariert wurde. Unterkünfte in Johannesburg s. S. 78.

45 Pretorias Gegensätze: zwischen Voortrekker Monument und Freedom Park

Das **Voortrekkerdenkmal** der weißen Südafrikaner liegt vor den Toren Tshwanes auf einem Hügel. Es erinnert an die Entscheidungsschlacht am Blood River vom 16. Dezember 1838 (s. S. 109) und ist schon fast zu einer Art Wallfahrtsort geworden. Der 16. Dezember ist in Südafrika ein Feiertag mit ursprünglich ambivalenter Bedeutung: Für die Weißen war das historische Datum eine herausragende Marke in Bezug auf die Sicherung ihrer Position und ein Beweis ihrer Durchsetzungsfähigkeit. Für die Schwarzen markierte das Ereignis den Beginn des Widerstands gegen den Herrschaftsanspruch der Weißen. Seit 1994 wird der Tag landesweit als „Tag der Versöhnung" („Day of Reconciliation") begangen.

Das Denkmal ist aus Granit erbaut und macht einen äußerst trutzigen Eindruck. Es wurde am 16. Dezember 1949 eingeweiht. Um das Denkmal herum befindet sich eine Ringmauer aus Granit, die eine Wagenburg mit 64 Wagen symbolisiert. Am Aufgang befindet sich ein Ehrenmal für die Voortrekker-Frauen (gestaltet von Anton v. Wouw): Eine Mutter beschützt ihre Kinder. An den vier Ecken des Gebäudes erinnern Granitköpfe an die Trekführer: *Hendrik Potgieter*, *Piet Retief*, *Andries Pretorius* und einen unbekannten Voortrekker. In der Heldenhalle erzählen **27 Marmor-Reliefs** die Geschichte des Treks. Die Kuppel des Doms weist eine Öffnung von etwa zehn Zentimetern auf, die so platziert ist, dass am 16. Dezember, dem Nationalfeiertag, genau mittags Sonnenstrahlen auf den Ehrenschrein Piet Retiefs und eine Tafel scheinen, auf der steht: „Ons vir jou, Suid-Afrika" („Wir für Dich, Südafrika"). Heute ist aus dem Denkmal ein Mahnmal geworden. Schämte sich Südafrika zunächst seiner burischen Vergangenheit, so soll die Geschichte heute nicht mehr totgeschwiegen werden. Besonders am Tag der Versöhnung besuchen sehr viele Südafrikaner das Monument und gedenken der Ereignisse.

Das Voortrekker Monument

Freedom Park

Auf Salvokop, einem der vielen Hügel die Pretoria umgeben, befindet sich eine der neuesten und z. T. noch im Bau befindlichen Gedenkstätten des Landes: Der Freedom Park. Er soll, wie der Name sagt, für Freiheit stehen und für die Versöhnung zwischen den unterschiedlichen Volksgruppen. Die Anlage erinnert an die Toten der acht großen Konflikte Südafrikas, die die Geschichte des Landes entscheidend geprägt haben.

Die Wall of Names

Das //hapo

Der Park besteht aus unterschiedlichen Elementen, die im Rahmen einer geführten Tour oder individuell besucht werden können. Da gibt es eine riesige Wand mit den Namen derjenigen, die ihr Leben für die Freiheit ließen, eine ewige Flamme für die unbekannten Toten, eine bis zu 32 m weit in den Himmel ragende Skupltur von Schilfrohren, die für die Wiedergeburt und den Weg in die Zukunft stehen, eine Galerie für die Helden des Landes, ein Museum zu Südafrikas Geschichte und vieles mehr.

Über **Mveledzo**, einen spiralförmigen Weg, gelangt man zu den verschiedenen Abschnitten des Parks. **Isivivane** liegt auf der östlichen Seite des Hügels und stellt einen symbolischen Friedhof dar für alle, die für Menschlichkeit und Freiheit ihr Leben ließen. Die „Grabsteine" stammen aus allen neun Provinzen Südafrikas, und zwar jeweils von einem Ort von historischer Bedeutung.

S'khumbuto ist der größte Teil des Parks. Es erinnert an die Konflikte, die Südafrikas Geschichte geprägt haben. An der knapp 700 m langen Wall of Names stehen Namen der Gefallenen aus den vorkolonialen Kriegen, Opfern der Sklaverei, des Widerstandskampf, der Burenkriege, den beiden Weltkriegen und dem Unabhängigkeitskampf. 120.000 Namen finden auf der Mauer Platz – bislang stehen 75.000 darauf. Zudem finden sich hier ein Amphitheater, eine Kapelle, eine ewige Flamme, eine Gallery of Leaders und die hochaufragenden Stäbe.

Das Wort „//hapo" bedeutet „Traum" und stammt aus dem Khoi-Sprichwort „//hapo ge //hapo tama /haohasib dis tamas ka i bo" („Ein Traum ist kein Traum solange er nicht von der gesamten Gesellschaft geteilt wird"). Das so bezeichnete Gebäude soll in seiner außergewöhnlichen Architektur an Grabsteine erinnern und ist eine mit Kupfer überzogene Stahlkonstruktion. Innen befindet sich ein Museum zur Geschichte Südafrikas. (mi)

INFO

Lage: in Pretoria
Information: www.voortrekkermon.org.za, www.freedompark.co.za
Unterkunft: in Pretoria, s. S. 76. Außerdem: Das **Greenwoods Guest House** (www.greenwoodslodge.co.za) liegt in einem ruhigen Vorort von Pretoria. Es ist stilvoll mit Teakholz und schmiedeeisernen Möbeln eingerichtet.

46 Die Schlachtfelder von KwaZulu-Natal

Über 69 Schlachtfelder, Museen, alte Forts und Gedenkstätten gibt es für den militärgeschichtlich interessierten Besucher in KwaZulu-Natal zu entdecken. Auf der „Battlefield Route" kann man auf den Spuren von Militärstrategen wie dem berühmten Zulukönig *Shaka*, *Winston Churchill* oder dem Burengeneral *Louis Botha* wandeln. Blood River, Rorkes Drift, Fugitives Drift, Isandlhwana, Elandslaagte, Spioenkop, Colenso und Ladysmith sind die Namen der wichtigsten Orte, wo die Schlachten zwischen Zulu und Buren (1838), Engländern und Zulu (1879) und Buren und Engländern (1899–1902) stattfanden.

Isandhlwana und Rorkes Drift sind die wichtigsten Schauplätze der Auseinandersetzungen zwischen den Zulu und Engländern. Am 22. Januar 1879 besiegten rund 22.000 Zulukrieger die britischen Truppen und vernichteten sie weitgehend. Die Schlacht, obwohl für den endgültigen Ausgang der Auseinandersetzungen ohne Bedeutung, stellt die größte Niederlage einer britischen Feldarmee gegen Einheimische dar. Am selben Tag verteidigten bei Rorkes Drift 139 Briten ihr Lager erfolgreich gegen rund 4.000 Zulu. Nach weiteren Schlachten wurde der Zulukönig *Cetshwayo* in der Schlacht bei Ulundi 1879 von den Engländern endgültig besiegt. Nahe Dundee, wo sich auch das Blood River Monument befindet, liegt das Talana Battlefield Museum. Das 1979 eröffnete Haus widmet sich den Kriegen zwischen Engländern und Zulu.

In Ladysmith, einem kleinen ruhigen Städtchen vor einer imposanten Bergkulisse, gibt es das **Siege-Museum** zu besichtigen, eines der besten Museen des Landes zum Krieg zwischen Buren und Engländern und zu der Belagerung von Ladysmith im Anglo-Boer-Krieg 1899–1902.

Isandhlwana Battlefield – Schauplatz des größten Sieges der Zulu über die Engländer

Die Schlacht am Blood River

Das Blood River Monument

Bei Endumeni (Dundee), auf der westlichen Seite des Ncome River, steht das **Blood River Monument**. Diese Gedenkstätte soll an den Sieg der Voortrekker unter der Führung von Andries Pretorius über die Zulu erinnern. Piet Retief, ein Burenführer, war zuvor bei Verhandlungen über Landerwerb mit dem Zulu-König Dingane ermordet worden. Es folgten mehrere Angriffe der Zulu auf die Voortrekker-Lager. Am 16. Dezember 1838 fand die Entscheidungsschlacht statt. Pretorius stand mit seinen 464 Männern etwa 10.000 Zulu-Kriegern gegenüber. Über 3.000 Zulu starben, während die waffenmäßig überlegenen Weißen nur vier Tote zu beklagen hatten. Das Denkmal besteht aus 64 bronzenen Planwagen an der Stelle, an der die Voortrekker 1838 ihr Lager aufgeschlagen hatten.

Die **Ncome/Blood River Heritage Site**, 43 km außerhalb von Dundee auf der Ostseite des Ncome River gelegen, soll dem Besucher eine Neuinterpretation der Ereignisse am Blood River bieten. Das Gebäude ist in Form eines Horns gebaut, das an die Schlachtformation der Zulu erinnern soll. Im Museum werden die berühmten Zulu-Könige vorgestellt. Die Ereignisse, die zur Schlacht am Ncome/Blood River führten und die daraus resultierenden Folgen für die Zulu werden anschaulich dargestellt. 1840 wurde König Dingane von seinem Bruder Mpande mit Hilfe der Buren gestürzt. Sein Sohn Cetshwayo wurde 1872 neuer König der Zulu.

Nach der Schlacht am Blood River war der Weg frei zur Errichtung der ersten Burenrepublik in Natal. Allerdings war dem neuen Staat kein langer Bestand beschieden. Als die Buren im Laufe des Jahres 1841 damit begannen, mehrere Tausend Schwarze in einem Reservat an der Südgrenze Natals anzusiedeln, stellte dies in den Augen des britischen Gouverneurs der Kapkolonie eine Bedrohung dar. Nach einem kurzen Kampf mussten die Buren im Juli 1842 kapitulieren. Natal wurde am 31. Mai 1844 endgültig zu einem Teil der Kapkolonie erklärt.

Zur Zeit der Apartheid war der 16. Dezember ein Feiertag, „The Day of the Vow“, da die Buren vor der Schlacht geschworen haben sollen, eine Kirche zu bauen und den Tag im Falle eines Sieges als Feiertag zu ehren. Nach dem Ende der Apartheid wurde der Tag in „Day of Reconciliation“ umbenannt.

INFO

Lage: im Osten des Landes, ca. 200 km nördlich von Durban
Information: www.battlefieldsofsa.com, www.battlefields.kzn.org.za, www.talana.co.za, www.ncomemuseum.org.za, www.voortrekkermuseum.co.za
Unterkunft: Das **Royal Inn** (www.royalcountryinn.com) in Dundee bietet 27 einfache, aber saubere Zimmer. Im Haus gibt es zahlreiche Erinnerungsstücke an die Kriege zu sehen. In Ladysmith liegt das **Albert Manor** (www.albertmanor.co.za), ein viktorianisches Haus in ruhiger Lage mit schönem Ambiente. Auf Wunsch werden Ausflüge in die Umgebung angeboten.

47 Big Hole Kimberley

Kimberley liegt im semiariden bis ariden Hochland der Northern Cape Province und verdankt seine Entstehung einzig den Diamantenfunden, die hier gemacht wurden. Namen wie *Barnato*, *Rhodes* und *de Beers* prägten nicht nur die Geschichte dieser Stadt, sondern auch die des ganzen Landes. Mit Recht kann man wohl behaupten, dass hier der Grundstein für den südafrikanischen Wohlstand gelegt wurde. Diese Vergangenheit hat bleibende Spuren hinterlassen: Das **Big Hole**, das größte von Menschenhand geschaffene Loch, legt Zeugnis vom Diamantenfieber der 80er-Jahre des 19. Jahrhunderts ab.

Im Jahre 1867 wurde durch Zufall der erste Diamant in Südafrika gefunden: Der Burenjunge *Erasmus Stephanus Jacobs* las auf dem Veld einen besonders glitzernden Stein auf, den er seinen Schwestern zum Spielen gab. Da dieses Spielzeug äußerst auffällig war, erregte es die Aufmerksamkeit der Mutter, die den Stein dem Nachbarn *Schalk van Niekerk* zeigte. Dieser vermutete, dass es sich um einen Diamanten handelte, doch sicher war er sich nicht.

Ein örtlicher Händler wurde ins Vertrauen gezogen, er ließ den Stein von *Dr. G.W. Atherstone* in Grahamstown untersuchen. Die Vermutung wurde endlich zur Gewissheit: Es war tatsächlich ein Diamant, dessen Gewicht ganze 21,75 Karat betrug. Wenig später wurden Diamanten auf der Farm Vooruitzicht gefunden, die den Brüdern *Diederick* und *Nicolaas Johannes de Beer* gehörte. Hier sammelte der Holländer *Corneilsa* eine Streichholzschachtel voller Diamanten. Am 18. Juli 1871 brachte der Namibier *Esau Damon* von einem nahe gelegenen Hügel sogar eine Handvoll Diamanten mit.

Den Hügel bezeichnete man als **Colesberg Koppie** und er wurde für viele Jahre das Zentrum des Diamantenrauschs. Bald aber war der Hügel abgetragen und wie die Ameisen gruben sich Tausende von Schürfern in die Tiefe. Bis

Das große Loch von Kimberley

Digger's Memorial in Kimberley

zu 16.000 Claims waren zeitweise abgesteckt. Chaotische Verhältnisse bestimmten den Alltag und bald entstand auf dem Gelände von Vooruitzicht eine Stadt mit dem Namen „New Rush“. Am Rande des sich allmählich vertiefenden Big Hole wurden Hütten, Häuser und Straßen erbaut – Grundstein für das spätere Kimberley, das nach dem britischen Kolonialminister *Earl of Kimberley* benannt werden sollte. Bis zum 14. August 1914 wurden im Big Hole Diamanten gefördert. Inzwischen war ein Loch mit einem Umfang von 1,6 km entstanden. Immer tiefer drang man auf der Suche nach Diamanten – und wurde fündig. Bis zur Tiefe von 400 m arbeiteten die Männer im Tagebau, danach legten sie Schächte an und gruben bis auf 1.100 m weiter. Über 28 Millionen Tonnen Abraum mussten bearbeitet werden um an die Gesamtausbeute von 14.504.566 Karat zu gelangen. Das entspricht rund drei Tonnen Diamanten (Wert: ungefähr 150 Millionen Euro). Das Big Hole wurde schließlich geflutet. Die Wasseroberfläche liegt heute ca. 135 m unterhalb des Randes, der See ist aber trotzdem noch an die 240 m tief.

Kimberley hat heute etwa 160.000 Einwohner. Bis auf wenige Hochhäuser hat die Stadt aber ihren kleinstädtischen Charakter nie ganz abstreifen können. Einige alte Gebäude und Pubs zeugen noch heute von der aufregenden Zeit des Goldrauschs. Der Innenstadtbereich ist insgesamt modern gestaltet, aber in den Randgebieten findet sich noch eine Reihe von schönen Häusern im viktorianischen Stil.

Sehenswert ist das **Kimberley Mine Museum**. Es liegt direkt am Big Hole und lässt die aufregende Geschichte des Diamantenrauschs wieder lebendig werden. Gebäude aus der alten Zeit wurden restauriert. Das älteste Haus der Stadt, das einst per Ochsenwagen hergeschafft wurde, gibt es hier zu besichtigen. Ebenso gibt es eine Schmiede, Barney Barnato's Boxakademie sowie die erste lutherische Kirche. Doch am interessantesten ist die Diamantenausstellung. Rohe und geschliffene Exemplare gibt es zu bestaunen und Replikate aller weltberühmten Diamanten. Der zehntgrößte je gefundene Diamant (616 Karat), der 1974 in der Dutoitspan Mine entdeckt wurde, ist ebenfalls ausgestellt. (mi)

INFO

Lage: mitten in Kimberley, der Hauptstadt der Provinz Nordkap
Umfang: 1,6 km
Tiefe: 400 m im Tagebau, Schächte bis 1.100 m
Gesamtertrag bis zur Stilllegung: 14.504.566 Karat (3 t Diamanten)

Information: www.kimberley.co.za
Unterkunft: Die **Langberg Guest Farm** (www.langberg.co.za), 21 km südlich von Kimberley, ist eine echte Karoo-Wild- und Viehfarm. Das Haupthaus ist im kapholländischen Stil gebaut. Schön sind die viktorianischen Bäder.

48 Ankunft der ersten Europäer: Mossel Bay

Bartolomeu Diaz war der erste Europäer, der die weite Mossel Bay zu Gesicht bekam, die sich östlich des Kaps der Guten Hoffnung erstreckt. Diaz ankerte hier am 3. Februar 1488. Das Kap hatte er vorher zwar umsegelt, aber – aufgrund zu großer Entfernung und heftiger Stürme – ohne es gesehen zu haben. Mossel Bay ist damit die Stelle, an der die **erste europäische Landung an der Ostküste** Südafrikas gelang. Doch Diaz behielt die Bucht in nicht allzu guter Erinnerung. Als er Kontakt mit den hier lebenden Khoikhoi aufnehmen wollte, wurde er mit einem Steinhagel empfangen. Wie gerne hätte er Vieh bei den hier lebenden Hirten eingetauscht, um nach der langen Seefahrt die Fleischvorräte aufzufüllen. Er nannte die Bucht „Angra dos Vaqueiros", was so viel bedeutet wie „Bucht der Kühe".

Erst *Vasco da Gama*, der am 20. November 1497 Mossel Bay erreichte, konnte friedliche Beziehungen zu den Khoikhoi-Hirten knüpfen und die Nahrungsvorräte auffrischen. Fortan sollte Mossel Bay für viele portugiesische Schiffe ein Anlaufpunkt sein. Schließlich wurde sogar eine Art **Nachrichtenbörse** eröffnet: Seefahrer hängten in den Zweigen eines alten Milkwood-Baums Seeschuhe auf, in denen sie Nachrichten hinterließen. Dieser Baum befand sich in unmittelbarer Nähe der Quelle, an der sie frisches Wasser holten. Den Post-Baum kann man immer noch in der Nähe des Strandes besichtigen. Heute gibt

Blick auf Mossel Bay

es hier einen Briefkasten in Form eines übergroßen Seemannsstiefels und alle Post aus diesem Briefkasten erhält einen Sonderstempel. Manche Seefahrer ritzten auch Nachrichten direkt in den Fels, im örtlichen Museum können davon Abgüsse besichtigt werden.

Im Diaz-Museum

Besonders interessant ist im **Bartolomeu Diaz Museum** die in einer alten Mühle untergebrachte „Caravelle", ein eindrucksvoller Nachbau von Diaz' Schiff, der 1988 zur 500-Jahr-Feier von Portugal nach Mossel Bay segelte. Der Ort verdankt seinen Namen *Cornelius de Houtman* aus Holland, der die Bucht wegen der Vielzahl an Muscheln „Muschelbucht" nannte. Schon die holländischen Seefahrer des 17. Jahrhunderts sammelten hier gerne Muscheln und Austern und auch heute noch werden Schalentiere aus dem Gebiet der Mossel Bay in ganz Südafrika verkauft. Die Holländer nahmen 1734 Besitz von dieser Region, als der damalige Kap-Gouverneur *Jan de la Fontaine* auf dem Seeweg in die Gegend gelangte und ein Steinzeichen mit dem Wappen Hollands sowie dem Monogramm der Niederländisch-Ostindischen Handelskompanie errichtete. Doch erst 1787 kamen die ersten Dauersiedler, die einen Kornspeicher bauten. Schon im Juli des Folgejahres wurde der erste Weizen, den man in der Umgebung anbaute, verschifft. Von diesen Tagen an wurde Mossel Bay, das heute ca. 35.000 Einwohner zählt, die Hafenstadt für das südliche Kapland sowie für das Hinterland in der Kleinen Karoo. In den Boomjahren der Straußenfeder-Produktion wurden hier pro Jahr bis zu 800.000 kg Federn verschifft! Als das Geschäft mit den Federn nachließ, wurde Mossel Bay Umschlagplatz für Ocker, Wolle und Obst.

Heute verunstaltet ein großes Tanklager einen Teil der Bucht, denn mittlerweile können Tankschiffe hier ihre Ladung mittels einer Unterwasserpipeline löschen. Der Ort selbst entwickelte sich in den letzten Jahren zu einem touristischen Rummelplatz und verlor deshalb immer mehr von seinem Flair. (mi)

INFO

Lage: an der Garden Route, ca. 200 km östlich von Kapstadt
Information: www.gardenroute.co.za, www.visitmosselbay.co.za
Unterkunft: The Old Post Office Tree Manor (www.oldposttree.co.za) bietet geschmackvolle Zimmer, einen schönen Blick über die Bucht und ein gutes Restaurant (The Gannet). Bestes Haus am Platze (nahe dem Museum). Schön ist der kapholländische Baustil. Das **Eight Bells Mountain Inn** (www.eightbells.co.za) an der National Road R328 zwischen Mossel Bay und Oudtshoorn in der Höhe des Robinson-Passes ist ruhig gelegen und die beste Alternative außerhalb der Stadt.

49 Auf den Spuren von Nelson Mandela

Nelson Rolihlahla Mandela wurde am 18. Juli 1918 bei Umtata in der heutigen Provinz Eastern Cape geboren. Sein Vater war Berater des Oberhäuptlings des Stammes der Thembu. Dieser Häuptling übernahm nach dem Tode des Vaters von Nelson dessen Vormundschaft. Ziel der Erziehung war die Vorbereitung des jungen Nelson auf seine spätere Rolle als Häuptling. Als Jura-Student an der Universität Fort Hare interessierte er sich zunehmend für politische Fragen. Später setzte er sein Studium an der Witwatersrand-Universität bei Johannesburg fort. **Politisch aktiv** wurde Nelson Mandela 1944, als er gemeinsam mit dem späteren Generalsekretär der Partei African National Congress (ANC) *Walter Sisulu* und anderen die ANC-Jugendliga gründete. Zusammen mit *Oliver Tambo*, dem 1993 verstorbenen früheren Präsidenten des ANC, eröffnete Nelson Mandela 1952 die erste von Schwarzen geleitete Anwaltskanzlei Südafrikas.

1952 wählte man Mandela zum Leiter einer Widerstandsgruppe gegen diskriminierende Gesetzgebung. Kurz darauf wurde er wegen dieser Aktivitäten auf Bewährung verurteilt. In den 1950er-Jahren wurde Mandela durch behördliche Verfolgung gezwungen, den ANC offiziell zu verlassen. Als die Apartheidpolitik immer konkretere Formen annahm, sah er Massenumsiedlungen, politische Verfolgung sowie Polizeiterror voraus.

Nach dem Massaker von Sharpeville im Jahre 1960, bei dem 69 Schwarze von Polizisten erschossen wurden, wurde der ANC verboten. 1961 wurde Nelson Mandela verhaftet. Nach seiner Freilassung begab er sich **in den Untergrund** und gründete den militanten Flügel des ANC, den „Umkhonto we Sizwe" („Speer der Nation"), der Sabotageaktionen gegen die Regierung und wirtschaftliche Institutionen unternahm. 1962 reiste Mandela nach Äthiopien, um an einer Konferenz der Panafrikanischen Freiheitsbewegung teilzunehmen und von dort nach Algerien, um sich militärisch ausbilden zu lassen. Bei seiner Rückkehr wurde er umgehend verhaftet und zu fünf Jahren Freiheitsstrafe verurteilt. Er war somit bereits im Gefängnis, als er im Rivonia-Prozess im Juni 1964 zu einer **lebenslangen Haftstrafe** verurteilt wurde. Er wurde für schuldig befunden, einen umfassenden Plan zur revolutionären Übernahme der Regierungsgewalt initiiert zu haben.

Auf Robben Island

Nelson Mandela wurde ins Gefängnis auf **Robben Island**, einer Insel vor Kapstadt, verbannt. Mit großer Energie widmete er sich politischen Studien und verlor nie sein Ziel aus den Augen, ein Südafrika ohne Apartheid zu schaffen. Zu keinem Zeitpunkt machte er irgendwelche politischen Zugeständnisse oder gab seine politischen Überzeugungen preis. 1982 wurde er in die Strafvollzugsanstalt Pollsmoor in Kapstadt verlegt, seit 1988 lebte er in einem Einfamilienhaus auf dem Gelände einer Haftanstalt bei Paarl.

Seit 1986 stand Mandela in Kontakt mit Regierungsvertretern, darunter Justizminister *Kobie Coetsee*, Verfassungsminister *Gerrit Viljoen*, Präsident *Pieter W. Botha* und sein Nachfolger *Frederik W. de Klerk*. Die Abkehr des letzteren von der Apartheid und dessen konsequente Hinwendung zu einem chancengleichen Südafrika führte zur Freilassung Nelson Mandelas am 11. Februar 1990. Damit kehrte Mandela ins politische Rampenlicht zurück. In den folgenden Jahren setzte er sich für die politische Normalisierung der Verhältnisse ein. Als Präsident des ANC arbeitete er sehr eng mit Präsident de Klerk zusammen, um in schwierigen Verhandlungen Südafrika in einen demokratischen Staat umzuwandeln. 1993 erhielten beide den **Friedensnobelpreis** für ihre Bemühungen um ein friedliches Südafrika.

Am Ende dieser politischen Zusammenarbeit standen eine neue, demokratische Verfassung für den Übergang und freie Wahlen, aus denen der ANC als Sieger und Nelson Mandela als Staats- und Regierungschef hervorgingen. Eine Regierung der nationalen Einheit sollte Garant dafür sein, dass Mandelas Wunsch in Erfüllung ging: die Versöhnung innerhalb der Bevölkerung und die Schaffung einer in Harmonie lebenden Gesellschaft.

In Südafrika kann man an mehreren Stellen auf den Spuren des berühmtesten Sohnes des Landes wandeln. In Kapstadt kann man die berüchtigte Gefangeneninsel **Robben Island** besuchen, von der Waterfront aus starten täglich fünf Sightseeing-Touren. Sogar Mandelas Zelle kann besichtigt werden. In Orlando West in Soweto befindet sich das **Mandela House**, in dem Mandela von 1946 bis 1962 lebte. Es ist die Nummer 8115, Ecke Vilakazi und Ngakane Straße. Das kleine Haus aus rotem Backstein wurde 1945 erbaut, in den Mauern sieht man Einschusslöcher und Spuren von Molotowcocktails. Innen wurde ein kleines Visitor Center und Museum eingerichtet, in dem unter anderem Original-Mobiliar, Fotografien und persönliche Gegenstände von Mandela zu sehen sind. Das **Nelson Mandela Museum** nahe Mthatha (an der N2) wurde im Jahr 2000 eröffnet, zehn Jahre nach der Freilassung Mandelas aus der Haft. Es möchte nicht nur ein Museum, sondern eine lebendige Gedenkstätte sein und stellt vor allem Geschenke aus aller Welt aus, die Mandela nach seiner Freilassung bekam. Ganz in der Nähe stehen das Gemeindemuseum und das Jugendzentrum in Qunu, dem Ort, wo er aufgewachsen ist. Hier finden Workshops statt. In der Nähe von Mandelas Elternhaus in dem Dorf Mvezo steht zudem noch ein Denkmal. (mi)

INFO

Information: www.mandelahouse.com, www.robben-island.org.za, www.nelsonmandelamuseum.org.za

Unterkunft: In Kapstadt s. S. 94, in Johannesburg s. S. 78.

50 District Six: Auslöschung eines ganzen Stadtbezirks

Kaufleute, Immigranten und befreite Sklaven machten das heute östlich am Rande von Downtown Kapstadt gelegene Gebiet „District Six" ab 1867 zu ihrer neuen Heimat. Die günstige Lage in der Nähe der Stadt und des Hafens bot viele Vorteile. Bis in die 1960er-Jahre entwickelte sich der Stadtteil zu einem der lebhaftesten und pulsierendsten der Stadt. Schwarze, Farbige, Juden und Immigranten aus aller Welt lebten in den kopfsteingepflasterten Straßen in Häusern im Kolonialstil. Über 60.000 Menschen lebten hier zu dieser Zeit.

District 9

Der Science-Fiction-Film „District 9", der 2009 im Kino zu sehen war, orientiert sich an der Geschichte von District Six. Im Film sollen allerdings Außerirdische, deren Schiff auf der Erde notlanden musste, von District 9, der zu klein geworden ist, in District 10 umgesiedelt werden – doch die Vorgehensweise der Sicherheitskräfte und die gepanzerten Truppentransporter, mit denen die Menschen durch den District 9 fahren, erinnern an die Fahrzeuge der weißen Polizei zu Apartheidszeiten.

Da das Viertel nach Meinung der damaligen Regierung aber zu nah an dem von Weißen bewohnten Innenstadtbereich von Kapstadt lag – der offiziellen Begründung nach war die Kriminalitätsrate zu hoch –, wurde der District Six nach dem **Group Areas Act** von 1966 zum Wohngebiet für Weiße erklärt – „For Whites only". Der eigentliche Hintergedanke war, dass die Weißen in der sogenannten City Bowl unter sich bleiben wollten und politische Übergriffe vom District Six aus befürchteten.

Die teilweise schon seit Generationen hier lebenden Menschen wurden in die armen Townships der Cape Flats (sandige Ebenen im Hinterland von Kapstadt) **zwangsumgesiedelt**. Das Viertel wurde mit Bulldozern dem Erdboden gleich gemacht – nur die Kirchen und eine Moschee blieben bestehen.

Abriss des District Six in den 1960er-Jahren

Mit der Umsiedlung traf die Apartheid-Regierung den Lebensnerv der Menschen hier, „zersiedelte“ sie und nahm ihnen damit ihre kulturelle Identität. In den Jahren nach der Apartheid ließ die Regierung neue Wohnhäuser bauen. Am 11. Februar 2004, dem Jahrestag des Beginns der Vertreibung, übergab *Nelson Mandela* den über 80-jährigen Rückkehrern *Ebrahim Murat* und *Dan Ndzabela* die ersten Hausschlüssel und versprach, dass sie von hier nie wieder vertrieben werden würden.

Absurdität der Apartheid:
Banken nur für Weiße und ein Personalausweis,
auf dem die wichtigste Information die Herkunft ist

Im folgenden Jahr konnten die ersten Häuser neu bezogen werden. Allerdings liegt ein großer Teil des Gebiets noch immer brach, und nicht alle damaligen Vertriebenen möchten aus ihrer inzwischen vertrauten Umgebung umziehen. Ihnen wurde eine finanzielle Entschädigung zugesagt. Die Häuser dürfen rund 15 Jahre nicht verkauft werden, um Immobilienspekulationen auf dem hart umkämpften Häusermarkt in Kapstadt zu verhindern.

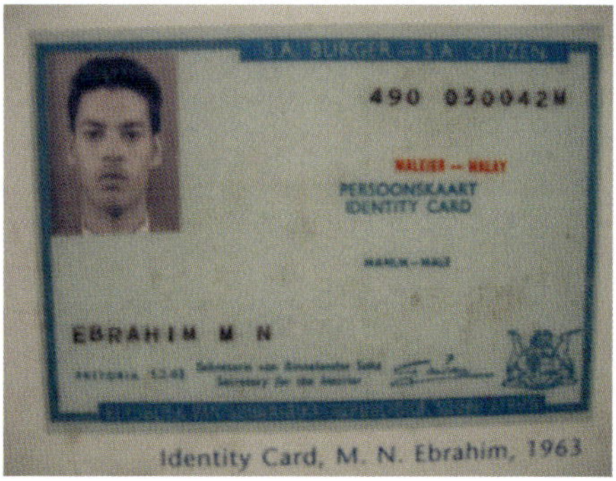

Im **District Six Museum** gibt es eine Fotoausstellung sowie eine Sammlung von Straßenschildern und anderen Relikten der Geschichte des Viertels zu sehen. Ein Besuch des Museums ist Bestandteil der meisten Township-Touren, jedoch ist der Aufenthalt im Museum während der Tour meist nur sehr kurz. Wer sich für Apartheidsgeschichte interessiert, sollte daher einen Extrabesuch einplanen und sich viel Zeit nehmen, um die vielen Artikel und Fotos im Museum in Ruhe anzuschauen. Die absurden Regeln und Grundsätze der Apartheid werden nirgends so deutlich vor Augen geführt. Zudem gibt es Wechselausstellungen, in denen Künstler Gelegenheit bekommen, sich auf unterschiedlichste Art mit dem Thema District Six auseinanderzusetzen. (dk)

INFO

Lage: östlich der Innenstadt von Kapstadt

Information: www.districtsix.co.za

Unterkunft: in Kapstadt, s. S. 94

Kunst & Kultur

51 Handwerkskunst der Venda in der Limpopo Province

Das ehemalige Homeland der Venda liegt im äußersten Nordosten Südafrikas in der damaligen Provinz Transvaal. Es war durch seine periphere Lage lange Zeit den meisten Reisenden höchstens von der Karte her bekannt. Dabei beeindruckt es alleine schon durch seine unterschiedlichen und teilweise noch sehr natürlichen Landschaftsformen. Wegen des trockenen Klimas ist der Norden der Region nur spärlich besiedelt, der Süden, aufgrund seines gebirgigen Charakters mit erheblich mehr Regen bedacht, dagegen dichter. Interesse weckt aber vor allem die Kultur des Landes. Kaum von fremden Einflüssen berührt, findet sich hier noch ein Stück **ursprüngliches Afrika** mit seinen geheimnisvollen Mythen und Legenden.

Von den großen Seen Zentralafrikas waren die Vorfahren der Venda ab dem 12. Jahrhundert langsam immer weiter nach Süden vorgedrungen. Im 18. Jahrhundert überquerte eine Gruppe von Vhasenzi und Vhalemba unter der Führung von *Dimbanyika* den Limpopo, zog durch das heiße und trockene Limpopotal und entdeckte im Gebirge des Soutpansberges ein neues Siedlungsgebiet, das sie Venda nannte. Nach dem Tode Dimbanyikas wanderte das Volk ins Nzehele-Tal. Hier, unter der Führung des *Thohoyandou*, entfaltete sich der Stamm, gewann an Wohlstand und Einfluss, der vom Olifants River im Süden bis zum Zambezi im Norden reichte. Aber der mächtige Thohoyandou verschwand auf geheimnisvolle Weise…

Die Venda sind berühmt für ihre handwerklichen Erzeugnisse

Es folgte eine Zeit der inneren **Unruhe**. Venda, übersetzt „das angenehme Land“, wurde Ziel anderer Einwanderer. Es kamen die Buren unter *Paul Kruger*, die Swasi drangen ein und wurden zurückgeschlagen, die Bapedi und Tsonga kamen, aber die Venda hielten ihnen stand.

1951 verordnete der südafrikanische Apartheidstaat im Sinne des „Bantu Authority Act“ dem Land 27 Stammes- und drei Kolonialbehörden, denen 1962 eine Territorialbehörde folgte. 1969 wurde Venda eine „partielle Selbstbestimmung“ zugestanden, die 1973 zur „internen Selbstverwaltung“ wurde. 1979 gab sich Venda eine Verfassung

Die aufwändig bemalten und verzierten Stücke dienen mehr zur Dekoration als zum Gebrauch

und war seitdem – zumindest auf dem Papier – unabhängig. Tatsächlich aber war die Region weiterhin finanziell und politisch von Südafrika abhängig, weshalb Venda (wie die anderen formal unabhängigen Homelands) international nie als eigenständig anerkannt wurde. Seit 1994 ist Venda Teil der Limpopo Province.

Die Venda sind gute Handwerker und zählen heute zu den besten Holzschnitzern, Korbflechtern, Webern und Töpfern im südlichen Afrika. Die Frauen fertigen **Tonkrüge** an, wobei sie weder Töpferscheibe noch Brennofen verwenden. Die Krüge werden auf einem alten Töpferhaufen geformt und mit einem Lederstück geglättet. Die traditionellen Krüge gibt es in verschiedenen Größen und Formen. Sie werden zum Kochen und Servieren von Essen und Getränken sowie zur Aufbewahrung von Lebensmitteln verwendet.

Die zum Verkauf bestimmten, mit schönen Mustern und Farben gestalteten Krüge dienen aber mehr zur Dekoration als zum praktischen Gebrauch. Körbe, Matten, Handtaschen und Hüte werden aus Sisal, Rohr, Reet, Rinde und Palmenblättern hergestellt und sind sowohl funktional als auch dekorativ. Besonders nützlich und interessant sind die **Holzschnitzarbeiten**: Schüsseln, Töpfe, Löffel, Tabletts und Spazierstöcke werden mit traditionellen Mustern der Venda-Kultur geschmückt. In Thohoyandou entstand ein Handwerkszentrum, das ganz Südafrika mit den Erzeugnissen der Venda beliefert. (mi)

INFO

Lage: Die Limpopo Province liegt ganz im Norden des Landes, an der Grenze zu Botswana.
Information: www.golimpopo.com

Unterkunft: Die **Bougain Villa Lodge** (www.bougainvillalodge.com) ist 1 km außerhalb von Thohoyandou gelegen, sauber, freundlich und komfortabel, allerdings eher funktional.

52 Indisches Flair in Durban

Nachdem Natal 1844 der Kapkolonie angegliedert worden war (s. S. 109), war der Weg frei für britische Siedler. Von Durban ausgehend, begann der wirtschaftliche Aufschwung der Region. Zwar war man generell gegen eine Einwanderung von Indern, brauchte aber für die rasch expandierende Zuckerindustrie Tausende von zuverlässigen Plantagenarbeitern. 1859 ließ die Regierung Natals den Zuzug von Indern zu. Diese erhielten befristete Arbeitsverträge mit der Option, nach fünf Jahren entweder den Vertrag zu verlängern, auf Regierungskosten in ihre Heimat zurückzukehren oder Land im Wert ihrer Rückpassage zu bekommen und sich dauerhaft in Südafrika niederzulassen. Die meisten Einwanderer waren in ihrer Heimat Angehörige der untersten Kasten und nutzten diese Möglichkeit für einen Neustart jenseits der Kastengesellschaft.

Info: Gandhi in Südafrika

Unter den indischen Einwanderern befand sich 1893 **Mahatma Gandhi**, der als junger Rechtsanwalt nach Durban kam. Er löste ein 1.-Klasse-Ticket nach Johannesburg, musste aber bald den Zug verlassen, da man ihn als indischen Passagier dort nicht duldete. Er verbrachte eine kalte Nacht im Warteraum für „Nicht-Europäer" im Bahnhof von Pietermaritzburg. Für Gandhi war dies ein Schlüsselerlebnis. Er blieb danach in Natal, um der wachsenden Gemeinschaft der Inder zu helfen.

21 Jahre lang setzte er sich für indische Rechte in Südafrika ein und formulierte die Doktrin vom „Passiven Widerstand". So widersetzten sich die Inder in Transvaal im Jahr 1906 der Registrierung ihrer Fingerabdrücke. Die Erkenntnisse, die Gandhi im Kampf um die Bürgerrechte der Inder in Transvaal gewann, wandte er später im Unabhängigkeitskampf Indiens gegen die Engländer an.

Viele nutzten dies als Chance, sich als freie Händler niederzulassen. Sie wurden zu unliebsamen Konkurrenten der Weißen, da sie sich mit niedrigeren Verdienstspannen zufrieden gaben. So lebten bereits 1887 über 30.000 Inder in Natal.

Die indischen Einflüsse sind im heutigen Durban unübersehbar. Eine absolute Sehenswürdigkeit ist das **Indische Viertel**. Dieses Gebiet liegt nördlich der West Street, man gelangt dorthin, indem man der Grey Street in Richtung Norden folgt. Hier liegen der Victoria Street

Rikscha

Gewürzstand im Indischen Viertel

Market sowie die Jumah-Masjid-Moschee. **Buntes Markttreiben** bestimmt die Atmosphäre und man hat Gelegenheit, die Köstlichkeiten der indischen Küche zu probieren. Ein Besuch der Markthallen, in denen bunt gemischt asiatische und afrikanische Waren angeboten werden, lohnt sich. Das Angebot an frischen Früchten, Currypulver, Masken, Korbwaren und Schmuck an fast 200 Ständen ist wunderbar.

Die **Jumah-Masjid-Moschee** gilt als größte und schönste Moschee auf der südlichen Halbkugel und wurde 1927 erbaut. Sie ist für Besucher geöffnet, aber man muss die Schuhe draußen stehen lassen. An die Moschee schließt sich die Madressa Arcade an, wo quirlige Inder in basarähnlichen Geschäften alles Mögliche anbieten, u. a. auch maßgeschneiderte Kleidung.

Rikscha-Fahrer findet man am South Beach (Uferstraße) vor dem Schlangenpark und vor dem Aquarium. Auf diesen sehr attraktiv herausgeputzten Gefährten kann man sich an der Strandpromenade entlang kutschieren lassen. Die Rikschas wurden bereits im 19. Jahrhundert hier eingeführt und erfreuten sich früher noch größerer Beliebtheit. Heute gibt es nur noch verhältnismäßig wenige Rikscha-Fahrer. (mi)

INFO

Indisch Essen & Trinken: Das **Saagries Curry** im Holiday Inn Garden Court, 167 Marine Parade, Ethekwini, wird selbst von Indern empfohlen. Die Curry-Gerichte können – je nach Geschmack – auch mild zubereitet werden.
Das **Jewel of India** im Elangeni Hotel, 63 Snell Parade, öffnet täglich zum Lunch und Dinner. Es gibt einen separaten Raum mit authentisch niedrigen Tischen und Sitzkissen. Das opulente exotische Dekor und die exzellente nordindische Küche machen das orientalische Erlebnis perfekt.
Unterkunft: s. S. 82

53 Cultural Village Botshabelo: zu Besuch bei den Ndebele

Die Botshabelo Mission Station und das gleichnamige historische Dorf gehen auf das Jahr 1860 zurücke, als zwei deutsche Missionare der Berliner Missionsgesellschaft, *Alexander Merensky* und *Heinrich Grutzner*, in Südafrika ankamen. Sie kauften eine Farm im Olifants River Valley nahe Middelburg.

„Botshabelo" bedeutet „Ort der Zuflucht". Die Mission dieses Namens wurde 1865 von Alexander Merensky gegründet. Die Mission diente als Zufluchtsort für zum Christentum bekehrte Afrikaner, die von den Kriegern des Häuptlings *Sekukuni* verfolgt wurden. Um die Mission und seine Bewohner besser schützen zu können, erbaute Merensky **ein Fort** auf dem Hügel des Missionsgeländes. Ursprünglich nannte er es „Fort Wilhelm". Die kleine Schutzburg ist eine Mischung aus Sotho-Steinbaukunst und deutscher Burgarchitektur. Bald entstand eine kleine Stadt um die Mission herum.

Wenn man den Zufahrtsweg zum Fort wieder zurückfährt, gelangt man zum alten Missionshaus und sieht am gegenüberliegenden Ufer des Klein Olifants River ein malerisches Dorf, das zu einem **Cultural Village**, einem Museumsdorf umgestaltet wurde. Hier leben Nachkommen der ehemaligen Glaubensflüchtlinge, die in der Mission Schutz gesucht hatten. Besonders sehenswert

Das Botshabelo Cultural Village

sind die farbigen, mit abstrakt wirkenden Mustern bemalten Hütten und Schutzwände. Im Dorf werden auch die schönen Kunsthandwerksprodukte der Ndebele verkauft. Der gesamte Komplex liegt inmitten des kleinen **Botshabelo Game Reserve**. Auf kleineren Wanderungen kann man hier vor allem Elenantilopen, Springböcke und Gnus sehen.

Vuvuzela im Ndebele-Design

Es ist nicht ganz sicher, woher der Stamm der Ndebele einst kam, man geht aber davon aus, dass die Menschen vor ca. 400 Jahren unter Chief *Muzi* aus dem heutigen KwaZulu-Natal in die Gegend des heutigen Pretoria auswanderten. Dort lebten sie friedlich mit den Völkern der Sotho und Tswane zusammen, erhielten aber ihre Sprache und ihre Gebräuche.

Im späten 19. Jahrhundert tauchte an den Kleidern der Ndebele-Frauen erstmals die inzwischen charakteristische **Perlenstickerei** auf. Die farbenfrohen Kleider geben Auskunft über das Alter der Frauen und ihren sozialen Status. Zwei Dinge fallen dabei besonders ins Auge: die übereinander angeordneten Ringe, die um Hals, Arme und Beine getragen werden, sowie die reichen Perlenstickereien in geometrischen Formen, die Kleidung und Diademe der Frauen schmücken.

Diese Formen dienen als Vorlage für die berühmten Wandmalereien der Ndebele. Basierend auf drei- und viereckigen Formen kann man auf den Mauern heute auch Flugzeuge, Autos und Antennen erkennen. Beim Zeichnen werden übrigens weder Vorlagen noch Lineale oder ähnliches benutzt. Die berühmteste Künstlerin der Ndebele ist *Esther Mahlangu* (geboren 1935), die auf internationalen Ausstellungen vertreten ist.

1991 bemalte sie einen BMW 525 und war damit die erste Frau im Kreise der BMW Art Car Collection, die mittlerweile aus 16 von Künstlern bemalten Fahrzeugen besteht. 2010 bemalte sie einen Fiat 500. Am besten ist ihre Arbeit aber an den Häusern des Ndebele Museum zu sehen. (mi)

INFO

Lage: ca. 7 km von Middelburg, ca. 140 km östlich von Pretoria
Information: www.middelburgec.co.za, www.mpumalanga.com

Unterkunft: Das Karoo Country Inn in Middelburg (www.karoocountryinn.co.za) ist ein preiswertes und gemütliches altes Kleinstadthotel.

54 Shakaland Zulu Village

Die Zulu sind Südafrikas größte schwarze ethnische Einheit. Von den insgesamt 5,5 Millionen Zulu leben ca. 3,2 Millionen in KwaZulu-Natal, dem ehemaligen Königreich der Zulu. Der Rest lebt und arbeitet im ganzen Land verteilt. Zu den Zulu zählt man ca. 200 Nguni-Stämme. Sie kamen von Norden bereits um 1500 hierher. Unter ihrem berühmten Führer *Shaka* erstarkten die Zulu ab 1816 und unterwarfen viele benachbarte Stämme. Bald bildeten sie ein **einflussreiches Königreich**. Doch 1838 traf man auf stärkere Gegner: Die Voortrekker beanspruchten nun das Gebiet. Bei der berühmten Vergeltungsschlacht am Blood River im Jahr 1838 (s. S. 109) siegte die weiße Übermacht. Obwohl die Zulu unter ihrem Führer *Mpande* versuchten, sich der Vorherrschaft der Weißen zu widersetzen, konnten sie die Einnahme des Zulu-Landes durch die Engländer nicht verhindern.

Der Zulu-Führer *Buthelezi* gilt als eine herausragende Persönlichkeit im Kampf um mehr politische Rechte für die Schwarzen. 1957 wählte man ihn zum Häuptling des Buthelezi-Stammes, 1970 übernahm er die Funktion des Kabinett-Chefs der Zulu-Gebietskörperschaft. Diese wurde im Jahre 1972 in eine gesetzgebende Versammlung umgebildet, 1977 erlangte KwaZulu die „Selbstverwaltung". Tatsächlich war es jedoch sowohl wirtschaftlich als auch **politisch völlig abhängig** – ebenso wie die anderen schwarzen Homelands.

Gespräch unter Männern

Buthelezi war Mitbegründer der **Inkatha-Bewegung**, die sich als kulturelle Befreiungsfront in Konkurrenz zu anderen eher links orientierten Befreiungsgruppen verstand. Man schätzt, dass die Bewegung 350.000 Anhänger hatte, darunter auch einen Teil der Zulu, die in Soweto lebten.

Eshowe, etwa 150 km nordöstlich von Durban gelegen, ist eine der ältesten Siedlungen im Zululand. Wenige Kilometer nördlich des Ortes am Umhlatuze Lake liegt das **Shakaland Zulu Village**. Dabei handelt es sich um einen authentischen Kraal mit reetgedeckten

Hütten. Den Besucher empfangen bunt geschmückte „Zulukrieger". Vor einigen Jahren haben hier Hollywood-Filmemacher das Leben des legendären Zulu-Königs Shaka nachgedreht; die Kulisse wurde später zu einem typischen Kraal umgebaut, in dem Sitten und Gebräuche der Zulu anschaulich dargestellt werden.

Mittlerweile hat sich das ganze zu einer Art Zulu-Ferienpark mit 55 Übernachtungshütten entwickelt. Richtung Osten kann man das Mhlatuze Valley überblicken, wo einst Shakas militärische Hochburg war, **KwaBulawayo**. Heute ist von dieser Festung, von der aus im 19. Jahrhundert große Teile Südafrikas kontrolliert wurden, nichts mehr zu sehen. In der Nähe liegt der Goedertrou Dam, auf dem man schöne Bootsfahrten unternehmen kann.

Bunter Schmuck gehört zur traditionellen Zulu-Tracht

In Shakaland kann man die ganze Bandbreite der Zulu-Kultur erleben: von mitreißenden Tänzen bis hin zu einem Besuch beim „sangoma", einem geistlichen Führer, der Kontakt mit den Verstorbenen haben soll, oder bei einem „inyanga" (Medizinmann). Für Besucher werden verschiedene Touren und Aktivitäten angeboten. Dazu gibt es eine DVD über den Ursprung und die Geschichte der Zulu, Einführungen in die Gesellschafsform, kriegerische Techniken und Formationen, Lebensweise, Handwerkskunst wie Perlenstickerei und Töpfern, Bierbrautechnik und Speerwerfen. (mi)

Shaka – legendärer Zulukrieger (1787–1828)

In der Herrschaftszeit des Königs Shaka entwickelte sich das Volk der Zulu durch dessen militärisches Geschick von einem kleinen Clan zu einem einflussreichen Königreich, das große Teile des heutigen Südafrika beherrschte und viele benachbarte Stämme unterwarf. Shaka führte statt der bisher üblichen Massenangriffe mit Wurfspeeren ausgeklügelte Militärtaktiken ein, brachte seine Männer in „Kriegerkraals" unter, einer Art Kaserne, und setzte grausam seinen Machtanspruch durch. Als seine Mutter starb, soll er aus Trauer die Exekution von über 7.000 Menschen angeordnet haben. Heute ist Shaka für die Zulu ein Volksheld und gilt als Begründer der Idee einer Zulu-Nation.

INFO

Lage: zwischen Eshowe und Melmot im Herzen des Zululandes, 160 km nordöstlich von Durban
Information: www.shakaland.com

Unterkunft: Das Protea Hotel Shakaland (www.proteahotels.com) bietet 55 komfortable reetgedeckte Hütten, Restaurant, Bar und Pool.

55 Kirstenbosch National Botanical Garden: Klassik im Park

Am Südost-Abhang des Tafelberg-Massivs liegt einer der berühmtesten botanischen Gärten der Welt. Inmitten der idyllischen Landschaft gelegen, erstreckt er sich über eine großzügige Fläche von annähernd 600 ha und reicht von 100 m bis auf über 1.000 m Höhe. So ermöglicht die Anlage einen eindrucksvollen Überblick über die **Vielfalt der südafrikanischen Flora**. Auf dieser Seite des Massivs regnet es besonders ergiebig, sodass neben den günstigen Temperaturen auch genügend Wasser vorhanden ist. Die Ursprünge des botanischen Gartens gehen auf eine Initiative *Cecil Rhodes*' zurück. 1895 kaufte er das unberührte Gebiet, das ihn durch seine Pracht an Blumen, Büschen und Bäumen beeindruckt hatte und schenkte es schließlich der Nation. Der Name „Kirstenbosch" geht auf *J. F. Kirsten* zurück, einen leitenden Beamten der früheren holländischen Regierung am Kap.

1913 wurde der **National Botanical Garden** gegründet, dessen erster Direktor Professor *Harald Pearson* wurde. Über 4.000 der 18.000 im südlichen Afrika beheimateten Pflanzen sind hier zu bewundern. Besonders lohnend ist ein Besuch im Frühling, wenn unzählige Blumen blühen. Aufgrund der unterschiedlichen Höhenlagen, über die sich das Gelände erstreckt, gibt es eine Vielzahl spezifischer Lebensräume für bestimmte Pflanzen. Besonders sehenswert sind die **Proteafelder**, die Heidegärten, das Farnkraut-Tal, Mathew's Steingarten sowie das Comptom Herbarium, wo etwa 200.000 verschiedene subtropische Pflanzen zu sehen sind. Das Herbarium ist besonders für (Hobby-)Botaniker hochinteressant, da neben der Fülle der gezeigten (getrockneten und zumeist auf Papierbogen befestigten) Pflanzen eine Vielzahl von zusätzlichen Informationen zu finden ist (z. B. Fundort, Sammeldatum, Pflanzengesellschaft, Volksname, Verwendung etc.).

Konzert im Botanischen Garten

Zum **Ursprung der Kapflora** gibt es zwei Theorien, die gemeinsam das heutige Erscheinungsbild der Vegetation am Kap erklären: Im Verlauf der Kaltzeiten, als sich Gletscher von Nordeuropa aus nach Süden schoben, mussten die damals vorherrschenden Vegetationsgürtel nach Süden aus-

Protea, Südafrikas Nationalpflanze

weichen und fanden u. a. am Kap ideale Zufluchtsbedingungen. Die andere Theorie geht davon aus, dass die Kapflora schon immer eigenständig war und sich entwickelte, als sich Afrika – gemeinsam mit den späteren Landmassen Australien, Neuseeland, Indien, Südamerika und Antarktis – aus dem Urkontinent Gondwana herausbildete. Als Beweis dafür gelten eindeutige Beziehungen zwischen bestimmten Protea-Arten am Kap und in Australien.

Die Kapflora weist unverwechselbare Charakteristika auf, die durch die besonderen klimatischen Verhältnisse bedingt sind. So ziehen auch in der trockenen heißen Sommerzeit Nebelschwaden um den Tafelberg, die nicht nur Feuchtigkeit spenden, sondern auch extrem heiße Temperaturen verhindern. Daher wächst hier – neben 1.400 anderen blühenden Pflanzenarten – die Blue Drip Disa, eine endemische Orchidee. Die Vegetation der Kaphalbinsel wird von Fachleuten als **„Fynbos"** bezeichnet. Darunter versteht man dichte, strauchartige Gewächse, die grobes oder feines, weiches oder hartes Blattwerk aufweisen. Die Protea ist die berühmteste Vertreterin des Kap-Fynbos.

In den Sommermonaten von November bis März finden im Kirstenbosch National Botanical Garden regelmäßig **Open-Air-Konzerte** statt. Besonders beliebt sind die Weihnachtskonzerte, bei denen eine magische Stimmung aufkommt. Die saftigen Wiesen laden außerdem zu einem mitgebrachten Picknick ein. (dk)

INFO

Lage: am südöstlichen Hang des Tafelberg-Massivs

Information: www.sanbi.org

Unterkunft: s. S. 192–195.

56 Bo-Kaap: durch das kapmalaiische Viertel von Kapstadt

Das Malay Quarter von Kapstadt wird auch Bo-Kaap, Cape-Muslim-Quarter bzw. Tana-Baru genannt. Der interessante, historische Teil des Viertels wird durch Rose, Wale, Chiappini und Shortmarket Street begrenzt, wobei sich der gesamte von den Kapmalaien bewohnte Stadtteil mittlerweile von der Buitengracht bis hinauf zum Signal Hill zieht.

Minarette und pastellfarbene Häuser prägen das Bild der im späten 18. Jahrhundert entstandenen Wohngegend. Die Kapmalaien sind Nachkommen jener Sklaven, die seit der zweiten Hälfte des 17. Jahrhunderts aus Asien kamen. Allerdings kamen nur die wenigsten davon aus Malaysia, die meisten waren Inder und Sri Lanker, viele auch Indonesier. Malaiisch war aber zu dieser Zeit die Handelssprache in Südasien, sodass der Name darauf zurückzuführen ist. Viele waren geschickte Handwerker, die sich kleine Häuser bauten und dabei auf Bauelemente des kapholländischen und englischen Stils zurückgriffen. Gründer der muslimischen Gemeinde war übrigens *Sheigh Yusuf*, ein Sri Lanker, der 1694 zusammen mit 50 weiteren muslimischen Gelehrten nach Kapstadt ins Exil geschickt wurde. Sie bekehrten vor allem viele Sklaven zum Islam, zunächst gegen den massiven Widerstand der Dutch Reformed Church, denn erst 1804 wurde die Religionsfreiheit eingeführt.

Die Kapmalaien verbindet der Islam und sie konnten bis heute ihre **kulturelle Identität** bewahren. Sie kämpften bereits während der Apartheid erfolgreich um den Erhalt ihres traditionellen Wohnviertels, sodass schließlich ein Sanierungsprogramm begann, das die zum Teil stark verwohnten und beschädigten Häuser rettete. Heute wohnen ca. 2.000 Malaien in dem Viertel.

Im kapmalaiischen Viertel

Das Bo-Kaap Museum befindet sich in einem der ältesten Gebäude Kapstadts, welches noch in seiner ursprünglichen Form erhalten geblieben ist. Direkt im Bo-Kaap-Viertel gelegen, porträtiert das Museum die einzigartige Kultur der Kapmalaien. Im Community Centre, im hinteren Teil des Museums, befindet sich eine Sammlung von Karten, Wagen und anderen Gerätschaften. Dort finden auch Feste und Konferenzen statt. Die Broschüre zum Bo-Kaap Museum gibt umfangreiche Informationen zur Geschichte und Kultur der Muslime am Kap. (dk)

Cape Malayan Cuisine

Diese Küche ist eine Mischung aus malaiischer Tradition, indischen Currygewürzen und kapholländischen Einflüssen. Die Currygerichte sind auch für Mitteleuropäer bekömmlich. Curry bedeutet nämlich nicht immer, wie bei uns in Europa, ein scharfes Gewürz, sondern ist einfach eine Mischung aus verschiedenen Gewürzen. Die Schärfe hängt ganz von der Hand des Küchenchefs ab.Die Lokale sind nach muslimischen Regeln geführt, d. h. auch das Mitbringen von Alkohol ist nicht gestattet und es gibt natürlich kein Schweinefleisch.
Ein paar Restauranttipps: **Biesmiellah**, Lower Loop Str., www.biesmiellah.co.za, wohl immer noch die Adresse für Cape Malayan. Leider ist man von der alten Tradition, auf dem Fußboden zu sitzen und mit den Händen zu essen, abgekommen.
Noon Gun Tea Room & Restaurant, 273 Longmarket Str., www.noonguntearoom.co.za, Gerichte und Aussicht sind einfach zauberhaft.
Cape Malay Restaurant im Cellars, Hohenort Hotel, 93 Brommersvlei, Constantia, www.cellars-hohenort.com, fantastische Auswahl von traditionellen Gerichten, sehr freundlicher Service.

Rezept für Bobotie (malaiischer Hackfleischauflauf, Zutaten für 2 Personen:)
½ kg Rinder- oder Lammhackfleisch; Rosinen nach Geschmack; 1 Teelöffel Chutney (scharf); 1 oder 2 Bananen; 1–2 Eier; 120 ml Milch; Currypulver zum Würzen; 1 kleine Zwiebel; 1 Teelöffel Marillenmarmelade; 1 Scheibe Weißbrot; 1 kleines Stück Butter; 1 Schuss Zitronensaft; 2 Lorbeerblätter; Salz

Zubereitung:
Das Weißbrot in ein wenig Milch einweichen, ausdrücken und mit dem Hackfleisch vermengen. Zwiebel, Marmelade, Zitronensaft, Chutney, Rosinen und Curry dazugeben und in einer Pfanne leicht anbraten. In eine feuerfeste Form geben. Die Eier mit der restlichen Milch verquirlen, über die Masse gießen. Die Bananen schälen, längs halbieren und auf den Auflauf geben. Die Lorbeerblätter zwischen die Bananen legen. Bei 180 °C ungefähr 40–50 Min. in den Ofen geben.

INFO

Lage: in der Innenstadt von Kapstadt
Information: www.bokaap.co.za
Touren: Gibt es unter anderem mit Andulela (www.andulela.com).
Unterkunft: Hübsch ist z. B. das **22 on Rose** (www.22onrose.co.za) mitten im Bo-Kaap-Viertel mit nur zwei sehr geschmackvoll eingerichteten Zimmern oder das **Orange on Rose** (www.orangeonrose.co.za) in einem knallorangenen Haus mit drei geräumigen Zimmern. Von beiden Unterkünften erreicht man in wenigen Minuten die Innenstadt von Kapstadt.

57 Musikszene am Kap

Die südafrikanische Musikszene wurde, ebenso wie die Literaturszene, bis Ende der 1980er-Jahre von kulturüberschreitenden Einflüssen ferngehalten. Viele zuvor im Exil lebende Musiker sind seitdem zurückgekehrt, wie u. a. der nun in Kapstadt lebende weltbekannte Jazz-Musiker **Abdullah Ibrahim**. Ibrahim versteht die afrikanische Musik nicht nur als Entertainment sondern darüber hinaus auch als Geschichtenerzählerin, als heilende Kraft, die Identität stiftet, Selbstvertrauen schafft und Wunden heilen kann. Um dieses Gefühl der jungen Generation zu vermitteln, hat sich Ibrahim den Traum verwirklicht, eine Musikakademie in Kapstadt und Johannesburg zu gründen, um südafrikanische Talente zu fördern. Heute gibt es in Kapstadt eine lebhafte Jazzszene, die aufgrund asiatischer Einflüsse ihren eigenen Charakter herausgebildet hat. In den zahlreichen Jazzlokalen begann schon so manche internationale Karriere.

Aber nicht nur der Jazz spielt eine Rolle in der Geschichte der Musikszene am Kap. Während der 1920er- und 30er-Jahre entstand die lebendige und rhythmische **Marabi-Musik** als ein unverwechselbarer Performance-Stil der städtischen afrikanischen Arbeiterklasse. Sie war eine Mischung aus Elementen des afrikanischen und Western-Musicals. Auch Musiker der Coloured-Gemeinde am Kap beeinflussten durch afrikaanische Klänge die Marabi-Musik.

Vielen bekannt sind noch Namen wie *Miriam Makeba*, *Ladysmith Black Mambazo* und andere. Ihre sozialkritischen Texte galten während der 1970er- und 80er-Jahre als **Medium des Protests gegen das Apartheidsregime**. Doch mit dem Ende der Apartheid zerbrach das ideologische Feindbild und damit

Jazzbar in Kapstadt

schwanden die Zuhörer. Die Jugend hatte andere Probleme und suchte nach neuen Wegen. Gemeinsamkeiten mit Jugendlichen aus amerikanischen „Ghettos", wie z. B. der New Yorker Bronx, wurden immer deutlicher, denn der Rap zog als erstes ein in die Townships.

In nur wenigen Jahren entwickelte sich dann eine ganz neue Musikrichtung am Kap, der **Kwaito**. Er ist eine Mischung aus House, Rhythm & Blues, HipHop und afrikanischen Klängen und entstand, als die Kapstädter DJs die westlichen 45er-Platten langsamer laufen ließen. Entstanden in den Townships, bildete sich die wirtschaftliche Grundlage des Erfolgs aber in den Musikkneipen, CD-Läden und Studios im Kapstädter Szeneviertel Observatory, von wo aus der Kwaito seinen Siegeszug bis hin nach Europa und Amerika begann. Er steht heute für den Wunsch schwarzer Südafrikaner, aus den Ghettos auszubrechen und eine musikalische Karriere zu machen. Damit ist er ohne Zweifel das neue Sprachrohr der südafrikanischen Jugend und drückt ihr Lebensgefühl aus. Bekannte Musiker sind *Sally Nyolo*, *Angelique Kidjo* und die Bands *Dantai* und *TKZee*.

Tipp

Wer gerne ein paar CDs vom Kap mitbringen möchte, dem sei die Gruppe **Mango Groove** ans Herz gelegt. Seit Anfang der 1990er-Jahre hält sie sich mit erfrischenden Klängen, zu denen es sich auch gut tanzen lässt, in den Charts. Entstanden ist diese gemischte Gruppe bereits 1987. Eine oder zwei CDs aus den 1970er-Jahren von Miriam Makeba sollten auch nicht fehlen. Wer Kwaito-CDs kaufen möchte, sollte sich aber im Geschäft nach den neuesten Erscheinungen erkundigen.

Doch auch die **„traditionelle" afrikanische Musik** ist wieder im Kommen. Sogenannte Drum-Cafés öffnen überall ihre Türen. Trommeln, oft in Trance, gilt als trendy, wird aber zumeist von der weißen Jugend praktiziert. Dabei vermischen sich südafrikanische Rhythmen mit denen aus Westafrika.

An den Hochschulen wird versucht, authentische südafrikanische Musik wiederzubeleben. Doch es ist ausgesprochen schwierig, in CD-Geschäften „echte" südafrikanische Musik zu finden. Bei dem, was zu erwerben ist, handelt sich meist um Mischungen aus modernen, computergesteuerten Klängen und südafrikanischen Ansätzen.

Hauptsächlich durch afrikaanische, englische und afroamerikanische Balladen beeinflusst wurden die lebhaften Folksongs der Kapstädter Gruppe **Kaapse Klopse**. Ihre Feiern zum Neuen Jahr im Rahmen des Coon Carnival werden von Einheimischen und Touristen gleichermaßen genossen. Zu dieser Jahreszeit ziehen die Kaapse Klopse in bunten Kostümen durch die Innenstadt bis zum Green Point und bieten eine farbenprächtige Parade.

Auch die **Klassik** ist in Kapstadt vertreten: Das älteste professionelle Orchester in Südafrika, das Cape Philharmonic Orchestra (www.cpo.org.za), 1914 als Cape Town Municipal Orchestra gegründet, tritt regelmäßig auf.

Wer aber erwartet, die neueren Musiktrends in den Pubs und Musikkneipen Kapstadts live zu erleben, wird oft enttäuscht. Kwaito wird selten live gespielt, und auch die international bekannte Gruppe *Mango Groove* tritt fast nie auf. Einzig die Drum-Cafés ausfindig zu machen lohnt sich. Am besten im Hotel nachfragen – die Szene wechselt zu schnell, um Tipps geben zu können. (dk)

58 Kunstszene am Kap

Mittlerweile hat Kapstadt Johannesburg als Kunsthauptstadt Südafrikas überholt und bietet zahlreiche Konzerte, Galerien und traditionelle sowie zeitgenössische Kunst.

Ist der Bevölkerungsanteil der Schwarzen in der Western Cape Province auch relativ gering und werden die meisten Erzeugnisse des traditionellen afrikanischen Handwerks im Norden und Osten Südafrikas hergestellt, so gibt es doch auch im Süden des Landes die gesamte Produktpalette schwarzafrikanischer Kunst zu erwerben. Wer allerdings sicher gehen will, dass es sich bei den überwiegend auf Flohmärkten und an Straßenrändern angebotenen Waren nicht um sogenannte „Airport-Art" handelt, d. h. um in Hongkong und China massenhaft produzierte Ware, sollte sich in den permanenten **Craft Markets**, z. B. an der Victoria & Alfred Waterfront oder im Pan African Market (Long Street) umschauen. Dort findet man authentische und hochwertige Masken und Skulpturen oder Schmuck aus Holz und Stein. Auch zahlreiche Künstler, die sich auf Naive Malerei spezialisiert haben und von der reizvollen Landschaft rund ums Kap angezogen wurden, stellen dort ihre Werke aus.

Die Kunstströmung der Jahrtausendwende in Südafrika ist die Township Art, die Künstler sind teilweise schon über die Grenzen Kapstadts und Südafrikas hinaus bekannt. Diese von Schwarzen produzierte Kunst besteht z. B. in aus Metall- und Plastikabfällen hergestellten Figuren, Spielzeugautos, -motorrädern und flugzeugen sowie in Alltagsgegenständen. Als Ausdruck des tristen und armen Lebens in den Townships präsentiert sie sich dennoch oft in überraschender Farbenpracht. Wer sich für die Township Art interessiert, sollte ebenfalls unbedingt den **Pan African Market** in der Long Street besuchen, wo es neben traditionellem afrikanischen Handwerk auch Lampenschirme aus Coca-Cola-Dosen, Radios aus Kronkorken und bunte dreidimensionale Collagen gibt, die ganze Geschichten vom Leben in den Townships erzählen.

Sehr beliebt: Naive Kunst

Dem 1993 in Frankreich im Exil im Alter von 80 Jahren verstorbenen Begründer der Township-Kunst und bekanntesten schwarzen Künstler Südafrikas, **Gerard Sekoto**, wurde eine Dauerausstellung im Natale Labia Museum in Muizenberg gewidmet, nachdem die Gerard-Sekoto-Stiftung die aus seinem Nachlass entstandene Sammlung der Nationalgalerie in Kapstadt als Dauerleihgabe übergeben hatte. Zu sehen sind neben den Bildern des zuletzt verarmt in einem Altenheim nahe Paris lebenden Malers auch zahlreiche Fotos und Briefe sowie ein Großteil seiner Arbeitsutensilien. Die nach ihm benannte Stiftung verfolgt das Ziel, mit den Erträgen, die durch die Sammlung erzielt werden, das Interesse südafrikanischer Kinder an Kunst zu wecken und zu fördern. (dk)

Selbst die Häuserfassaden sind bemalt

Tipp

Der bekannteste und beliebteste Satiriker und **Kabarettist Südafrikas** ist der Kapstädter Pieter-Dirk Uys, dessen Mutter aus Berlin stammt. Als in den 1970er-Jahren seine Karriere als Stückeschreiber begann, war die Themensuche leicht – dieselben auch auf die Bühne zu bringen jedoch weniger. Kein Wunder, bei über 1.000 von der Zensur betroffenen Publikationen um 1980 herum. Um die Zensur zu umgehen erfand Uys die Kunstfigur Evita Bezuidenhout, eine exzentrisch-naive Burengattin, die auf subtile Weise den Hochmut und die Bigotterie der damaligen Machthaber widerspiegelte.

Pieter-Dirk Uys tritt jedes Wochenende in Darling, einem kleinen Ort etwa 75 km nördlich von Kapstadt auf. Hier befindet sich das 1996 von Uys gegründete Kleinkunsttheater Evita se Perron. Das Programm und weitere Informationen über die Geschichte des Theaters sowie ein Lebenslauf der Kunstfigur Evita Bezuidenhout finden sich unter www.pdu.co.za und www.evita.co.za.

INFO

Information: Hervorragende Auskunft über die gesamte Palette der in Kapstadt zu sehenden Kunst gibt die im Touristenamt erhältliche „**Arts and Crafts Map**". Übersichtlich gestaltet und jährlich neu aufgelegt enthält sie mit Lageplan, Öffnungszeiten, Bildern und kurzer Beschreibung der jeweiligen Kunst- bzw. Handwerksrichtung die nötigen Informationen, um die wichtigsten Galerien und Kunstgeschäfte auf der Kaphalbinsel und in der Umgebung zu finden. Infos unter www.mapsinfo.co.za.

59 Festivals

So bunt die Völkervielfalt am Kap ist, so verschiedenartig sind auch die besonderen Veranstaltungen und Feste in den unterschiedlichen Regionen Südafrikas. Hier eine kleine Auswahl der wichtigsten Termine:

Januar: In Kapstadt findet das bunte Treiben des Cape Minstrel Carnival statt, veranstaltet u. a. von den Kapmalaien.

Februar: Ebenfalls in Kapstadt wird eine beachtenswerte Kunst- und Antiquitätenmesse ausgerichtet.

März: In Jeffreys Bay nahe Port Elizabeth wird das Muschelfest begangen; in Kapstadt findet das weltbekannte Cape Town Jazz Festival statt.

März/April: In Johannesburg wird um Ostern herum zwei Wochen lang die Rand Easter Show, die größte Messe Südafrikas veranstaltet. Beim Klein Karoo Nasionale Kunstefees in Oudtshoorn treten Nachwuchskünstler aus Tanz und Theater auf. Es gibt über 200 Shows auf drei verschiedenen Bühnen.

Juni: Carlitzdorp ist die Portweinhauptstadt Südafrikas. Hier findet jedes Jahr im Juni das Portwein-Fest statt, das von den elf Kellereien der Region gesponsert wird.

Grahamstown Arts Festival

Das Grahamstown National Arts Festival, das Ende Juni/Anfang Juli stattfindet, ist Südafrikas größtes, ältestes und bekanntestes Festival. Das zehntägige Event bietet Theater, Tanz, Film, Musik und vieles mehr. Sicher eines der interessantesten Festivals des Landes.

Auf dem Grahamstown Arts Festival

Südafrika ist eine tanz- und feierfreudige Nation

Juli: In Durban spielt sich Ende des Monats das sogenannte Shembe-Fest ab. Dies ist ein Tanzfest der Zulu, das einst von Missionaren zur Erhaltung der afrikanischen Kultur eingeführt wurde. In Knysna findet das traditionelle Austern-Fest statt.

September: Nach Port Elizabeth lockt Sportbegeisterte ein nicht ganz ernst gemeinter Wettlauf mit dem „Apple-Express", einer alten Dampfeisenbahn. In Bloemfontein findet das „Macufe", das Mangaung African Cultural Festival, statt: ein zehntägiges Event mit Jazz, Gospel, Kwaito, Hip-Hop, R&B, Rock und klassischer Musik sowie Tanz, Theater, Musical, Lesungen und vielem mehr. Bis zu 140.000 Menschen besuchen das vom Performing Arts Centre of the Free State organisierte Fest.

Oktober: Roodepoort bei Johannesburg ist alle zwei Jahre Schauplatz des zweiwöchigen größten Musik- und Folklore-Fest der südlichen Hemisphäre.

Ebenfalls im Oktober lädt das **Stellenbosch Food & Wine Festival** ein. Für Weinfreunde eine ausgezeichnete Möglichkeit, ausgiebig den köstlichen Tropfen vom Kap zu frönen. In Kapstadt findet die ruhigere Cape Craft Exhibition statt, eine Kunsthandwerksmesse besonderen Charakters.

Auch Durban bietet mit seinem **Durban Tattoo** ein Festvergnügen an, diesmal aber nicht afrikanischer Art, sondern schottischen Ursprungs (mit Militärkapellen, Feuerwerk etc.). (mi)

Information:
www.capetownjazzfest.com, www.randshow.co.za, www.kknk.co.za, www.portwinefestival.co.za, www.oysterfestival.co.za, www.apple-express.co.za, www.macufe.co.za, www.nafest.co.za;
weitere Informationen über Festivals unter: www.southafrica.info/travel/cultural/festivals.htm

INFO

Aktivitäten & Abenteuer

Hoch zu Ross duch den Norden Südafrikas

60 Rovos Rail: der Stolz Afrikas

Südafrika ist ein Dorado für Fans von alten Dampfzügen. „Reisen wie in der guten alten Zeit", lautet die Devise. „Der Stolz Afrikas" – so bezeichnet Rovos Rail sein exklusives **nostalgisches Zugerlebnis**, das die Eleganz des Zugreisens vergangener Tage wieder auferstehen lässt. Die gemächliche Fahrt durch wunderschöne Landschaften lässt das Herz eines jeden Freundes der schmauchenden Eisenrösser höher schlagen.

Seit über 20 Jahren reist der Gründer und Ideengeber von Rovos Rail, *Rohan Vos*, durch die Lande, um alte stillgelegte Loks und Waggons für seinen Zug zu kaufen und zu restaurieren. Jede der derzeit sieben Loks hat ihre eigene Geschichte und trägt den Namen eines Familienmitglieds von Rohan Vos. Seine ersten vier restaurierten Lokomotiven hat er nach seinen Kindern benannt – Brenda, Bianca, Tiffany und Shaun.

Diese einzigartige Safari durch das Herz Afrikas kombiniert einige der schönsten Landschaften mit dem Glanz und Abenteuer des Zugreisens der Goldenen Ära. Die mit Liebe restaurierten, **holzvertäfelten Waggons** aus den 1930er-Jahren bieten Unterkünfte von höchstem modernen Standard. Streckenweise wird der Zug noch mit einer Original-Dampflok betrieben. Aufmerksames Personal verwöhnt die Gäste königlich, während am Fenster die unvergleichliche Landschaft Südafrikas vorbeizieht.

Der vollverglaste „Observation"-Waggon mit offenem Balkon am Ende des Zuges ermöglicht einen besonders guten Rundblick. Im wunderschön restaurier-

Auf Teilstrecken wird der Zug mit einer Original-Dampflok betrieben

ten und klimatisierten Restaurantwagen genießen Sie in nostalgischer Atmosphäre hervorragende Speisen und köstliche Weine.

Unterwegs bei Outeniqua

Der Inbegriff von Luxus ist die **Royal Suite**, mit 16 m^2 eine der größten Suiten in einem Zug weltweit. Sie ist mit edlem Mahagoni vertäfelt und mit edwardianischem Dekor ausgestattet. Die Suite verfügt über eine private Lounge und ein viktorianisches Bad inklusive Wanne und Dusche.

Balkon mit Aussicht

In den insgesamt sieben Personenwaggons finden 28 Gäste Platz. Auf der ca. 1.600 km langen Strecke **von Pretoria nach Kapstadt** folgen Sie einem alten Pionierweg durch das afrikanische „Bushveld" und fahren durch wunderschöne Weinanbaugebiete. Höhepunkte der Reise sind der Besuch der Diamantenstadt Kimberley sowie des historischen Matjiesfontein in der ariden Karoo. Ferner fährt Rovos Rail von Pretoria zu den Victoriafällen und von Pretoria nach Durban sowie entlang der Garden Route von Kapstadt nach George.

Weiterhin wird eine **vierzehntägige Reise** von Kapstadt über Zimbabwe und Zambia bis Daressalam in Tansania angeboten. Vorbei an der Diamantenstadt Kimberley (s. S. 110) und der Hauptstadt Pretoria (s. S. 76) wird ein zweitägiger Stopp im Madikwe Game Reserve (s. S. 16) eingelegt, bevor es weitergeht zu dem faszinierenden Naturschauspiel der Victoriafälle. Über den Zambezi und hinein nach Zambia klettert der Zug bis an die tansanische Grenze, um dann durch spektakuläre Landschaften hinunter ins Rift Valley zu fahren. Vorbei am größten Wildpark Afrikas, dem Selous Game Reserve, findet das bequeme Leben an Bord des Luxuszuges in Daressalam sein Ende. (mi)

INFO

Informationen: www.rovos.com
Stationen: Kapstadt, Pretoria, Victoria Falls (Zimbabwe), Durban. Jährliche Sonderfahrten unter anderem nach Daressalam (Tanzania) und Swakopmund (Namibia).
Preise: Die Fahrt von Pretoria nach Kapstadt kostet ab 12.000 Rand p. P./DZ.

61 Golfen: die schönsten Plätze Südafrikas

Golfen in Südafrika ist populär und fast alle Plätze sind in einem hervorragenden Zustand. Außerdem liegen die fast fünfhundert Golfplätze in spektakulären Landschaften, sodass es schwer fällt, hier Qualitätswertungen vorzunehmen. Nicht von ungefähr bieten zahlreiche Reiseveranstalter daher Golftouren am Kap an, die mit einer Rundreise verbunden sind. Welcher begeisterte Golfsportler ist nicht fasziniert, wenn der Blick beim Abschlag Richtung Meer geht, oder wenn – wie bei den Plätzen in der Nähe des Kruger National Park – auch schon mal wilde Tiere über die Fairways spazieren. Da kommt selbst der regeltreue Spieler ins Grübeln, denn was macht der Golfer, wenn ein Affe den Ball klaut oder wenn an einem Wasserloch ein Krokodil lauert? In solchen Fällen sollte der Ball dann doch lieber aufgegeben werden.

Lost City Golf Club: 150 Kilometer von Johannesburg entfernt, mit Blick auf die Pilanesberge und den afrikanischen Busch, 6.939 Meter lang. Berühmt sind die ersten neun Löcher auf wüstenähnlichem Gelände und das 13. Loch, dessen Grün in der Form des Umrisses von Afrika angelegt ist. Ein nicht leicht zu spielender Platz, bei dem auf die Hilfe von Caddies verzichtet werden muss (www.suninternational.com).

Sabi River Bungalows Golf Club: Bei Hazyview, circa 40 Kilometer vom Haupttor des Kruger National Park entfernt, in einer schönen Parklandschaft

Golfen vor traumhafter Kulisse

am Sabi-Fluss gelegen. Während der Runde sind Tierbeobachtungen (Krokodile, Affen und Flusspferde) möglich. Erschwert wird das Spiel durch lange Bahnen und viel Wasser (www.southernsun.com).

Hans Merensky Golf Resort: Bei Phalaborwa an der Grenze zum Kruger National Park. Hier wird eine Golfrunde zur Safari. Affen, Impalas, Warzenschweine, Giraffen, Löwen, Büffel, Elefanten, Flusspferde und Krokodile können zu „beweglichen Hindernissen" werden (www.hansmerensky.com).

Durban Country Club: Er gilt als schwierigster Parcours Südafrikas und zählt mit seiner Lage direkt am Indischen Ozean auch zu den schönsten. Das zwölfte Loch ist Insidern als das „Prince of Wales"-Loch bekannt. Nach einem verzogenen Abschlag benötigte der Prinz 1927 insgesamt 17 Schläge für das Loch. Der Platz ist eine echte Herausforderung (www.dcclub.co.za).

Fancourt Country Club: In George, direkt an der Garden Route gelegen, ist er mit vier 18-Loch-Plätzen einer der luxuriösesten und mondänsten Clubs. Inhaber ist der deutsche *Hasso Plattner* (Mitbegründer von SAP), der gemeinsam mit seiner Frau auch zahlreiche Sozialprojekte in Südafrika fördert (www.fancourt.co.za).

George Golf Club: In einer Parklandschaft mit schönem altem Baumbestand liegt dieser Platz am Fuße der Outeniquaberge. Es ist wie Golfspielen in einem englischen Garten. Achtung: Auf das Suchen von Bällen im Unterholz sollte wegen der Schlangen verzichtet werden. Höhepunkt ist der Abschluss an Loch 18 mit Blick auf das Gebirge (www.georgegolfclub.co.za).

Atlantic Beach Golf Club: Direkt am Atlantischen Ozean gelegen, also sehr windanfällig aber dafür mit einem spektakulären Blick auf den Tafelberg an Loch vier, fünf und zwölf. Ein Links-Kurs, bei dem auch die heimische Flora und Fauna mit einbezogen wurde (www.atlanticbeachgolfclub.co.za).

Erinvale Golf Club: Umgeben von den Hottentots Mountains und den Weinbergen des Vergelegen Wine Estate liegt dieser Platz in Hanglage auf einem alten Farmgelände. Um die Steigungen spätestens ab Loch zehn zu überbrücken, sollte ein Cart gemietet werden (www.erinvalegolfclub.com).

Arabella Country Club: Wie das dazugehörige Hotel Western Cape und Spa ein Platz im Fünf-Sterne-Bereich. Weite Fairways, die abwechslungsreich am Rande der Bot River Lagune etwa hundert Kilometer von Kapstadt entfernt liegen (www.arabellawesterncapehotel.com).

Stellenbosch Golf Club: Bei guter Sicht zeigt sich sogar der Tafelberg. Sonst umgeben diesen Platz die Simonsberge und weite Weinflächen. Ein Parcours in Parklandschaft, der auf den ersten Blick einfach erscheint, aber einige sportliche Herausforderungen birgt (www.stellenboschgolfclub.com). (gp)

INFO

Information: www.saga.co.za, www.southafrica.info/about/sport/golf.htm, www.golfinsouthafrica.com

Unterkunft: Die **Villa Albatros** (www.golfen-suedafrika.de) liegt direkt auf dem privaten Pezula-Golfkurs in Knysna. Viele weitere Golfplätze, u. a. Fancourt, sind von hier aus gut zu erreichen.

62 Township-Tour durch Soweto

Wohl zu keinem südafrikanischen Phänomen gibt es so viele sich gegenseitig widersprechenden Darstellungen und Meinungen wie zu Soweto, dem seit 2002 zu Johannesburg gehörenden Zusammenschluss mehrerer Townships. Für die einen ist es ein unmenschliches Ghetto mit slumähnlichen Behausungen, in denen Menschen wie in „Streichholzschachteln" untergebracht sind. Für die anderen ist Soweto die Heimat eines neuen schwarzen Mittelstandes. Die Wahrheit liegt wie so oft irgendwo dazwischen.

Zunächst einmal klingt „Soweto" sehr afrikanisch, es ist aber schlicht und einfach die Abkürzung für „**South Western Township**". Damit wird eine Gruppe verschiedener schwarzer Vorstädte vor den Toren Johannesburgs bezeichnet. Soweto bedeckt ein Gesamtgebiet von 150 km² und besteht aus insgesamt 31 Teilen. Offiziell liegt die Einwohnerzahl heute bei zwei Millionen, doch mit den hier illegal Lebenden dürften es weit über drei Millionen sein.

Die Geschichte Sowetos hängt eng mit den **Goldfunden** rund um Johannesburg zusammen: Bis zur Entdeckung der Goldfelder teilten sich Schwarze und Weiße die Nutzung der öden und kaum besiedelten Savannenregionen. Dies änderte sich schlagartig, als 1886 Gold entdeckt wurde und mit den Goldgräbern auch Händler eintrafen. Es entstanden erste Zulieferbetriebe und Versorgungseinrichtungen. Im Zuge dieser Entwicklung wurden viele Arbeitskräfte benötigt. Da man davon ausging, dass dieser Arbeitskräftebedarf nur vorübergehend sein würde und man noch weit von einem Verantwortlichkeitsgefühl gegenüber den Schwarzen entfernt war, kümmerte sich die Stadtverwaltung nicht um die Art ihrer Unterbringung. 1904 lebten bereits über 110.000 Schwarze in der Umgebung der Stadt, als infolge der unhygienischen Wohnbedingungen die Pest ausbrach. Die Menschen mussten daraufhin die Elendsquartiere verlassen. Sie zogen in Behelfsquartiere um, die kleine Siedlungen bildeten; so entstand z. B. 1905 der Ort Pimville.

Spielende Kinder auf Sowetos Straßen

Seit 1976 ist Soweto ein Symbol des Kampfes gegen die Apartheid: Der studentische Aufstand vom 16. Juni 1976 forderte über 500 Opfer. Soweto ist zwar inzwischen ein Stadtteil von Johannesburg, es ist aber als reine Wohn- und Schlafstadt zu betrachten. Arbeitsplätze gibt es hier keine. Soweto verfügt über keine industriellen Betriebe und die einzig mögliche berufliche Betätigung ist der Handel. Die etwa 500.000 Erwerbstätigen müssen täglich zu ihren Arbeitsplätzen in Johannesburg pendeln.

Markt in Soweto

Auf den Spuren der Friedenssteine

Schritt für Schritt kann man einen der geschichtsträchtigsten Tage Südafrikas, den der gewaltsam niedergeschlagenen Schüler- und Studentendemonstrationen vom 16. Juni 1976, nacherleben. Der erste von über einer Million „Friedenssteine" auf dem 8,5 km langen Weg wurde in Soweto gelegt. Beginnend in Naledi führt der Gedenkweg bis Orlando West, dem Ort, wo der damals 13-jährige Hector Pieterson erschossen wurde (s. S. 102). Rote Ziegelsteine sowie schwarze Granitsteine mit Gravierungen pflastern den Weg und dienen Besuchern als Erklärungstafeln an markanten Stellen. Entlang der Route sollen kleine Oasen in Form von Gärten der Besinnung und des Gedenkens dienen.

Sehenswert in Soweto ist neben dem Nelson Mandela Museum (s. S. 115) und dem Hector Pieterson Memorial (s. S. 102) die **Regina-Mundi-Kirche**. Hier predigte der 1984 mit dem Friedensnobelpreis ausgezeichnete Erzbischof *Desmond Tutu* für den gewaltlosen Kampf gegen das Apartheidsregime. 1961 erbaut, war die Kirche während der Zeit der Aufstände Schauplatz vieler politischer Treffen sowie Zufluchtstätte zahlreicher politisch Verfolgter. Bis zu 6.000 Menschen fasst die Backsteinkirche. Im Inneren ist die schwarze Madonna mit Kind sehenswert. Auf der Empore befindet sich die MaAfrica Art Gallery. Im von außen unscheinbaren Restaurant **Wandie's Place** (Makgalemele St, Dube) trifft sich, untermalt von Klängen des Meister-Trompeters *Hugh-Masekal*, Kwaito-Musik oder der legendären *Miriam Makeba*, alles, was in Soweto Rang und Namen hat. Das Buffet bietet traditionelles afrikanisches Essen mit den verschiedensten Fleischsorten. Die Mauern sind übersät mit Visitenkarten aller möglichen Besucher – eine einzigartige Dokumentation der lokalen Geschichte. (dk)

INFO

Lage: im Südwesten von Johannesburg
Touren: Authentische und sichere Touren nach Soweto führt z. B. Jimmy's Face to Face Tours (www.face2face.co.za) durch. Jimmy führt die Touren in sein eigenes Wohngebiet. Diese Tour ist ein Muss für jeden, der sein Südafrika-Bild abrunden möchte. Auch Sowetotour (www.sowetotour.co.za) bietet Touren in die Township an.

63 Abstecher: zum Ponytrekking nach Lesotho

Lesotho liegt als Enklave inmitten der Republik Südafrika und hat mit seiner faszinierenden Bergwelt und seiner eigenständigen Kultur schon so manchen Reisenden begeistert. Lesotho ist ein **Königreich**, dessen Bewohner hauptsächlich von der Landwirtschaft für den Eigenbedarf leben. Es ist mit 30.355 km² eines der kleinsten Länder Afrikas. Das Land erhebt sich als mächtiges Hochplateau über das südafrikanische Hochland. Der höchste Berg ist der Thabana Ntlenyana, der mit 3.482 m auch der höchste Berg südlich des Mt. Meru (Tansania) ist. Lesotho ist eine **reizvolle Alternative** zu den klassischen Reisezielen des südlichen Afrika. Eines darf man in diesem Land aber nicht erwarten: Luxus. Es verbirgt sich jedoch so einiges Unerwartete in jedem kleinen Dorf am Rande der Straße und die Gastfreundlichkeit der Basotho macht die Tour zu einem besonderen Erlebnis.

Im Südwesten des Landes, in Moyeni, hat man die Möglichkeit, in Richtung Osten bis Mphaki weiterzufahren und von dort bis Qacha's Nek. Sehenswert ist besonders die in Mphaki nach rechts abzweigende Piste über den Maphooaneng-Pass und die Quthing-Mission zurück zur Hauptstraße nach Moyeni. Sie gilt als eine der **schönsten Strecken im Land**. Von Moyeni aus führt eine Teerstraße über Mohale's Hoek und Mafeteng nach Maseru, wo man die Gelegenheit hat, sich das ländliche Leben in Lesotho näher anzuschauen. Kurz hinter Mohale's Hoek bietet sich noch die Alternative, über eine schmale Piste nach Qaba und zur wunderschön gelegenen **Malealea Lodge** zu fahren. Von hier aus lassen sich Ausritte zu den verschiedensten Zielen in den nahe gelegenen Bergen machen, z. B. zu den **Riboneng-Fällen**. Man kann wandern oder sich einfach in den Garten setzen, entspannen und dabei über das **Makhaleng-Tal** auf die dahinter liegende Thaba-Putsua Range schauen. 30 km hinter der Lodge führt die Piste wieder an die Hauptstraße nach Maseru.

Von **Semonkong** aus kann man ebenfalls Wanderungen und Ausritte machen. In der Nähe befinden sich auch die gleichnamigen Wasserfälle, die mit 192 m die höchsten des südlichen Afrika sind. Die Gischt dieser Fälle gab dem Ort seinen Namen, der „Platz des Rauches" bedeutet. Das Gebiet ist so abgelegen, dass Lasten und Gepäck nur mit

Ponytrekking in Lesotho

Gebirgslandschaft

Eseln von und nach Maseru gebracht werden konnten, bevor 1971 das erste Auto überhaupt hier ankam. Wenige Kilometer weiter liegt das **Basotho Pony Trekking Centre**, mehrtägige Ausritte mit Übernachtung in einfachen Hütten werden angeboten. Man sollte aber keine Höhenangst haben. Die Pfade sind teilweise sehr schmal und es geht direkt am Berghang steil aufwärts.

Diese Strecke von Maseru durch den Norden des Landes bis zum Grenzübergang beim Sani-Pass in den Drakensbergen wird als „The Roof of Africa Road" bezeichnet. Sie weist alleine fünf Pässe über 3.000 m auf (davon vier auf Lesotho-Gebiet). Entlang der Strecke findet man Spuren aller Geschichtsepochen, z. B. eine Reihe von Sanzeichnungen, erste Missionsstationen (Leribe, Berea) und schließlich moderne Landbewässerungsflächen bei Leribe. Hinter Butha-Buthe steigt die Strecke bis Sani Top auf 2.300 m an. Hier ist ein Geländewagen essenziell. Wer die Tour wagt, wird bei gutem Wetter mit einer einmaligen Aussicht belohnt. 35 km hinter Oxbow überquert man den **Tlaeng Pass**, der mit 3.275 m der höchste Pass in Afrika ist. (mi)

INFO

Lage: Enklave im östlichen Teil der Republik Südafrika
Größe: 30.355 km²
Einwohnerzahl: 1,9 Mio
Staatsform: parlamentarische Monarchie (seit 1993)
Hauptstadt: Maseru
Klima: gemäßigt warm (starke Temperaturschwankungen in den Höhenlagen)
Information: www.lesotho.gov.ls, www.ltdc.org.ls
Unterkunft: Die empfehlenswerte **Malealea Lodge** (www.malealea.co.ls) ist einfach und rustikal ausgestattet und bietet die Möglichkeit zu verschiedenen Ausflügen und Aktivitäten (s. Text).
Die **New Oxbow Lodge** (www.oxbow.co.za) bietet neben Wander- und Ponyreitmöglichkeiten im Winter mitunter Skiläufern die Gelegenheit, ihr Können zu beweisen (beste Monate: Juni bis August). Die Pisten sind in der Regel nicht allzu steil. Skilifte gibt es nicht.
Auf 3.000 m Höhe ist die Vegetation natürlich sehr spärlich und besteht hauptsächlich aus niedrigem Gras.

64 Wandern in den Drakensbergen

Südafrika bietet ein hervorragendes Wanderwegenetz. Die schönsten und beliebtesten Wandergebiete sind die Soutpansberge in der Limpopo Province (s. S. 36), die Magaliesberge bei Pretoria, die Küste entlang der Wild Coast (s. S. 152) und die Drakensberge in KwaZulu-Natal. Letztere werden von den Zulu „uKhahlamba" genannt, was in etwa „Wand der aufgestellten Speere" bedeutet. Besonders Bergsteiger und Kletterer kommen hier auf ihre Kosten.

Die Bergregion ist in drei große Gebiete unterteilt: Der **südliche Teil** steigt von 2.495 m kurz vor dem Bushman's Nek über das Garden Castle Nature

Tipp: Mehloding Adventure Hiking Trail

Der Mehloding Community Trust ist ein erfolgreiches Beispiel dafür, wie eine Gemeinde in einer der ärmsten Regionen des Landes gleichzeitig die Natur schützen und vom Tourismus profitieren kann. Dem Trust gehört das Maskala Guest House in Maskala, einem kleinen Dorf nahe Matatiele in den südlichen Drakensbergen, an der Grenze zwischen den Provinzen Eastern Cape, KwaZulu-Natal und dem Staat Lesotho. Von hier werden viertägige Wanderungen mit einheimischen Führern angeboten. Auch Tagesausflüge zu Fuß oder mit den robusten Basotho-Ponys sind möglich. Auf den längeren Touren wird in kleinen, einfachen Rondavels übernachtet.
Dem Wanderer bieten sich in diesem einsam gelegenen Teil der Drakensberge atemberaubende Ausblicke, grüne Täler, die einheimische Pflanzenwelt, seltene Vögel, Felsgravuren der San, Besuche in abgelegenen Bergdörfern und bei Hirten. Am Ende eines ereignisreichen Tages wartet ein afrikanisches Mahl. Frisches Gemüse und Fleisch liefern die Bauern aus der Umgebung. Das Spannende an der Tour ist nicht nur das Naturerlebnis, sondern auch das, was man über das Leben der südafrikanischen Hirten lernt. Die Tagesetappen liegen zwischen 15 und 20 km am Tag, der Gepäcktransport von Hütte zu Hütte kann organisiert werden. Infos und Buchung unter **www.mehloding.co.za**. Weitere Informationen zu Fair Trade Tourism in Südafrika unter www.fairtourismsa.org.za.

Wanderer im Giant's Castle Nature Reserve

Die atemberaubenden Ausblicke bieten Entspannung für Körper und Seele

Reserve bis auf 3.257 m nahe dem Sani Pass an und umfasst nördlich davon auch die Nature Reserves Loteni, Kamberg und Vergelegen. Die **zentrale Bergregion** wird vom 3.314 m hohen Giant's Castle mit umliegendem Nature Reserve bestimmt und führt über Champagne Castle (3.280 m) bis zum Cathedral Peak (3.004 m). Die **nördliche Bergregion** mit dem Royal Natal National Park (s. S. 50), der zum UNESCO-Welterbe zählt, erreicht auf dem Mont-aux-Sources eine Höhe von 3.282 m. (dk)

INFO

Lage: im Osten Südafrikas, an der östlichen Grenze von Lesotho

Information:

http://cen.mcsa.org.za: Seite des Mountain Club of South Africa

www.sahikes.co.za: informative Seite mit Trails in Südafrika

www.sanparks.org: offizielle Seite der südafrikanischen Nationalparkbehörde

www.kznwildlife.com: Seite der Naturschutzbehörde von KwaZulu-Natal mit Beschreibungen zahlreicher Wanderungen sowie Infos zu Unterkunftsmöglichkeiten

www.drakensberg-tourism.com/drakensberg-hiking-trails.html: viele Infos zur Region und Auflistung sämtlicher Wandermöglichkeiten

www.mountainbackpackers.co.za: sehr informative Seite des Mountain Backpackers Club in KwaZulu-Natal,auf der auch ein Höhlen-und-Hütten-Verzeichnis der Drakensberge zu finden ist.

Unterkunft: Zum Teil stehen auf angelegten Wanderwegen **Hütten** zur Verfügung. Auch **Zelten** ist möglich, einige Campingplätze bieten sogar heißes Wasser. In jedem Fall sollte man sich vor mehrtägigen Wanderungen an seinem Startpunkt registrieren.

Hinweis: Mitbringen sollten Sie vor allem festes Schuhwerk (Wanderschuhe), Regenkleidung, warme Kleidung (für einige Gebiete), Sonnenschutz (Hut, Creme), pro Person einen Tagesrucksack, Proviant und ausreichend Wasser. Bei längeren Routen sind eine Karte und ein Kompass unerlässlich.

65 California Feeling: Surfen in Südafrika

Südafrika ist das Surfer-Paradies schlechthin. Weltberühmte Surfer zieht es immer wieder an Südafrikas Küsten, um ihre Künste im Wellenreiten zu trainieren und zu zeigen. Die **Wetterbedingungen** sehen so aus: Von September bis Mai liegt der südafrikanische Küstenbereich im Einzugsgebiet ausgedehnter Hochs, die nur selten von Tiefausläufern gestört werden. Wenn dann über dem Tafelberg das charakteristische „Tischtuch" liegt, sonst aber ringsherum der Himmel stahlblau ist, kündigt sich der „Cape Doctor" an, der berühmte **Südostwind**, der den Surfern 6–10 Beaufort sideshore beschert und für extrem gute Bedingungen sorgt.

Im südafrikanischen Winter von Juni bis August zieht der Hochdruckgürtel äquatorwärts und die Tiefdruckrinne gelangt ans Kap. Wellen unter zwei Metern sind dann eher eine Seltenheit. Nicht nur Surfer, die auf extreme Wellen und Sprünge aus sind, werden zufrieden gestellt. In Langebaan (nördlich von Kapstadt an der Westküste) greift eine fjordartige Meeresbucht ins Land. Hier gibt es ideale Voraussetzungen für Geschwindigkeitsfanatiker, die dann auf das schnellste Brett umsteigen.

Berühmtheit haben folgende „Spots" an der **Garden Route** erlangt: Cape St. Francis, Jeffrey's Bay, das Mündungsgebiet des Swartkops River (nördl. Port Elizabeth) oder Noordhoek (bei Kapstadt, an der Westküste der Kaphalbinsel) und die False Bay (Muizenberg/Kalk Bay bei Kapstadt). Anfänger dagegen begnügen sich lieber mit den Gebieten um die Algoa Bay bei Port Elizabeth (Flachwasser und Brandung). Hobie Beach (Port Elizabeth) ist berühmt geworden als Austragungsstätte der Weltmeisterschaften im Windsurfen.

Am Strand von Muizenberg kann man nicht nur surfen, sondern auch ganz entspannt in der Sonne liegen

Surferparadies Durban

Windsurfer finden im Norden und Osten des Landes auf den großen **Inlandseen** oder Lagunen entsprechende Reviere; in Gauteng u. a. am Hartebeesport Damm, Lake Ebernezer (Tzaneen), Stausee Bona Manzi und in KwaZulu-Natal u. a. auf dem Midmar Lake, in Zinkwazi (Lagune), Mtunzini (Lagune) und amWarner Beach (bei Scottburgh, KwaZulu-Natal).

Aber der beliebteste Ort für Surfen und Wassersport generell ist **Durban**. Der South Beach ist der wohl am meisten frequentierte Strand in ganz Südafrika. Hier tummeln sich Wellenreiter, Badende und Sonnenhungrige. Weiter nördlich, auf der Höhe der verkehrsberuhigten und nur in eine Richtung befahrbaren Marine Parade, befinden sich Wasserbecken mit Springbrunnen, Paddelbooten, Brücken und Wasserspielen. Der Strand zwischen dem nördlichen und südlichen Teil wird in Erinnerung an die Milchfabrik, die einst hier stand **Dairy Beach** genannt. Der Abschnitt steht bei Wellenreitern besonders hoch im Kurs. Der North Beach, gefolgt von der Bay of Plenty, schließt an den Dairy Beach an. Hier ist es etwas ruhiger als im Süden. Zum Baden ist dieser Teil besonders geeignet. Aber auch Angler lieben die Molen und auch hier sind jede Menge Wellenreiter zu finden. Im Winter, wenn es stürmt, finden hier offizielle Meisterschaften statt. (dk)

INFO

Information:
www.surfingsouthafrica.co.za,
www.wavescape.co.za,
www.durbansurfing.co.za

Unterkunft: s. S: 83. Bei Surf'n Dreams Backpackers (www.surfdreams.co.za) kann man günstig und in Strandnähe nächtigen.

66 Wild Coast: faszinierende Küstenwanderungen

Die „Wild Coast“ an der Ostküste Südafrikas, die man u. a. bei **Coffee Bay** und **Port St. Johns** erreicht, ist landschaftlich faszinierend und die Badestrände sind nicht so überfüllt wie an manchen Küstenorten Natals oder der Garden Route. Auch das Hinterland hat seine Reize. Fast das gesamte Land ist mit weich auslaufenden Hügeln und einigen Bergen bedeckt. Gerade im Frühling und Sommer, während und nach der Regenzeit, erstreckt sich hier ein sattes Grün so weit das Auge reicht. Ein interessanter und seltener Anblick sind dabei die Teeplantagen. Wer also einen geruhsamen Urlaub mit einer kleinen Portion Abenteuer verbringen will und bereit ist, auf besonderen Luxus zu verzichten, wird durch die Ursprünglichkeit und Großartigkeit der Natur mehr als entschädigt.

Mkambati Nature Reserve

Dieses Nature Reserve nahe Lusikisiki gilt als Geheimtipp und wird wegen seiner abseitigen Lage nur von relativ wenigen Touristen besucht. Dabei bietet es eine schöne Landschaft mit großen Grasflächen, Küstenwäldern und einer Küste, die alle Formationen der Wild Coast aufweist. Übernachten kann man entweder im komfortablen Hotel oder in Cottages (Selbstverpflegung). Ferner gibt es die Möglichkeit, auf Pferden auszureiten oder in Kanus auf der Flusslagune zu paddeln (www.wildcoast.co.za/mkambati).

Das „**Hole in the Wall**“ (ca. 20 km von Coffee Bay) ist das markanteste Landschaftselement der Wild Coast. Vor der Küste liegt der hohe Landblock, dessen Wände so steil sind, dass man sie kaum erklimmen kann. Einige haben es versucht, doch viele von ihnen mussten gerettet werden, da besonders der Abstieg schwierig ist. Auch Schwimmer haben mehrfach versucht, das Loch zu durchschwimmen und viele haben den Versuch mit ihrem Leben bezahlt. Das Loch wurde im Laufe der Jahrtausende von den Wellen geschaffen. Die Xhosa nennen das Loch „esiKhaleni“ („der Platz des Gesanges“). Häufig pfeift der Wind durch das Loch und erzeugt Geräusche.

Transkei Hiking Trail

Die Bewohner der ehemaligen Transkei sind in der überwiegenden Mehrzahl **Xhosa**, zugehörig zum südlichsten Stamm der Ngundi-Gruppe. Die ersten Xhosa dürften etwa um 1700 von Norden her eingewandert sein. Die später nachgekommenen waren vor allem vor dem Zuluhäuptling *Shaka* geflohen.

Sonnenuntergang an der Wild Coast

Besonders geeignet ist die Gegend auch für Wanderer, denen sich viele Möglichkeiten bieten. Eine davon ist der **Transkei Hiking Trail**, den man am besten im Silaka Nature Reserve beginnt. Er führt entlang der gesamten Wild Coast, doch ist der Abschnitt zwischen Port St. Johns und Coffee Bay der am meisten frequentierte. Welcher Teil der Küste der schönste ist, darüber gehen die Meinungen auseinander. Der Abschnitt zwischen Coffee Bay und Port St. Johns ist 60 km lang und es werden 5 Tage dafür veranschlagt. Geübte Wanderer können die Strecke aber auch in 2–3 Tagen schaffen. Unterwegs gibt es einfache Übernachtungshütten. Nahrungsmittel müssen selbst mitgebracht werden. (mi)

Die Bewohner der ehemaligen Transkei sind hauptsächlich Xhosa

INFO

Lage: an der Ostküste
Information: www.ecparks.co.za, www.wildcoast.co.za
Unterkunft und Tour: Empfehlenswert ist ein 5-tägiger Wanderaufenthalt in der Mbotyi River Lodge (www.mbotyi.co.za). Von der Lodge aus, die inmitten von sanften Hügeln und tropischen Urwäldern gelegen ist, unternimmt man täglich Wanderungen in der Begleitung eines einheimischen Führers. Die Wanderrouten führen in ein spektakuläres Terrain mit zerklüfteten Felsklippen, Wäldern und Wasserfällen. Von der Lodge hat man einen wunderschönen Blick auf den Strand mit der Lagune und dem Fluss. Die Übernachtungspreise liegen je nach Saison zwischen 600 und 1.200 Rand pro Person und Nacht.

67 Tsitsikamma National Park: Wandern, Canopy Walk und der höchste Bungee Jump der Welt

Der Tsitsikamma und der Otter Trail im Tsitsikamma National Park (s. S. 68) gehören ohne Zweifel zu den schönsten Wanderrouten des Landes. Für beide Trails ist eine rechtzeitige Anmeldung notwendig, die bis zu zwölf Monate im Voraus vorgenommen werden kann, denn es wird nur eine begrenzte Zahl an Wanderern zugelassen. Buchen kann man über die Nationalparkbehörden in Kapstadt oder Tshwane (Pretoria). Bei der Buchung empfiehlt es sich, gleich Alternativdaten anzugeben.

Der **Otter Trail** beginnt am Storms River Mouth Restcamp des Tsitsikamma National Park. Er hat eine Länge von 48 km und endet im Nature's Valley. Der Trail dauert fünf Tage, unterwegs stehen vier einfache Hütten für die Übernachtung zur Verfügung. Die Etappen sind zwischen 4,6 (ca. drei Stunden) und 13,8 km (ca. acht Stunden) lang. Es darf nur in westlicher Richtung gewandert werden. Flüsse müssen durchwatet und Felsen überwunden werden. Die Einsamkeit der faszinierenden Küstenlandschaft belohnt aber für alle Mühen. Zudem gibt es Gelegenheit zum Schnorcheln!

Der **Tsitsikamma Trail** beginnt am Groot River Campingplatz im Nature's Valley. Er hat eine Länge von 72 km und bietet fünf Hütten als Übernachtungsstätten. Er endet entweder am Tsitsikamma Total Village, am Storms River Village oder aber am Storms River Mouth Restcamp. Dieser Trail führt durch die Waldareale – vorwiegend unterhalb der Berge. Es darf nur in östlicher Rich-

Entlang der Küste

Abendstimmung im Tsitsikamma National Park

tung gewandert werden. Gemeinsam mit dem Otter Trail bildet der Wanderweg eine kreisförmige Route.

Sehr populär ist auch die viel beworbene „Canopy-Tour" von Stormsriver Adventures im Storms River Village. Dabei handelt es sich um eine drei- bis vierstündige Tour in ca. 30 m Höhe. Die Teilnehmer gleiten an einer Winde hängend an Stahlseilen entlang, die von Baum zu Baum gespannt wurden. Nebenbei wird die Flora erläutert. Zehn „Slides" werden in Gruppen von bis zu acht Personen durchgeführt. Auch hier ist eine Reservierung notwendig. (mi)

Der höchste Bungee Jump der Welt:

Die Bloukrans Bridge ist mit 216 m die höchste Brücke entlang der Garden Route und deswegen ein Lieblings-Spot der Bungee Jumper. Eine entsprechende Infrastruktur ist daher östlich der Brücke entstanden: Souvenirläden, ein Inforaum über den Bau der Brücke, eine Backpacker-Lodge, eine Aussichtsplattform, ein Campingplatz etc.
Übrigens: Eine vorherige Anmeldung ist in diesem Fall nicht unbedingt notwendig. So groß ist der Andrang dann auch wieder nicht.

Wer mag, kann hier runterspringen

INFO

Lage: östlich von Plettenberg Bay, an der Garden Route
Information: www.faceadrenalin.com (Bungee-Jump), www.sanparks.org/parks/ garden_route/camps/storms_river/tourism/otter.php
Unterkunft: s. S. 69

68 Die Cango Caves: Tropfsteinhöhlen in den Swartbergen

Die Cango Caves gehören zu den größten und ausgedehntesten **Tropfsteinhöhlen-Systemen** der Welt. Unter Tropfstein versteht man in der Geologie verschieden geformte Gebilde, die vorwiegend aus Kalziumkarbonat bestehen. Sie entstehen dadurch, dass kalkreiches Wasser aus Gesteinsfugen herabtropft und verdunstet. An den Decken der Tropfsteinhöhlen bilden sich herabhängende Stalaktiten. Am Boden wachsen ihnen dann Stalagmiten entgegen. Manchmal verbinden sich Stalaktiten und Stalagmiten zu Stalagnaten: durchgehenden Tropfstein-Säulen.

Der Eingangsbereich der Cango Caves wurde – wie die bemalten Wände zeigen – schon in Urzeiten von San als Behausung genutzt. Aber ohne tragbares Licht konnten sie nicht weit in die Höhle eindringen. Nur Fledermäuse verirrten sich in die Tiefe, ihre Skelette wurden vom durchsichtigen Kalzit versteinert. 1780 stolperte zufällig ein Hirte in die Höhle, als er einem verwundeten

Die charakteristischen Säulen entstehen durch das Herabtropfen von kalkreichem Wasser

Bock folgte, der hierher verschwunden war. Der Mann erzählte seinem Aufseher *Barend Appel*, der als Lehrer und Farmmanager beim Farmbesitzer *van Zyl* angestellt war, von seiner Entdeckung. Appel informierte wiederum van Zyl über den Höhleneingang. Diesen interessierte die Entdeckung und er führte die erste Expedition tief in die Höhle. Man gelangte bis in die später sogenannte **van Zyl's Hall**, die eine Größe von 98 m Länge, 49 m Breite und 15 m Höhe aufweist. Entdeckt wurde auch ein besonderes Tropfsteingebilde, die neun Meter hohe Cleopatra's Needle (schätzungsweise 150.000 Jahre alt).

Man weiß nicht genau, wie weit van Zyl in die Höhle eingedrungen ist. Nach und nach gelangten spätere Forscher immer weiter, bis sie 762 m vom Eingang entfernt glaubten, an das Ende des Höhlensystems gekommen zu sein. Manche jedoch gelangten bald zu der Überzeugung, dass es eine Fortsetzung der Höhlen geben müsse, da es am vermeintlichen Ende frische Zugluft gab. Allerdings versperrten verzwickte Tropfsteinformationen und Felsen den Weg. Bis zu diesem Punkt bezeichnet man die Höhle als **„Cango 1"**. Sie wurde so ausgestattet, dass Touristen die Schönheit dieser „Unterwelt" bequem bewundern können. Dazu gehören auch raffinierte Illuminationen. Die größte Höhle im Abschnitt Cango 1 ist 107 m lang und 16 m hoch, die höchste Tropfsteinformation ist eine 12,5 m hohe Säule in Botha's Hall.

1956 begutachtete eine weitere Expertenkommission die Höhlen und fand Folgendes heraus: Wenn draußen der Atmosphärendruck fiel, strömte Luft aus der Höhle heraus; stieg dagegen der Luftdruck draußen, so floss frische Luft in die Höhlen. Diese Beobachtung führte erneut zu der Vermutung, dass es eine Fortsetzung der Höhlen geben müsse. Diese Spekulation faszinierte zwei der Berufsführer, *James Craig-Smith* und *Luther Terblanche*, derart, dass sie einen großen Teil ihrer Freizeit opferten, um das Geheimnis zu lüften. In der letzten Höhle – im „Devil's Workshop" – folgten sie einem Luftzug, der sie zu einem schmalen Spalt führte. Monatelang vergrößerten sie die kleine Öffnung und gelangten schließlich am 17. September 1972 in ein neues Wunderland von 270 m Gesamtlänge, das sie **„Cango 2"** nannten. Zur weiteren Erkundung wurden Spezialisten hinzugezogen. Sie fanden am Ende einen Wasserlauf, der Richtung Eingang zurücklief und sich etwa 20 m unterhalb der Höhlenebene befand.

1975 brachte man schließlich eine leistungsfähige Pumpe mit und senkte den Wasserspiegel so stark ab, dass man dem Wasserablauf folgen konnte und in die Fortsetzung des Höhlensystems, **Cango 3**, gelangte. Der neu entdeckte Abschnitt erwies sich mit 1.600 m Länge als doppelt so lang wie Cango 1 und 2 zusammen. Allein die erste Halle in Cango 3 weist eine Länge von 300 m auf! Und man vermutet, dass dies noch nicht das Ende der Höhle ist. (mi)

INFO

Lage: 29 km von Oudtshoorn entfernt
Information: www.cango-caves.co.za
Unterkunft: In Oudtshoorn ist die Auswahl groß: Das **Alte Landhaus** (www.alteslandhaus.co.za), etwa 10 km Richtung Cango Caves gelegen, bietet einigen Luxus. Ruhig mitten in der Natur gelegen, schöne Außenanlage, feinstes Essen. Die Zimmer sind gediegen und geschmackvoll eingerichtet.
Das **Adley House** (www.adleyhouse.co.za) ist ein sehr schönes viktorianisches Haus (1905 in der Glanzzeit des Straußenbooms erbaut) mit Garten und Swimmingpool. Ruhig und persönlich. Tolles Frühstück.
Weitere Unterkünfte s. S. 181.

69 Adrenalin pur: Bungee-Jumping, Rafting, Skydiving & Co.

Südafrika ist ein Land der Sportbegeisterten. In seinen unterschiedlichen Landschaftsformen und Klimazonen sind praktisch alle Sportarten möglich.

Die Kapprovinzen sind ein beliebtes Ziel fürs **Bungee-Jumping**. Die beiden bekanntesten Absprung-Brücken liegen aber gut 350 km östlich von Kapstadt am Gourits River, ca. 30 km vor **Mossel Bay** und nahe dem Tsitsikamma National Park (östl. von Plettenberg Bay). Hier wartet der welthöchste Absprungplatz: 216 m! (s. S. 155). Bei rechtzeitiger Anmeldung kann man in den Sommermonaten auch aus der Gondel zum Tafelberg hinaushüpfen (etwa auf ¾ der Höhe). Die Fallhöhe beträgt hier ca. 70 m.

Auch für **Fallschirmspringer** herrschen in Südafrika ideale landschaftliche und klimatische Bedingungen. Bevorzugte Regionen sind das Kap, die KwaZulu-Nataler Drakensberge sowie Gauteng mit den Magaliesbergen. Dieser Sport ist mittlerweile so populär geworden, dass sich mehrere Veranstalter darauf spezialisiert haben, so z. B. Skydive Cape Town (www.skydivecapetown.za.net). Hier werden Anfängerkurse, Tandemsprünge und Kurse zum Erwerb der Fallschirmspringerlizenz angeboten.

Beim „**Abseiling**" (das englische Wort wurde aus dem Deutschen abgeleitet) klettert man, von einem Seil gesichert, an einer steilen Felswand herab und kann sich streckenweise sogar einfach ins Leere fallen lassen. Besonders interessant ist dieser Sport dort, wo es kleinere Canyons gibt. Abseiling-Regionen um Kapstadt sind der Chapman's Peak, das Tafelberg-Gebiet und der Kamikaze Canyon. Letzterer erfordert zuerst eine Wanderung durch eine Schlucht und das Erklettern der Felskante. Dann aber belohnen ein spektakulärer Ausblick und das Abseilen aus 60 m Höhe für die Mühen.

Nicht jedermanns Sache: der Sprung in die Tiefe bei Mossel Bay

Entspannte Art der Fortbewegung: Ballonfahrt in der Mpumalanga Province

Das **Drachenfliegen** lohnt sich besonders in den KwaZulu-Nataler Drakensbergen sowie in den Tafelberglandschaften am Kap (allerdings nur in den Sommermonaten). Drachenflieger aus Übersee dürfen aus Versicherungsgründen nur fliegen, wenn sie Mitglied der SAHPA (South African Hang Gliding and Paragliding Association) sind. Eine vorübergehende Mitgliedschaft ist möglich.

Das zunächst in Spanien und Frankreich populär gewordene Kloofing oder **Canyoning** erfreut sich auch in Südafrika immer größerer Beliebtheit. Dabei werden Canyons mittels aller möglichen Fortbewegungsarten, u. a. Abseilen, Springen, Rutschen, Klettern, Tauchen etc. überwunden. Organisierte Touren führen z. B. in das Gebiet um den Tafelberg.

Mountainbiker erhalten unter www.mtb.org.za Insider-Tipps zu den besten Trails in ganz Südafrika. Für Rennrad-Freunde gibt es unter www.ride.co.za ausführliche Informationen.

Südafrikas Flüsse eignen sich hervorragend für **Kanufahrten** oder Schlauchboot-Abenteuer (Rafting). Besonders der Oranje in Höhe des einsamen **Richtersveld National Park** im Nordwesten des Landes ist ein hervorragendes Revier (s. S. 41). Dabei müssen die Kanufahrten keineswegs wild sein, sogar Kinder dürfen an bestimmten Touren teilnehmen. Geschlafen wird in Zelten und gekocht über dem offenen Lagerfeuer. Felix Unite River Adventures (www.felixunite.com) und The River Rafters (www.riverrafters.co.za) bieten ein- und mehrtägige Kanu- und Schlauchboottouren auf Oranje, Breede und vielen anderen Flüssen im südlichen Afrika an. (dk)

Information: Allgemeine Informationen zum Thema Extremsport in Südafrika finden sich auf www.cape-xtreme.com. Auf bestimmte Sportarten spezialisiert sind www.abseilafrica.co.za, www.para.co.za und www.sahpa.co.za.

INFO

70 Die schönsten Strände in der Umgebung von Kapstadt

In der Umgebung von Kapstadt laden zahlreiche Strände zum Baden und Entspannen ein, hier eine kleine Auswahl:

Clifton: Eng stehen die Häuser an den steilen Hängen entlang der Bucht von Clifton, davor liegen mehrere windgeschützte Buchten mit Sandstrand. Bei Wassertemperaturen auch im Sommer von um die 18 °C verzichten hier die meisten aufs Baden, dafür wird ausgiebig die Sonne genossen. Die Strände sind nummeriert. Strand 1 ist beliebt bei den Jugendlichen, während Strand 4 von Familien mit Kindern bevorzugt wird. An Strand 3 trifft sich das schwule, körperkultige Publikum.

Camps Bay: Der absolute In-Treff für die Reichen und Schönen der Stadt. Entlang der mit Palmen gesäumten Strandpromenade mit der Gebirgskulisse der „Zwölf Apostel" im Hintergrund laden Bistros, Bars und Restaurants zu einem Besuch ein. „Sehen und gesehen werden", lautet die Devise, und das Promenieren scheint die wichtigste Beschäftigung zu sein. Der Strand gilt als einer der besten Plätze für das Sundowner-Erlebnis in der Umgebung von Kapstadt. Auch eine Vielzahl an sportlichen Aktivitäten wie Beachvolleyball, Tennis und Cricket wird direkt in Strandnähe angeboten.

Wohl einer der berühmtesten Strände der Welt: der Blouberg Strand mit Blick auf den Tafelberg

Llandudno: Ein Luxusbadeort der gehobenen Klasse mit viel Prominenz. Hier haben die Mitglieder der britischen Königsfamilie ihre Exklusivrefugien, besitzen Filmstars millionenschwere Villen. Kürzlich hat sich auch *Michael Schumacher* hinzugesellt. Glatt geschliffene Granitfelsen und ein weißer Sandstrand bieten eine traumhafte Kulisse. Geschäfte und Restaurants sucht man vergebens. Llandudno bleibt gewerbefreie Zone.

Hout Bay: In der idyllischen Holzbucht („Hout" heißt „Holz") ließ bereits *Jan van Riebeeck* Bäume für den Schiffsbau fällen. Heute ist sie in erster Linie bekannt für den Hummer- und Snoekfang. Der Rogen der Snoeks, einer für Südafrika typischen Fischart, ist auch als „Kap-Kaviar" bekannt. Vom kleinen Fischereihafen aus stechen die Fischerboote in See. Am Fuße des Chapman's Peak Drive zieht sich ein weiter Sandstrand entlang.

Noordhoek: Mit acht Kilometern ist er der längste Strand in der Nähe von Kapstadt. Der nördliche Abschnitt zieht vor allem Kitesurfer und Wellenreiter an, während in den anderen Bereichen auch Ausritte möglich sind. Im Ort Noordhoek befinden sich mehrere Gestüte, die Pferde verleihen.

Fish Hoek: Ein ruhiger Ort, der vor allem bei Rentnern wegen günstiger Grundstückspreise beliebt ist. Aufgrund seiner windgeschützten Lage nutzen Familien mit Kindern gerne den langen Strand. Übrigens: Anfang des 18. Jahrhunderts erließ *Lord Charles Somerset* als Gouverneur am Kap ein generelles Alkoholverbot in Fish Hoek. Seine im nahegelegenen Simonstown stationierten Soldaten sollten vor Alkoholexzessen bewahrt werden. Erst 1990 wurde dieses Verbot etwas gelockert. Dennoch findet man auch heute noch einige „abstinente" Restaurants, Bars und Geschäfte.

Blouberg: Immer in einem leicht bläulich schimmernden Dunst zeigt sich von Blouberg aus die typische Kulisse Kapstadts mit dem Tafelberg. Bereits auf dem Weg zu dem nördlich der Stadt gelegenen Strand bietet sich häufig diese Postkartenansicht dar – den Blick auf Robben Island und die Tafelbucht eingeschlossen. Bloubergstrand ist trotz seiner kalten Wassertemperaturen der beliebteste Treffpunkt von Surfern und Kitern. Auch die Weltcups in diesen Sportarten finden hier statt. Nur etwa 15 km von Kapstadts Innenstadt entfernt ist der Strand einer der Hot Spots für Sonnenuntergänge.

Sandy Bay: Etwas versteckt in den Dünen liegt in der Nähe von Llandudno der einzige FKK-Badestrand Kapstadts. Nur zu Fuß ist er in etwa dreißig Minuten vom Parkplatz aus über einen kleinen Pfad zu erreichen. (gp)

INFO

Information:
www.aboutcapetown.com/beaches.htm
Unterkunft: In Camps Bay am Atlantischen Ozean ist das **Ambiente Guesthouse** (www.ambiente-guesthouse.com) zu empfehlen. Der Name ist Programm: Dieses Haus ist absolut extravagant und gleichzeitig schön eingerichtet. Große Zimmer, Super-Badezimmer und ein tolles Frühstück.
Am Indischen Ozean besticht das **A Whale Of A Time Guesthouse** (www.awhaleofatime. co.za) mit drei unglaublich schön gelegenen Apartments und einem Cottage, alle mit atemberaubendem Blick aufs Meer. Fish Hoek ist von hier gut zu Fuß zu erreichen.

71 Heiraten und Honeymoon in Südafrika

Heiraten vor zauberhafter Kulisse und anschließend sofort in die Flitterwochen in einem der schönsten Länder der Welt – Was will man mehr? Kurze Etappenstrecken und an jedem Ort mindestens zwei Übernachtungen in besonders romantischen Lodges machen den Honeymoon in Südafrika zu einem unvergesslichen Erlebnis.

Ein schöner Ort zum Heiraten ist das in traumhafter Weinlandschaft gelegene Städtchen **Franschhoek** (s. S. 178). Zur Vorbereitung des wichtigsten Tages findet am Abend ein Vorbereitungsgespräch für die Hochzeitszeremonie statt. Aber es bleibt auch genügend Zeit, die Sehenswürdigkeiten Franschhoeks zu besichtigen oder Ausflüge in die nähere Umgebung zu unternehmen.

Weiter geht es nach **Oudtshoorn**. Man fährt über die pittoreske Route 62 durch das semi-aride Gebiet der Kleinen Karoo. In der „Straußenhauptstadt" Oudtshoorn bieten sich der Besuch einer Straußenfarm sowie der riesigen Tropfsteinhöhlen Cango Caves an (s. S. 156). Nicht entgehen lassen sollte man sich auch die Fahrt über den atemberaubenden Swartbergpass (s. S. 60; nach starkem Regen nicht passierbar). Übernachten kann man z. B. in einem charmanten kapholländischen Landgut.

Nach zwei Nächten geht es entlang der malerischen Küste des Indischen Ozeans bei **Plettenberg Bay** weiter. Genießen Sie einen Sonnentag am Pool, entspannen Sie in der Sauna, unternehmen Sie einen Ausflug zum berühmten Tsitsikamma National Park (s. S. 68) oder zur Robberg-Halbinsel mit ihrer artenreichen Meeresfauna und -flora.

Nächste Station ist der kleine Ort **Wilderness**, bekannt für seine herrliche Umgebung. Er liegt eingebettet zwischen zahlreichen Seen, einer wunderbaren Lagune, Dünen, traumhaften Stränden und den malerischen Outeniqua-Bergen. Die Flüsse, Seen, Bäche sowie der Indische Ozean bieten Möglichkeiten zu ein-

Romantisches Hochzeitsessen

zigartigen Wassersporterlebnissen. Im Wilderness National Park finden zahlreiche Vogelarten Zuflucht, darunter verschiedene Eisvogelarten.

An der Küste entlang geht es westwärts in Richtung **Walker Bay** (s. S. 32). Hier kann man von Juni bis November besonders gut die seltenen Southern-Right-Wale beobachten. Aber auch außerhalb der Saison besticht die Landschaft durch die wunderschöne Kapflora und raue Küsten. Ein schöner Küsten-Wanderweg durch unberührte Natur bietet wunderbare Aussicht auf das Meer.

Nicht fehlen darf auch ein Besuch der „Mutterstadt" Südafrikas: Kapstadt (s. S. 94). Unbedingt besichtigen sollte man das **Kap der Guten Hoffnung**, den Tafelberg und die Victoria & Alfred Waterfront. Wen es von hier noch nicht nach Hause zieht: Von Kapstadt aus kann man nach Nelspruit fliegen und von dort die Panorama-Route mit dem Blyde River Canyon (s. S. 42) oder die Tierwelt des Kruger Park (s. S. 12) erkunden. (mi)

Hochzeitsfeier mit Ausblick

Gut zu wissen:

Die Trauung wird durch einen deutschsprachigen Standesbeamten inkl. sämtlicher Papiere durchgeführt. Trauzeugen werden gerne vom Hotel gestellt. Folgende Dokumente muss man mitbringen:

- Gültigen Reisepass sowie Fotokopie des Reisepasses (Hauptseite) und Fotokopie des Einreisestempels (Touristenvisum)
- Geburtsurkunde
- Drei gleiche Passfotos pro Ehepartner (zum Einheften in die Dokumente)
- Evtl. notarielle Bescheinigung der Heiratsfähigkeit
- Falls Sie Ihre zweite Ehe eingehen, werden zusätzlich eine beglaubigte, englische Übersetzung der Scheidungs- bzw. Sterbeurkunde benötigt. Beim Vorbereitungsgespräch wird der Fingerabdruck des linken Daumens genommen.

Dokumente nach der Trauung: Zur Anerkennung Ihrer Eheschließung in Deutschland benötigen Sie ein sogenanntes „Full Marriage Certificate" und eine „Apostille" (Beglaubigung durch das örtliche Gericht). Beide Dokumente werden bei Buchung eines Hochzeitspakets für Sie beantragt. Die Besorgung dieser Dokumente dauert zurzeit etwa 4–5 Tage. Sollte eine persönliche Übergabe der Dokumente aus zeitlichen Gründen nicht möglich sein, werden sie per Einschreiben an Ihre Heimatadresse geschickt.

Essen & Trinken

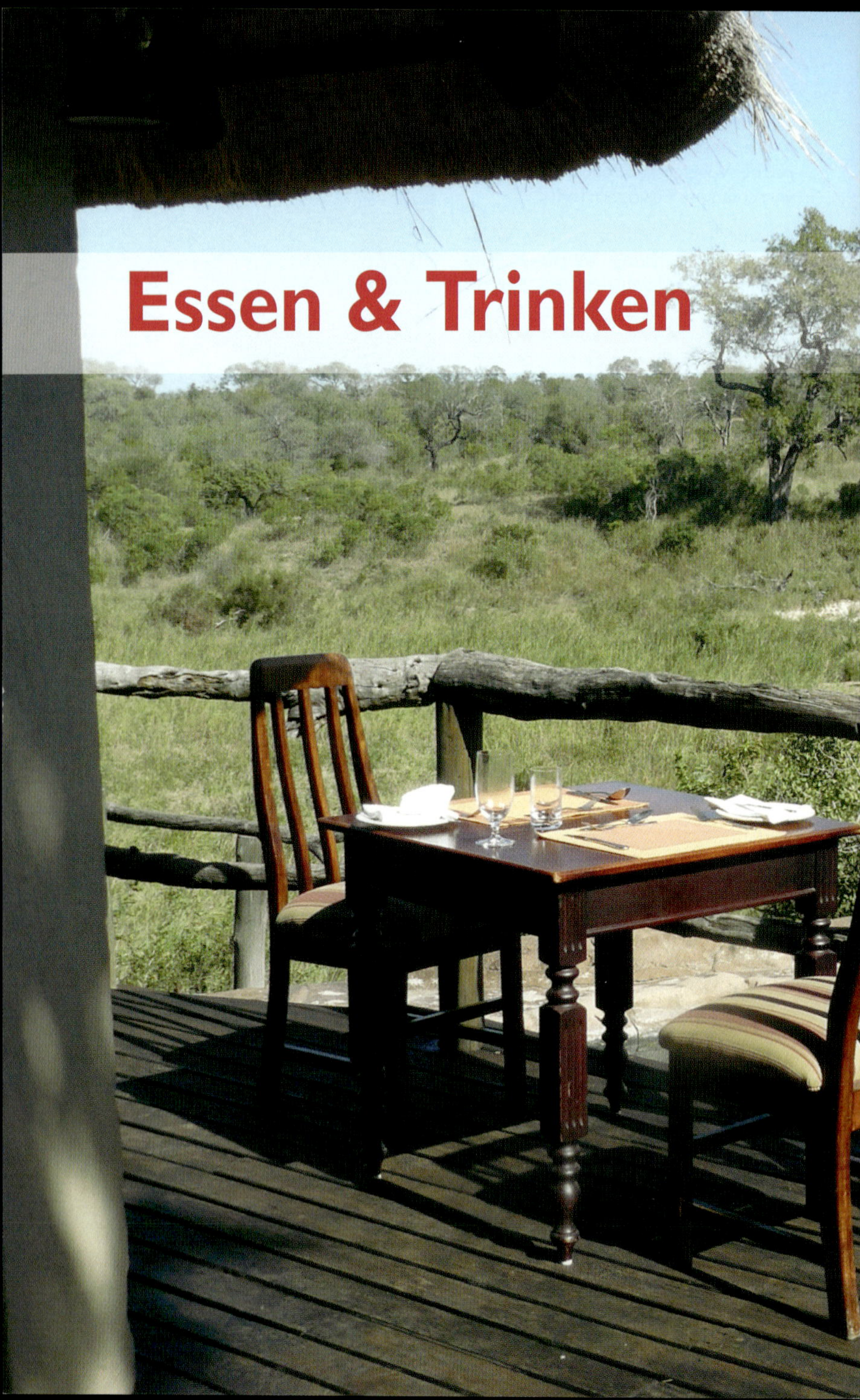

Lunch mit Aussicht

72 Amarula – the Spirit of Africa

Das bekannteste Produkt der Amarula-Fabrik bei Phalaborwa ist die **Amarula Cream**, die so ähnlich schmeckt wie Bailey's. Hergestellt wird das alkoholische Getränk aus der Frucht des Marulabaumes, die äußerlich einer Mirabelle ähnelt. Die Produktion der Cream findet in der Zeit von Januar bis März statt, wenn die Früchte reif sind. Geerntet wird von Einheimischen, die die Früchte an die Fabrik verkaufen und pro Kilo bezahlt werden.

Der Marulabaum (Sclerocarya Birrea) ist heimisch im südlichen Afrika und wird auch **Elefantenbaum** genannt. Und das nicht ohne Grund, denn die Dickhäuter sind große Liebhaber der Frucht. Sie kommen in ganzen Herden, um sich gegen die Bäume zu stemmen bzw. sie mit ihren Rüsseln zu umschlingen und die Früchte von den Bäumen zu schütteln. Wenn diese dann auf dem Boden liegen, fangen sie an zu fermentieren und bekommen einen süßlicheren Geschmack – und einen leichten Alkoholgehalt!

Der **Marulabaum** ist im gesamten subäquatorialen Afrika verbreitet. Er trägt ziemlich kleine ovale Früchte, deren Fruchtfleisch einen relativ großen, sehr harten Kern umschließt. In der Reifezeit von Mitte Januar bis Mitte März erhalten die Früchte ihre satte gelbe Farbe und ihren unverwechselbaren Geschmack. Einheimische suchen die reifen Früchte in der Steppe und bringen sie zu zentralen Sammelpunkten.

Auf einem Förderband werden schadhafte Früchte aussortiert, noch grüne Früchte hingegen zur weiteren Reifung zurückgelegt. Mit Hilfe rotierender Klingen im Inneren spezieller **Entkernungskessel** wird das Fruchtfleisch von den Kernen abgelöst. Der Fruchtbrei gelangt umgehend in Kühlbehälter aus rostfreiem Stahl, wo er permanent auf einer Temperatur von weniger als 8°C gehalten wird, um das unkontrollierte Einsetzen von Gärungsprozessen zu verhindern. Glei-

Marulabaum

Auch in der Tierwelt sind die süßen Früchte beliebt

chermaßen gekühlt erfolgt der weitere Transport in Tanklastwagen zum Destillierkeller in Stellenbosch. Dort wird der Fruchtbrei in Gärungskesseln mit reinen Hefekulturen versehen und der **Gärungsprozess** in Gang gebracht. Der Vorgang ähnelt dem bei der Herstellung von Wein. Im Laufe von sieben bis zehn Tagen, bei einer Temperatur von 18–20°C, wird während der Gärung der natürliche Fruchtzucker in Alkohol umgewandelt. Gleichzeitig sammeln sich die festen Fruchtanteile am Boden der Gefäße.

Nach Abschluss der Gärung wird der klare Marula-Wein in die Brennerei befördert, die festen Bestandteile hingegen werden ausgepresst und separat gebrannt. Die so freigesetzten Fruchtaromen werden dem Marula-Wein wieder hinzugesetzt, bevor dieser in Destilliergefäßen aus Kupfer gebrannt wird, um schließlich den charakteristischen aromareichen Marula-Geist zu gewinnen. Dieser reift zwei Jahre lang in kleinen Eichenfässern, bevor der letzte Schritt zur Herstellung von Amarula Cream erfolgt: die Mischung des Geistes mit frischer Sahne. Das Resultat ist ein geschmacklich reiches Getränk von glatter, sanfter Konsistenz und mit einem Alkoholgehalt von 17 %.

In der sogenannten Amarula-Lapa kann man den Amarula pur, auf Eis oder eines der Cocktail-Rezepte probieren und dabei mehr über die Herstellung des Getränks erfahren. (dk)

INFO

Lage: bei Phalaborwa; 12 km vom Phalaborwa Gate des Kruger National Park entfernt

Information: www.amarula.com, www.phalaborwa.org.za/amarula_lapa.htm, www.golimpopo.com

Unterkunft: In Phalaborwa ist das **La Lechere Guest House and Hotel** (www.lalechere.co.za) eine Option. Es verfügt über sieben schön eingerichtete Zimmer, einen Pool und einen tropischen Garten. Massagen und andere Wellness-Behandlungen können gebucht werden.

73 Rooibos-Tee: Exportschlager aus den Cederbergen

Die Cederberge und das Oliphants River Valley gehören geologisch gesehen zur Tafelbergregion und erhalten als Berglandschaft erheblich mehr Niederschlag als viele andere Regionen Südafrikas. Nur in den westlichen Ausläufern der Cederberge fällt verhältnismäßig wenig Regen, was aber durch ein groß angelegtes Bewässerungssystem kompensiert wird. Das Wasser des Oliphants River wird vom Clanwilliam-Stausee aus über Kanäle auf die Felder verteilt. Daher können hier Obst- und Weinkulturen hervorragend gedeihen. In den Cederbergen wachsen der Waboom, eine Protea-Art aus Hartholz, die bis zu acht Meter hoch werden kann, und die Clanwilliam-Zeder, die den Bergen ihren Namen gegeben hat. Berühmt ist auch die **Rooibos-Pflanze**, aus der ein aromatischer Tee gewonnen wird.

Clanwilliam gehört zu den ältesten Städten Südafrikas: 1732 gab es bereits eine Reihe von Farmen entlang dem Oliphants River. Nachdem die Kapverwaltung 1820 hier einen Magistratssitz eingerichtet hatte, versuchte sie, englische Siedlerfamilien als Gegengewicht zu den Buren anzusiedeln. Der Versuch schlug aber fehl, nur sechs Familien blieben in der Gegend. 1901 brannte die Stadt fast gänzlich nieder, nur ein kleiner Teil in der Parkerstreet überstand das Feuer.

Clanwilliam liegt in einem warmen, gut bewässerten Tal mit fruchtbaren Böden. Hier wachsen u. a. viele Rooibos-Pflanzen und der daraus gewonnene Tee wird von hier aus in alle Welt exportiert. Dieser Tee ist tanninfrei und sehr reich an Vitamin C. Diese gesundheitsfördernden Eigenschaften machen ihn – neben seinem guten Geschmack – sehr beliebt. Außer Tee gedeihen hier nahezu alle subtropischen Früchte, Gemüse, Weizen und Tabak.

Post in Wupperthal

In der Nähe der Stadt liegt das Naturschutzgebiet Ramskop mit im Frühling in allen Farben blühenden Namaqualand-Wildblumen. Der **Clanwilliam-Stausee,** der das Wasser des Oliphants River aufnimmt, ist ein beliebtes Erholungszentrum (Schwimmen, Bootfahren, Angeln).

Rooibos-Pflanze

Ein lohnender, wenn auch etwas mühsam zu fahrender Abstecher ist der zur Rheinischen Missionsstation **Wupperthal**. Sie ist östlich über den Pakhuis Pass zu erreichen und wurde 1830 (also 99 Jahre vor der Stadt Wuppertal in Deutschland) gegründet – von Missionaren, die den hier vorbeifließenden Fluss „Wupper" nannten. In der Umgebung des Dorfes wird Rooibos-Tee angebaut. Im Dorf bietet man handgefertigte „Feldschuhe" („Veldskoens") und andere Lederarbeiten an. (mi)

Handgefertigte Schuhe aus Wupperthal

INFO

Lage: Clanwilliam liegt etwa 240 km nördlich von Kapstadt, mitten in den Cederbergen.

Information:
www.cederbergtourist.co.za,
www.capewestcoast.org,
www.rooibostea.co.za

Unterkunft: Die **Saint Du Barrys Country Lodge** (www.saintdubarrys.com) nahe Clanwilliam ist eine gepflegte, persönlich geführte Lodge inmitten einer Berglandschaft. Die Zimmer sind geschmackvoll möbliert, das Essen ist gut und reichlich.

74 4-Pässe-Fahrt durch das Weinanbaugebiet

Die beliebte Vier-Pässe-Fahrt gehört zu einem Besuch des Kaplandes einfach dazu. Nehmen Sie sich Picknick-Ausstattung mit, es gibt zahlreiche Stopps mit wunderschönen Aussichten.

Die erste Station nach Kapstadt ist **Stellenbosch**, die zweitälteste Stadt Südafrikas, die berühmt ist für ihren Reichtum an historischer Bausubstanz (s. S. 92). Stellenbosch ist Zentrum eines der besten **Weinanbaugebiete** Südafrikas. Hier, in den fruchtbaren Tälern des Berg-, Eerste- und Bree-Flusses, gedeihen Weinreben besonders gut. Die Winzereien, deren gepflegte Gebäude oft im kapholländischen Stil erbaut sind, liegen idyllisch zwischen den weiten Weinfeldern. Neben der Möglichkeit, die Weine zu verkosten, kann man häufig auch im winzereieigenen Restaurant hervorragend essen.

Von Stellenbosch geht es gen Südosten, an dem historischen, 1830 erbauten **Weingut Lanzerac** vorbei, einem neoklassizistischen Herrenhaus, das heute einen hervorragenden Ruf als Hotel und Restaurant besitzt. Der Spitzenwein des Hauses ist der *Cabernet Sauvignon*, den man auch in der Cocktailbar in den ehemaligen Ställen kosten kann. Anschließend geht es über den **Hellshoogte Pass**. Dieser nur wenige Kilometer östlich von Stellenbosch entfernte Pass ist mit 336 m Höhe wenig spektakulär und macht seinem Namen „Höllenhöhe“ keine Ehre: Dieser bezog sich einst darauf, dass Ochsenkarren die Strecke nur mühsam bewältigen konnten.

Vorbei am alten Weingut Boschendal geht es zum beschaulicheren Franschhoek (s. S. 178), über den wunderschönen **Franschhoek Pass** mit seinen bezaubernden Aussichtspunkten und hinunter in das Franschhoek-Tal. Ehemals hieß der Pass „Olifants Pass“, da Elefanten diesen Weg breitgetreten hatten. 1819 wurde der Weg über die 701 m hohe Passhöhe ausgebaut.

Blick vom Franschhoek Pass

Wein, so weit das Auge reicht

Über den **Viljoen Pass** (525 m), dessen Namensgeber *Sir Anthony Viljoen* war, einer der führenden Köpfe der Farmer der Gegend und politisch sehr engagiert, geht es Richtung Süden bis zum Obstanbaugebiet um Elgin und Grabouw. Ab hier verläuft die Straße über den **Sir Lowry's Pass** nach Somerset West. Wie etliche Passstrecken wurde auch der Sir Lowry's Pass ehemals von vielen Tieren als Pfad ausgetreten. Er gewährt eine wunderschöne Aussicht auf die False Bay und die Kap-Halbinsel. Rund um Somerset besticht vor allem das oberhalb der Stadt gelegene, historische Vergelegen Wine Estate. Es ist ein Juwel unter den Weingütern. Gegründet wurde das Gut von *Adriaan van der Stel*, der 1699 seinen Vater als Gouverneur abgelöst hatte.

Wer noch nicht genug hat von Pässen und Weingütern, kann **Paarl** (s. S. 176) einen Besuch abstatten und über den Bain's Kloof Pass nach Worcester fahren. **Worcester** rühmt sich der ersten offiziellen „Brandy Route" zwischen Stellenbosch und Worcester. Eine der größten Brandy-Destillerien dort, nach eigenen Angaben die größte der Welt, ist der KWV-Brandy-Cellar. Der südafrikanische Brandy, der bereits seit 1672 destilliert wird, gilt seit jeher als ein hervorragender Tropfen. Literaturinteressierte seien darauf hingewiesen, dass der Literaturnobelpreisträger von 2003, *J.M.Coetzee*, in Worcester aufgewachsen ist und in seinem Roman „Der Junge" seine Jugenderlebnisse in dieser Stadt aufgearbeitet hat. (dk)

INFO

Lage: am Westkap, nahe Kapstadt
Information: www.wineroute.co.za, www.swartlandwineroute.co.za, www.stellenboschtourism.co.za, www.franschhoek.org.za
Unterkunft: Teuer, aber durchaus ein Erlebnis ist eine Übernachtung auf dem **Weingut Lanzerac** (www.lanzerac.co.za), das sich heute als exklusives Spa- und Wellness-Hotel präsentiert. Auf Wunsch werden auch Hochzeiten arrangiert (s. S. 162).

75 Groot Constantia: berühmtestes Weingut am Kap

Eines der schönsten, aber auch am stärksten vermarkteten Beispiele des kapholländischen Baustils ist das Herrenhaus des Weingutes **Groot Constantia**. Inmitten einer anmutigen Landschaft gelegen, umgeben von Weingärten und schattigen Bäumen, kann man leicht nachempfinden, weshalb viele Europäer gerne im Kapland geblieben sind.

1683 bekam der Gouverneur **Simon van der Stel** aufgrund seiner Verdienste um die Holländisch-Ostindische Handelskompanie ein Gut geschenkt. Hier sollte er ausprobieren, welche landwirtschaftlichen Produkte am besten im Kapklima gedeihen. Bis zum Jahr 1695 pflanzte er auf dem Gelände 8.400 Bäume an, neben verschiedenen Obstsorten auch Olivenbäume und unterschiedliche Reben. Dazu reichten ihm die ursprünglichen 800 ha aber nicht aus, sodass er das Farmgelände durch den Zukauf einiger Nachbarfarmen erweiterte. Mit den Jahren wurde der Constantia-Wein weltberühmt und fand selbst unter Adligen im weinverwöhnten Europa seine Anhängerschaft. Einer seiner größten Verehrer war übrigens *Otto von Bismarck*.

Zauberhafte Lage: Groot Constantia

Van der Stel baute sich ein gediegenes Wohnhaus, in das er 1699 nach seiner Pensionierung einzog und wo er 73-jähriger im Jahr 1712 verstarb. Leider hatten seine Erben den stattlichen Nachlass bald durchgebracht und 1716 musste das Gut in drei Teile aufgeteilt werden (Groot Constantia, Klein Constantia und Buitenverwachting). Jener Teil, auf dem das Herrenhaus stand, wurde Groot Constantia genannt. Doch in der Folgezeit verkam das Gut immer weiter und wechselte schließlich seinen Besitzer.

Erst ab 1778, als *Hendrik Cloete*, Enkel von einem der ersten holländischen Siedler, Groot Constantia kaufte, ging es mit dem Anwesen wieder aufwärts. Er baute die Weinfelder aus und steigerte die **Weinproduktion** derart, dass er 1791 einen neuen Weinkeller bauen musste. Dieser wird noch heute genutzt, verdient allerdings nicht den Namen „Keller", da es sich um ein oberirdisches Nebengebäude handelt. Der französische Architekt *Louis Michel Thibault* und der deutsche Bildhauer *Anton Anreith* vergrößerten und verschönerten das Wohnhaus.

Ursprünglich hatte van der Stel Eichen aus Europa importiert. Er hoffte, dass sie im Kapklima gut gedeihen würden und man deren Holz später für den Fässerbau verwenden könnte. Doch die Eichen wuchsen hier im milden Klima viel zu schnell, sodass ihr Holz zu weich und damit für Weinfässer ungeeignet war. Außerdem litten viele Bäume an Innenfäule.

1885 wurde die Farm samt Wohnhaus an die mittlerweile britische Kolonialverwaltung verkauft. Unter den neuen Herren wurde Groot Constantia erneut zur Versuchsfarm. Das schöne Wohnhaus diente als Unterkunft für die Landwirtschafts-Studenten, ebenso war die Farmverwaltung hier untergebracht. 1925 stellte ein **Schicksalsjahr** für das Herrenhaus dar: Am 19. Dezember brannte es aufgrund eines Funkenflugs durch den Küchenschornstein binnen weniger Minuten bis auf die Grundmauern nieder. Man entschied sich, alles neu aufzubauen und das alte Gebäude in ein Museum umzuwandeln. In *Alfred Aaron de Pass* fand sich ein kapitalkräftiger und engagierter Mäzen, der das Haus aufbauen ließ und dafür sorgte, dass die Innenräume mit alten Möbeln bestückt wurden. Bis 1927 war der größte Teil der antiquarischen Möbel und der sonstigen Dinge angeschafft.

Seit 1993 ist das Anwesen Eigentum der Groot Constantia Treuhand-Gesellschaft. Auch heute noch wird auf Constantia Wein angebaut: Anbau, Pressung, Abfüllung und Vermarktung sind in einer Hand.

Zu besichtigen gibt es das mit Möbeln und Geräten zur Herstellung von Wein ausgestattete Museum und das historische Herrenhaus. Zudem gibt es die Groot Constantia Tavern und das Jonkershuis Restaurant. Hier kann man zum Essen die lokalen Weine verkosten (geöffnet täglich von 11 Uhr bis spät abends). (dk)

INFO

Lage: direkt bei Kapstadt gelegen, ca. 12 km von der Innenstadt entfernt
Information:
www.grootconstantia.co.za; das Weingut ist täglich geöffnet, geführte Touren finden stündlich statt. Wein kann inzwischen auch über die Website bestellt werden.
Unterkunft: in Kapstadt, s. S. 192-195

76 Vergelegen Wine Estate in Somerset West: Juwel unter den Weingütern

Somerset West, 1819 nach *Lord Charles Somerset* benannt, liegt unterhalb des Helderberges, der wiederum zu den Hottentots Holland Mountains zählt. Die Lage am Nadelöhr der N2 sowie dem südlichen Ende der False Bay hat der Stadt einigen wirtschaftlichen Aufschwung beschert, ihr dafür aber auch ihren Charme genommen. Einkaufszentren, die N2 sowie viele Mittelklasse-Wohnhäuser bestimmen das Bild.

Einzig das historische Weingut Vergelegen, vier Kilometer nordöstlich von Somerset West (entlang Lourensford St. in Richtung Helderberg Nature Reserve), lohnt wirklich den Besuch. Vergelegen ist ein Juwel unter den Weingütern. Gegründet wurde es von *Adriaan van der Stel*, der 1699 seinen Vater als Gouverneur abgelöst hatte. 1701 wurde das Herrenhaus eingeweiht. Dabei ging allerdings nicht alles mit rechten Dingen zu, denn van der Stel hatte sich das Land durch korrupte Geschäfte angeeignet und die Gebäude wurden von Sklaven der Niederländischen Ostindien-Kompanie gebaut.

Als man später in Holland diesen und anderen fragwürdigen Geschäften van der Stels auf die Schliche kam, wurde beschlossen, das großzügige Herrenhaus wieder abzureißen, um keine Nachahmer zu motivieren. Dieses Vorhaben wurde aber nur teilweise durchgeführt. Das heutige Herrenhaus sieht dem ehemaligen sehr ähnlich und steht mit Sicherheit auf dessen Fundamenten. Beeindruckend sind die über **300 Jahre alten Kampferbäum**e, die zum National Monument erklärt wurden. Das Weingut sowie das Herrenhaus können besichtigt werden. In einem Nebengebäude wird die Geschichte der Anlage in einer Ausstellung veranschaulicht. Rosen- und Kräutergarten laden zum Verweilen ein und der „Lady Phillips Tea Garden" bietet einen leichten Lunch bzw. Kaffee, Tee und Kuchen.

Natürlich können auch die Weine probiert werden. Auf einer Anbaufläche von 100 ha wird **Wein** für eine jährliche Produktion von etwa 20.000 Kisten angebaut. Besonders beliebt sind der Chardonnay sowie der Sauvignon Blanc. Alles in allem kann man sagen, dass ein Besuch von Vergelegen ein bis zwei aufschlussreiche und schöne Stunden verspricht. Viele Besucher kommen auch für einen Nachmittagsausflug aus Kapstadt hierher.

Nahe Somerset West gibt es ein interessantes Museum: das **Lwandle Migrant Labour Museum**. Man erreicht es, indem man auf der N2 von Kapstadt kommend durch Somerset West hindurch fährt und kurz danach am Schild „Lwandle" abzweigt. Das Museum ist von dort an ausgeschildert. Thema der Ausstellung ist die Geschichte der schwarzen und farbigen Wanderarbeiter, die hier in einem Hostel gelebt haben. Tagsüber mussten sie zur Arbeit in die Stadt pendeln und konnten ihre weit entfernt lebenden Familien nur alle paar Wochen besuchen. Neben der kleinen Ausstellung kann man das Hostel besuchen und ein Arts & Crafts Center bietet kunsthandwerkliche Souvenirs an. Besuche bei Familien in den beiden Townships Lwandle und Nomzano können arrangiert werden. (dk)

Vergelegen Wine Estate

INFO

Lage: ca. 50 km südöstlich der Innenstadt von Kapstadt
Information: www.lwandle.com, www.somersetwest.de, www.vergelegen.co.za
Unterkunft: Die **Zandberg Farm** (www.zandberg.co.za) ist ein kleines Weingut an der Stellenbosch-Weinroute (R44) und kann auch als Unterkunft für einen Stellenbosch-Besuch (10 Min. Fahrtzeit) dienen. Das historische Farmhaus sowie das Restaurant und die Cottages liegen in einem parkähnlichen Garten mit viel Schatten. Jedes Cottage hat eine eigene Küche und eine kleine Terrasse. Für Reiter und Golfer werden hier spezielle Arrangements angeboten.
Die **Papyrus Holiday Cottages** (www.papyruslodge.co.za) sind auch für Selbstversorger ideal. Die auf Stelzen gebauten Holzhäuser liegen an einem See und sind sehr gepflegt. Man kann den Sonnenuntergang über dem Tafelberg beobachten – einfach herrlich. Frühstück wird serviert, Restaurants gibt es in nächster Umgebung.

77 Die Perle Paarl

Wörtlich übersetzt bedeutet „Paarl" Perle. Der Name kam zustande, weil die Berge um die Stadt in einem bestimmten Tageslicht eine perlenähnliche Farbe annehmen. Paarl ist eine der **ältesten Siedlungen** des Hinterlandes von Kapstadt und an den Ufern des Berg River gelegen, 132 m über dem Meer. Das Tal erhält rund 700 mm Niederschlag pro Jahr, davon 80 % im Winter. Die Gegend ist aber nicht nur vom Klima verwöhnt, sondern auch aufgrund nährstoffreicher Böden sehr fruchtbar. Seit der Besiedlung werden hier deshalb verschiedene Obst- und Gemüsesorten angebaut, Grundlage der hier angesiedelten Konservenfabriken. Die Granitberge der Umgebung dienten als Steinlieferanten für Grabsteine. Paarl ist auch für die Herstellung von „Eau de Cologne" bekannt. Heute zählt die Stadt ca. 188.000 Einwohner.

Der erste Europäer, der in dieses Tal gelangte, war *Abraham Gabbema*. Bereits ein Jahr später erfolgte die erste Landvergabe an Siedler. Diese waren französische **Hugenotten**, die hier eine neue Heimat fanden. Die Namen der ältesten Farmen belegen die Herkunft der Erstsiedler: Laborie, Picardie, La Concorde und Nancy.

Die Stadtgeschichte beginnt im Jahre 1720, als die erste Kirche gebaut und die „Main Street" angelegt wurde, an der man die charakteristischen Eichen pflanzte. Viele der historisch bedeutsamen Gebäude stammen aus dem 18. Jahrhundert, so z. B. die Oude Pastorie aus dem Jahre 1787. Diese ehemalige Pfarrei wurde 1937 von der Stadt Paarl aufgekauft, restauriert und in ein Museum umgewandelt, in dem man alte Möbel sowie Glas-, Silber-, Kupfer- und Messinggegenstände bewundern kann.

Die an der Main Street gelegene **Strooidakkerk** (Strohdach-Kirche) wurde am 28. April 1805 eingeweiht. Der damals sehr populäre Architekt *Thibault*, soll sie geplant haben. Normalerweise ist die Kirche geschlossen, doch oft arbeitet jemand auf dem Gelände, den man bitten kann, sie aufzuschließen.

Afrikaans Language Museum

Eine große Rolle spielte Paarl bei der Etablierung von Afrikaans als eigenständige Sprache. Ein führender Verfechter war der aus Holland stammende Lehrer Arnoldus Pannevis. Ihm fiel in den 1870er-Jahren auf, dass sich die holländischen Dialekte der Einwanderer immer mehr veränderten; einerseits durch Isolation, aber auch durch den Einfluss immigrierter Franzosen, Deutscher und schließlich auch der einheimischen Bevölkerung. Nach der Überzeugung Pannevis' handelte es sich dabei nicht um einen südafrikanischen Dialekt des Holländischen, sondern um eine eigenständige Sprache. 1875 gründete er die „Genootskap van Regte Afrikaners" („Gemeinschaft der echten Afrikaaner"). Diese Institution widmete sich der Erforschung von Afrikaans und brachte am 15. Januar 1876 die erste afrikaanse Zeitung, „Die Afrikaanse Patriot", heraus. Damit war Afrikaans zur Schriftsprache erhoben. 1925 wurde Afrikaans neben Englisch als Amtssprache in Südafrika akzeptiert. Über die Entstehung und Entwicklung der Sprache kann man sich im Afrikaans Language Museum in der Pastorie Avenue oder auf der Website des Museums (http://taalmuseum.co.za/english) informieren.

Die Berge bei Paarl haben in einem bestimmten Licht eine perlenähnliche Farbe

Natürlich kommt man nicht umhin, die **KWV-Kellereien** zu besuchen. Hinter dieser Abkürzung verbirgt sich die „Kooperatiewe Wijnbouwers Vereeniging", die größte südafrikanische Winzergenossenschaft, die bereits 1918 gegründet wurde. Die KWV produziert jährlich große Mengen an Wein und Spirituosen. Sie vermarktet ihren Wein außerhalb Südafrikas, wobei der größte Abnehmer Großbritannien ist. In über 30 Länder exportiert man mittlerweile die Erzeugnisse. Etwa 30 Millionen Liter Wein werden in den Kellereien gelagert, wobei die geräumigsten Holzfässer mehr als 200.000 Liter fassen! 90 % des exportierten südafrikanischen Weins stammen von der KWV.

Nederburg ist ein weiteres, über die Landesgrenzen hinweg berühmtes Weingut. Es liegt idyllisch innerhalb von Weingärten. Das Nederburger Herrenhaus ist ein gepflegtes Beispiel kapholländischer Baukunst. Die Anfänge des Weingutes reichen in das Jahr 1792 zurück: *Philip Wolvaart*, ein deutscher Einwanderer, erwarb das Farmgelände, das sich für den Weinanbau besonders eignete und nannte es „Nederburgh", nach dem Chef-Advokaten der Niederländisch-Ostindischen Handelskompanie. Das Herrenhaus wurde 1800 errichtet. Viele Generationen blieben dem Weinbau treu, erweiterten die Flächen und experimentierten mit neuen Rebsorten. (mi)

INFO

Lage: außerhalb Kapstadts (östlich), ca. 45 Min. Fahrtzeit
Information: www.paarlonline.com, www.nederburg.co.za, www.kwv.co.za
Unterkunft: Das **Grande Roche** (www.granderoche.co.za) ist eine erstklassige Herberge auf einem restaurierten Weingut mit einem ebenfalls erstklassigen Restaurant. Ruhig und idyllisch gelegen.
Das **Lemoenkloof Guest House** (www.lemoenkloof.co.za) ist etwas günstiger und ein nettes, sauberes typisch südafrikanisches Gästehaus mitten in Paarl mit geschmackvoll eingerichteten Zimmern. Pool und Sonnenterrasse laden zum Verweilen und Entspannen ein.

78 Franschhoek: Kulinarisches Topziel Südafrikas

Franschhoek ist ein eher beschauliches Ziel der Weinroute. Die von französischen Hugenotten gegründete Ortschaft verfügt über gute Weinkellereien, ein Hugenotten-Museum, Herbergen und hervorragende Gastronomiebetriebe – unter anderem die drei besten Restaurants des Landes.

Schon *Jan van Riebeeck*, der erste Gouverneur am Kap, begann vor gut 350 Jahren mit dem Weinanbau. Bereits 1656 – nur sieben Jahre nach seiner Ankunft – erntete er den ersten Wein. Einen bedeutenden Qualitätsschub erhielt der südafrikanische Weinanbau, als **Hugenotten-Familien aus Frankreich** Zuflucht in den Tälern des Kaplandes suchten. Die Holländisch-Ostindische Handelskompanie suchte Siedler und fand die Hugenotten. Diese hatten durch die Aufhebung des Edikts von Nantes ihre Glaubensfreiheit verloren, weigerten sich aber, ihren protestantischen Glauben aufzugeben und mussten daher ihre Heimat verlassen. So erreichte eine kleine Gruppe von ihnen im April 1688 an Bord der Oosterland Südafrika. Franschhoek, 1688 gegründet von ca. 200 französischen Hugenotten, ist mit seinen heute knapp 4.000 Einwohnern deutlich kleiner als Stellenbosch und Paarl. Der Name des Städtchens bedeutet „Französisches Eck", womit die Lage am Ostende des Drakenstein Valley andeutungsweise umschrieben ist.

Die Hugenotten brachten Erfahrung mit dem Weinanbau und Kellereikenntnisse aus Bordeaux, Burgund und der Provence mit. Damit waren nun auch vom Know-how her optimale Möglichkeiten gegeben, Südafrika zu einem der

Die Gastronomieszene in Franschhoek ist eine der besten des Landes

wichtigsten Weinländer der Welt zu machen. Viele Namen von Wein- und Obstgütern in der Umgebung weisen heute noch auf die französische Herkunft der Siedler hin, so z. B. Bien Donné, Cabrière und La Motte.

Die Region um Franschhoek eignet sich gut für den Weinanbau

Franschhoek ist seit langem bekannt für seine erstklassigen Weine, die denen aus den größeren Orten in nichts nachstehen. Der Charakter des kleinen Ortes ist dabei aber weitgehend erhalten geblieben und es ist noch gar nicht so lange her, dass nur die wenigsten Weingüter Besuchstouren anboten. Boutiquen, Straßencafés, gemütliche Herbergen, eine erstklassige Gastronomieszene und vieles mehr locken inzwischen immer mehr Besucher an. Unter der Woche geht es aber noch sehr beschaulich zu. In Franschhoek gibt es zudem einiges zu erkunden: Am Ostende der Main Road/Huguenot Street sticht das **Hugenotten-Denkmal** (Huguenot Monument) unweigerlich ins Auge. In seiner (burisch angehauchten) Gestaltung oft umstritten, erinnert es an die Vertreibung der Hugenotten aus der europäischen Heimat. Gleich daneben befindet sich das **Huguenot Memorial Museum**. Es widmet sich der Geschichte der Hugenotten, die überwiegend französische Calvinisten waren, von der Zeit der religiösen Verfolgung in Europa und ihrer Aufsplitterung über die erste Phase am Kap, als sie den Siedlern zeigten, wie guter Wein produziert wird, bis hin zur heutigen Zeit. Im angeschlossenen genealogischen Institut wird auf den Spuren der ersten Hugenotten geforscht. Um Franschhoek herum liegen wunderschöne Weingüter, die ebenfalls einen Besuch wert sind. **Boschendal** ist über 300 Jahre alt, wurde von den Hugenotten gegründet und ist bis heute eines der größten und edelsten Estates des Landes. Aber auch kleinere Weingüter wie **Cabrière Estate**, bekannt für seine unkonventionelle Art, die guten Schaumweine nach Richtlinien der Champagner-Branche herzustellen, oder die idyllisch gelegenen **Dieu Donné Vineyards** lohnen einen Ausflug. (dk)

INFO

Lage: 60 km östlich von Kapstadt, am Ostende des Drakenstein Valley
Informationen: www.boschendal.com, www.franschhoek.org.za
Unterkunft: Wer nach den Weinproben sein Haupt nobel betten möchte, der ist im **Klein Oliphants Hoek** (www.kleinoliphantshoek.co.za) richtig. Als Missionsstation 1888 erbaut, steht es heute für gediegene Eleganz und koloniale Pracht. Von der Veranda aus hat man einen Blick auf den nach Lavendel duftenden Garten und die blau-violetten Berge. Schick ist es im Sundeck Jacuzzi Room, auf dessen Dachterrasse man bei einem Bad im Whirlpool den Ausblick genießen kann. Etwas bescheidener geht es im Classroom zu, dem ehemaligen Klassenzimmer der Mission, in dem man es sich am eigenen Feuerplatz gemütlich machen kann.

79 Biltong und Straußensteak in Oudtshoorn

Mit ca. 60.000 Einwohnern ist Oudtshoorn die größte Stadt in der Kleinen Karoo und liegt von Bergen geschützt in einem Tal. Ursprünglich lag an der Stelle der Stadt die Farm „Hartenbeesrivier“. Als die Bevölkerung in der Kleinen Karoo allmählich anwuchs, stellte der Farmbesitzer *C. P. Rademeyer* vier Hektar seines Grundes zur Verfügung und stiftete 1839 eine Kirche. Damit war der Grundstein für die spätere Stadt gelegt. Seinen Namen erhielt Oudtshoorn nach der Baronesse *Gesina E. J. van Rheede van Oudtshoorn*, der Frau des Kommissars von George, einem gewissen *E. Bergh*. Er war oberster Verwaltungsbeamter für die gesamte Region um George.

Strauße: die größten Laufvögel der Welt

Der Strauß ist der größte heute lebende Vogel. Aufgrund seiner auffälligen Erscheinung ist er zugleich einer der bekanntesten. Große Männchen können **bis zu 2,60 m hoch** werden, wobei der Hals fast die Hälfte der Körpergröße ausmacht. Das Gefieder des Männchens ist schwarz, ausgenommen die weißen Schmuckfedern an den Flügeln und am Schwanz. Das Gefieder des Weibchens ist braun. Der Kopf, der größte Teil des Halses und die Beine sind nackt, aber die Augenlider haben lange, schwarze Wimpern. Jeder Fuß hat zwei starke Zehen, die längere ist mit einer stärkeren Klaue versehen.

Strauße sind außerordentlich wachsam. Ihr langer Hals gestattet ihnen, schon in großer Entfernung Feinde zu erkennen. Sie leben in sehr trockenen Gebieten und durchstreifen auf Nahrungssuche das Land meist in Herden. Strauße fressen nahezu alles. Bevorzugt werden Pflanzen, Früchte, Samen und Blätter. Sie fressen auch kleine Tiere, manchmal sogar Eidechsen und Schildkröten. Selbst beträchtliche Mengen an Sand und Steinen werden geschluckt, um die Verdauung zu fördern.

Ungewöhnlicher Vogel: der Strauß

Es gibt zwar auch monogame Paare, in der Regel hat aber ein Hahn einen sogenannten **Harem** mit einer Haupt- und mehreren Nebenhennen. Jede Henne legt 6 bis 8 bis zu 1,5 kg schwere Eier. Die Hennen eines Harems legen alle in das gleiche Nest, das aus einer Bodenvertiefung von etwa 3 m Durchmesser besteht. Wenn alle Eier gelegt sind, treibt die Haupthenne die anderen weg und das Nest wird von ihr und dem Hahn behütet. Das Brüten besteht mehr darin, das Nest zu beschatten als es warm zu halten. Interessant ist, dass die Männchen bei Nacht über den Eiern brüten, die Weibchen bei Tage. Gegen Ende der sechswöchigen Brutzeit werden die am meisten entwickelten Eier am Rand des Nestes zusammengebracht. Die Küken können kurz nach dem Schlüpfen laufen und einen Monat später schon eine Geschwindigkeit von 50 km/h erreichen.Im Alter von vier bis fünf Jahren werden sie fortpflanzungsfähig. Strauße können **bis zu 40 Jahre alt** werden.

Landschaft bei Oudtshoorn

Obwohl in der Gegend von Oudtshoorn wenig Niederschlag fällt, ist durch den Olifants River und seinen Nebenfluss Grobbelaars genügend Wasser vorhanden. So konnte man sich von Anfang an mit landwirtschaftlichen Produkten versorgen, legte Gärten und Luzerne-Felder an, auf denen sich in den Boomjahren der Straußenfeder-Produktion über **100.000 Strauße** tummelten. Die Zeit vor dem 1. Weltkrieg war die wirtschaftlich bedeutsamste Periode des Städtchens. Die reichen Straußen-Farmer – als „Feder-Barone" bezeichnet – bauten sich „Straußenpaläste".

Heute gibt es in der Umgebung von Oudtshoorn etwa 150 bis 200 Farmer, die Strauße halten. Etwa 70 % der Federproduktion geht nach Europa, den Rest verarbeitet man in Südafrika zumeist für Staubwedel. Insgesamt ist aber die Bedeutung der Federproduktion heute gering. Dafür ist der Verkauf von Straußenfleisch immer wichtiger geworden. Im großen Stil wird Biltong (gewürztes, luftgetrocknetes Fleisch) hergestellt und das **saftige Straußensteak** ist inzwischen auch häufig auf europäischen und insbesondere auf deutschen Speisekarten zu finden – und natürlich ist es klassisches Grillgut beim südafrikanischen Braai (s. S. 234). Es wird als besonders gesund beworben und hat etwa die gleichen Fett- und Cholesterinwerte wie mageres Rindfleisch.

Lohnend ist auch ein Besuch des **C. P. Nel Museums**, in dem es eine Ausstellung zum Thema „Die Geschichte des Straußes durch die Jahrhunderte" gibt (www.cpnelmuseum.co.za). (mi)

INFO

Lage: 430 km östlich von Kapstadt, im Herzen der Kleinen Karoo
Information: www.oudtshoorn.com
Unterkunft: Das **Rosenhof Country House** (www.rosenhof.co.za) bietet eine tolle Außenanlage und eine sehr gediegene Ausstattung mit viel Marmor. Ausgezeichnetes Restaurant. Sehr empfehlenswert ist zudem die **Montana Guest Farm** (s. S. 208).

80 Austernstadt Knysna: Ferienziel an der Garden Route

Eine Kleinstadt mit nur 54.000 Einwohnern, aber doch das Herz der Garden Route, ist Knysna. Viele tun sich etwas schwer mit der Aussprache des Ortsnamens, der in der Sprache der Khoi so viel bedeutet wie „Ort des Holzes". Das „K" am Anfang ist stimmlos und wird nicht mitgesprochen. Malerisch liegt der Ort an der gleichnamigen Lagune, die von den beiden Knysna Heads, wie die Klippen, die die Hafeneinfahrt säumen, genannt werden, zum Indischen Ozean hin abgegrenzt wird. Der westliche dieser beiden „Köpfe" heißt auch „Featherbed" und ist ein **Naturreservat**, begründet von dem Zoologen *James L.B. Smith*, dem Entdecker des Quastenflossers. Blaue Kraniche, Austernfischer und Kormorane nisten inmitten von zahlreichen Milkwood-Bäumen.

Wie in einem Federbett sollen sich die frühen Seefahrer gefühlt haben, nachdem sie die vom Meer aufgewühlte Engstelle passiert hatten und in die **ruhige Lagune** eingelaufen waren. In dem sehr flachen Gewässer mit nur einer äußerst schmalen Fahrrinne lag es sich bequem und sicher vor Anker, und die Mannschaft konnte sich von den Strapazen ihrer Reise erholen. Heute kommt der Reisende nicht mehr über das Meer in die Stadt sondern entlang der Küstenstraße. Er hat dabei den Tsitsikamma-Nationalpark (s. S. 68) mit seinem Küstenregenwald hinter sich und Kapstadt (s. S. 94) vor sich oder umgekehrt. Knysna links liegen zu lassen wäre eine Schande und das nicht nur wegen der kulinarischen Genüsse, die man versäumen würde. Landschaftlich reizt das Wechselspiel von Bergen, Lagunen, Dünenlandschaften und dem offenen Indischen Ozean.

Highlights in Knysna

Knysna ist eine der Lieblingsstädte der Südafrikaner – nicht ohne Grund, denn Knysna ist nicht nur landschaftlich wunderschön gelegen sondern bietet auch jede Menge Unterhaltung. Hier ein paar Highlights:

- Fahrt oder Bootsausflug zu den Knysna Heads
- Rundfahrt durch den bei Knysna gelegenen Wald (tolle Wanderwege)
- Picknick auf Leisure Isle
- Strandspaziergang bei Brenton on Sea
- Schlendern durch die vielen Kunstgalerien
- eines der vielen hervorragenden Restaurants besuchen und einfach genießen.
- Noetzi Beach anschauen

Mindestens zwei Tage sollte man sich möglichst für Knysna Zeit nehmen. Ein idealer Tag ist hier einer, den man **am oder im Wasser** verbracht hat. Den schönsten Eindruck von der Lagune vermittelt eine Fahrt mit dem Boot zum Naturreservat Featherbed oder ein Ausflug mit dem Wagen zum Strand von Brenton on Sea: ideal auch für einen ungestörten langen Strandspaziergang mit der Möglichkeit, im Indischen Ozean zu baden. Doch Vorsicht! Die Strömung im Meer ist wie überall an der Küste der Garden Route enorm und tückisch. Niemand sollte sich vom Ufer entfernen und versuchen, weiter hinaus zu schwimmen. Vor allem nicht allein. Schon mancher sehr gute Schwimmer musste dies mit seinem Leben bezahlen, da die eigene Kraft gegen die Strömung letztendlich versagte.

Lagune von Knysna

Es bringt aber auch viel mehr Spaß, sich vom sicheren Strand aus in die herrliche Brandung zu werfen. Weniger anstrengend und ebenso interessant ist es, die häufig vorbeiziehenden „Delfinschulen" oder die unter Naturschutz stehenden Austernfischer zu beobachten, die mit ihren langen Schnäbeln die Schalen von Muscheln auseinanderstemmen können.

Austernzucht nach europäischem Vorbild gibt es in Knysna seit 1946. Ein Weinhändler im Ruhestand hatte die Idee, in der flachen Lagune Austern zu züchten. Nach anfänglichen Schwierigkeiten, vor allem im Kampf gegen Würmer, Tintenfische, Krebse und Vögel, erlebte die Austernzucht ihren Durchbruch. Vor allem aber kam der kommerzielle Erfolg, nachdem die Oyster Company (Long Street, Thesen Island, Knysna) ab 1970 auf die schneller wachsende Pazifikauster umgestiegen war. Seitdem wird in erster Linie aus Chile Austernzuchtmaterial importiert und in speziellen Becken in Port Elizabeth herangezogen. Erst wenn die Austern nach drei Monaten eine Größe von zwölf Millimetern erreicht haben, werden sie in Knysna in die Aufzucht gegeben. (gp)

INFO

Lage: knapp 500 km östlich von Kapstadt an der Garden Route
Information:
www.tourismknysna.co.za
Unterkunft: Das luxuriöse **St. James of Knysna** (www.stjames.co.za) bietet eine schöne Lage am Rande der Knysna Lagoon. Stilvoll eingerichtet, mit Feinschmeckerrestaurant, Cocktailbar, gutem Service. Etwas günstiger, aber dafür mit umso tollerem Ausblick auf den Ozean ist es im **Dolphins Inn** (www.dolphinshill.co.za), auf einem Hügel am Ortseingang von Brenton on Sea gelegen (15 km von Knysna).
Ein Tipp zum Essen: **Harry's B's** (47 Main St.) ist ein von zwei Brüdern betriebenes Pub mit Restaurant, das 1863 erbaut wurde und heute unter Denkmalschutz steht. Mehrmals in der Woche gibt es Live-Musik. Das kleine Restaurant bietet eine kleine aber feine Auswahl an Speisen.

Die schönsten Lodges und Unterkünfte

Montusi Mountain Lodge, Drakensberge

81 Die Sigurwana Lodge am Soutpansberg: close to heaven

Der Soutpansberg, auch „The Magic Mountain" genannt, erhebt sich aus dem weiten Flachland der Limpopo Province im Norden Südafrikas und erstreckt sich über 180 km vom nördlichen Kruger National Park nach Westen in Richtung Botswana (s. S. 36). Hier, in einer der schönsten Gegenden in Limpopo, findet der Reisende Sigurwana.

Die Sigurwana Lodge ist ein **Geheimtipp** im westlichen Soutpansberg, inmitten der Abgeschiedenheit eines 5.000 ha großen Reservates. Die von einem englischen Lord entworfene Lodge liegt auf 1.250 m Höhe und bietet bis zu acht Gästen ein Afrikaerlebnis der ganz besonderen Art.

Der Game Ranger und Manager der Lodge *Gabriel Mudimeli* hat schon sein ganzes Erwachsenenleben hier oben verbracht und kennt den Berg wie seine Westentasche. Er holt die Gäste am Fuße des Berges im Allradfahrzeug ab. In Sigurwana angekommen fühlt man sich tatsächlich „close to heaven", wie der Slogan der Lodge lautet. Spektakuläre Aussichten, alte Felsformationen und klarstes Quellwasser, welches die natürliche Grenze zwischen Lodge und Wildreservat bildet – es ist ein Ort von jahrtausendealter Schönheit.

Die Hauptlodge und ihre vier reetgedeckten Chalets liegen eingebettet in eine **gepflegte Gartenanlage**. Die herzliche Begrüßung durch die Gastgeber, das ausgesprochen engagierte Inhaberpaar *Neil* und *Liesel Wright*, und die Begegnung mit dem freundlichen Venda-Personal lassen von Anfang an eine sehr persönliche Betreuung erahnen.

Das Haupthaus der Sigurwana Lodge

Die Gäste-Chalets sind stilvoll eingerichtet und mit Queensize- oder Einzelbetten ausgestattet. Sie verfügen über jeweils individuell gestaltete Bäder und eine überdachte Veranda. Jedes Chalet ist mit südafrikanischer Kunst dekoriert.

Die Gastgeber teilen ihre Begeisterung für dieses außergewöhnliche Reservat vom ersten bis zum letzten Tag mit ihren Gästen. Für alle Fragen und Wünsche offen, nehmen Neil und Liesel Wright sich Zeit, ihren Gästen einen Einblick in die Tier- und Pflanzenwelt zu geben. Ob bei Safaris im Wagen oder begleiteten Streifzügen zu Fuß durch das Reservat – hier oben in Sigurwana taucht man in **eine andere Welt** ein. Mehrere Infrarotlichtkameras erfassen die Streifzüge vieler Tiere und eröffnen spannende Einblicke in die Tierwelt Sigurwanas. Es fährt nur ein Safarifahrzeug durch das Reservat. Das garantiert optimale Ruhe, ungestörte Tierbeobachtungen und stets Zeit zum Fotografieren.

Faszinierende Tiererlebnisse…

Die abgeschiedene Lage des privaten Reservates mit seiner Vielfalt an Tieren und Pflanzen, die freie Gestaltung des Tagesablaufs und die herzliche Gastfreundschaft zeichnen Sigurwana aus. Zudem gibt es eine hervorragende Küche. Das Team bereitet Tag für Tag ausgesuchte Köstlichkeiten – veröffentlicht in Sigurwanas Kochbuch „**7 Steps to heaven**". Der bestens sortierte Weinkeller mit südafrikanischen Weinen liefert die passende Begleitung dazu. Die „Tea-Time" mit hausgebackenen Kuchen und der obligatorische „Sundowner" runden das kulinarische Angebot ab.

…und zauberhafte Aussichten zeichnen die Lodge aus

INFO

Lage: am Soutpansberg im Norden Südafrikas
Information: www.sigurwana.co.za
Preise: ca. 280 Euro p. P. im DZ
Touren: Neben Pirschfahrten werden auch Wanderungen zu Felszeichnungen der San angeboten. Für Kunstinteressierte vereinbaren die Besitzer gerne einen Besuch bei namhaften Venda Künstlern (zur Venda-Kunst s. auch S. 120).

82 Montusi Mountain Lodge: Luxus in den Drakensbergen

Einfach mal gar nichts tun – das ist bei den Gästen der Montusi Mountain Lodge die wohl beliebteste Aktivität. Kein Druck, keine morgendlichen Wake-Up-Calls, absolute Ruhe, abschalten, neue Energie tanken.

Mitten in den Drakensbergen, in einem einst von San bevölkerten Gebiet, bietet die Familie *Carte* ihren Gästen die Möglichkeit, die majestätische Bergwelt zu genießen. In langjähriger Arbeit wurde hier ein geschütztes Areal eingerichet, in welchem auch die einheimischen Bäume wieder angepflanzt wurden. Dadurch siedelten sich nach und nach auch viele Tiere an, darunter eine reiche Vogelwelt sowie zahlreiche Antilopenarten wie der Bergriedbock, die Rehantilope, der Buschbock und die Elenantilope.

Montusi bietet 14 großzügige, von Gärten umgebene und reetgedeckte Suiten, alle mit Blick auf das berühmte **Amphitheater** der Drakensberge (s. S. 50). Die Zimmer sind in warmen afrikanischen Farben eingerichtet und bieten neben Bad mit Badewanne und Dusche eine Lounge mit Fernseher, eine gasbetriebene Feuerstelle und eine private Terrasse. Hier kann man Ruhe und Entspannung finden und die Seele baumeln lassen. Das Dinner wird im Sommer draußen mit Blick auf die Berge eingenommen. Ein besonderes Highlight sind die leckere selbstgemachte Schokolade und das selbstgebackene Brot. Neben den Suites gibt es noch sechs Selbstversorger-Cottages, die ebenfalls über die Lodge gemietet werden können. Hier finden vier bis sechs Personen Platz, die Küche ist voll ausgestattet und ein Grillplatz ist vorhanden.

Pool with a View

In den großzügigen Zimmern kann man prima entspannen

Wer nicht nur relaxen möchte, dem werden verschiene **Aktivitäten** angeboten. Natürlich sind die Drakensberge ein Wanderparadies. Auf dem 1.000 ha großen Gelände kann man am z. B. auf den beliebten Montusi Mountain steigen, Felszeichnungen der San in den Höhlen entdecken oder im Sommer in den zahlreichen Bächen und kleinen Pools schwimmen. Ein, für ein kleines Picknick zwischendurch mit Kaffee, Tee und Keksen ausgestatteter, Guide begleitet die Wanderer. Aber auch alleine kann man sich auf den Weg machen,

Weiterhin möglich sind Ausflüge hoch zu Ross vom Montusi Estate. Dieses liegt in fußläufiger Entfernung zur Lodge und hat Touren für Anfänger und Fortgeschrittene im Angebot – von entspannten Touren durch flaches Gebiet bis zu anspruchsvolleren Bergtouren. Zudem gibt es Möglichkeiten zum Fliegenfischen in zwei Forellenteichen, zum Golfen im acht Kilometer enfernten Amphitheatre Golf Course in Hlalanathi (9 Loch) oder zum Mountainbiken. Auch Ausflüge in umliegende Dörfer werden angeboten, bei denen man etwas über das traditionelle ländliche Leben der Zulu erfahren kann. Damit werden verschiedene Projekte, vor allem Schulen, in dieser ärmeren Gegend unterstützt.

Wem das alles nicht aufregend genug ist: Zehn Minuten von der Lodge entfernt liegt das **All Out Adventure Center**. Hier gibt es alles, was das Adrenalin in die Höhe treibt: Quad-Touren, Paintball, ein Bungee-Trampolin, ein fliegendes Trapez und vieles mehr.

INFO

Lage: in KwaZulu-Natal, auf halbem Weg zwischen Johannesburg und Durban
Information: www.montusi.co.za, www.drakensberghorseriding.co.za, www.alloutadventures.co.za
Preis: ca. 1.200 Rand p. P. im DZ
Touren: Neben geführten Touren kann man sich auch mit dem Montusi Hiking Guide alleine auf Entdeckungstour begeben. Alternativ ist ein Ausflug in den 15 km entfernten **Royal Natal National Park** möglich (s. S. 50), wo die Tugela-Schlucht das beliebteste Ziel ist. Auf Anfrage werden auch Tageswanderungen zum Amphitheater angeboten – ein unvergessliches Erlebnis! Durchschnittliche Fitness und Schwindelfreiheit sollte man allerdings mitbringen: Das letzte Stück führt über eine Leiter! Für Selbstfahrer bieten sich zudem noch Touren zum Sterkfontein Dam, dem Basotho Cultural Village oder dem Spionkop Battlefields and Game Reserve an.

83 Kulinarische Erlebnisse bei African Relish: Kochen in der Karoo

„The Culinary Spirit of Africa – **100% Karoo**", lautet das Motto von African Relish, einer kleinen Kochschule mit angeschlossener Herberge. Aber was bedeutet das in dem kleinen Nest Prince Albert mitten in der Karoo (s. S. 61)?

Radeln und Kochen

Wer die verzehrten Kalorien umgehend wieder abstrampeln möchte, kann sich zur „Cook'n Ride"-Tour anmelden, die mehrmals jährlich stattfindet. Dabei werden vier Tage lang Fahrrad-Ausflüge in die Umgebung, z. B. zum Swartbergpass unternommen, und jeden Tag gibt es mehrstündige Koch-Sessions bei African Relish. Weitere Infos unter www.escapecycletours.com.

Viel, so wird der überraschte Besucher erfahren, der sich zu merkwürdig klingenden Kursen wie „A Culinary Crusade with Bokkie Botha" oder „KOEKEMAKRANKA – A word we should all know" angemeldet hat.

Zunächst geht es in den Garten. Hier werden einheimische und exotische Früchte, Gemüse und Kräuter biologisch angebaut, die in den Kochkursen und im Restaurant Verwendung finden. Umgeben wird der Garten von einem Olivenhain, aus dessen Ertrag auch das Öl selbst hergestellt wird. Es ist Teil des Erlebnisses, die Produkte aus dem Garten und den umliegenden Feldern selbst zu ernten.

So wundert es nicht, dass bei den Gerichten auf **lokales Wissen** sowie alte Traditionen, Kochmethoden und Rezepte zurückgegriffen wird, die dann modern interpretiert werden. Die Zutaten werden den Jahreszeiten angepasst.

Zwischen Olivenhain und Blumengarten gelegen: die Culinary Hall

Das Gebiet der Karoo ist berühmt für seine Lammgerichte, da das Fleisch hier aufgrund der speziellen Wüstenvegetation einen ganz besonderen Geschmack hat. **Klassische Gerichte** sind zum Beispiel Lamm mit sahnigem „samp" (grobes Maismehl), Suppe aus Süßkartoffeln und Linsen, Lammpastete mit Sauerrahm-Gebäck, Schwein mit Erdnussbuttermarinade, Kudupastete, Skilpadjies (Lammleber in Fettnetz) und Karoo-Austern. Auch Wild und Straußenfleisch stehen auf dem Plan.

Traditionelle **Beilagen** sind etwa Slaphaksteentjies (Zwiebeln süß-sauer), Roosterkoek (eine Art Pfannekuchen), Spinattörtchen, Koeksisters (frittierte Teigzöpfe), Törtchen aus grünen Feigen, Skurwepadda (würziger Essig-Pudding), Sago-Pudding mit Aprikosenmarmelade und vieles mehr.

Die Themen der Kurse passen sich den Jahreszeiten an und es kommen immer wieder renommierte Köche Südafrikas hier her. In dem Restaurant kann man übrigens auch essen, wenn man nicht selbst gekocht hat... Es ist freitags und samstags abends geöffnet.

Wer gut kocht und isst, will auch gut schlafen – am besten in den zugehörigen **Cottages**. Die wunderschön eingerichteten, liebevoll renovierten Häuschen bieten Klimaanlage, Heizung und einen privaten Garten.

Gemütliche Unterkunft in den Cottages

Lammburger

INFO

Lage: in Prince Albert, im Herzen der Karoo
Information: http://africanrelish.com
Preise: Kochkurs inkl. 2 Übernachtungen und all inclusive ca. 3.900 Rand
Touren: Neben Kochen bietet African Relish eine Reihe spannender Touren an: So kann man einen botanischen Ausflug machen, um mehr über das fragile Ökosystem der Karoo zu lernen, eine Weinprobe auf dem einzigen Gut der Karoo, dem Bergwater Estate, eine Tour zur Käsefabrik Gay's Guernsey Dairy, einen „Ghost Walk" vor dem Abendessen durch das Städtchen, um dessen einstige Bewohner und ihre Geschichten kennenzulernen, oder eine Tour zur Weltevrede Feigenfarm.

84 Das Daddy Long Legs in Kapstadt: Karaoke-Dusche, Kultjeans-Zimmer und Emergency Room

Willkommen im „Weberknecht"-Hostel – der wohl originellsten Unterkunft in Kapstadt. Am Anfang stand die bescheidene Idee, so die Besitzer, Reisenden eine kreative und gleichzeitig bezahlbare Unterkunft zu bieten. Gesagt, getan: Alles begann mit den Daddy Long Legs Suites, fünf Apartments mit Küche, die über beliebten Restaurants lagen. Diese Suiten waren so erfolgreich, dass die Idee zu einem kompletten Hostel reifte.

Ein Aufenthalt im Daddy Long Legs fühlt sich ungefähr so an, wie Teil einer **interaktiven Kunstaustellung** zu sein. Um die kreative Szene und den Geist Kapstadts zu erleben braucht man sein Zimmer nicht zu verlassen – man kann sich einfach zurücklehnen und genießen.

Die 13 Zimmer wurden von lokalen Künstlern, Musikern, Dichtern, Fotografen und Designern gestaltet, wobei jeder mit Raum und Materialien nach Lust und Laune verfahren konnte. Das Ergebnis sind Räume, die so unterschiedlich sind, wie Südafrikas Kultur vielfältig ist. Im **Being Mak1One**-Zimmer ist 3-D das große Thema. Hier hängt eine ungewöhnliche Skulptur an der Decke und das Zimmer ist komplett in Weiß gestaltet, um den 3-D-Effekt zu verstärken. Im ganz in Rot gehaltenen **Emergency Room** mit Röntgenaufnahmen an den Wänden kann man von Krankenschwestern und Ärzten träumen…

Für alle ER-Fans: Hier kann man selbst in einem übernachten…

Der Kult-Jeans gewidmet: das Zimmer 501

Der **Freshroom** ist hingegen ein Raum, der einem kommerziellen Produkt gewidmet ist: nämlich Mentos. Nicht weniger als 2.500 Rollen Mentos wurden darin verarbeitet, größtenteils als Teil der Möbel. Und von der Wand lächelt die Mona Lisa – mit einem Mentos-Grinsen. Für alle Möchtegern-Rockstars und Hobby-Sänger empfiehlt es sich hingegen, das **Do not disturb**-Zimmer zu beziehen: Fünf Mikros und natürlich der Karaoke-Fernseher stehen hier für das persönliche Gesangserlebnis zur Verfügung (eines davon sogar in der Dusche). Für das echte VIP-Feeling stehen eine Reihe von seidenen Schlafmasken zur Verfügung – jede mit einem anderen Mädchennamen verziert.

Die Lage des Hostels an der berühmten **Long Street** ist ideal, um andere Reisende kennenzulernen, die Stadt und ihr Nachtleben sowie die weitere Umgebung zu erkunden. An der Bar kann man sich treffen, einen Drink auf dem Balkon genießen und das pulsierende Leben auf der Straße beobachten.

INFO

Lage: in der Long Street, Kapstadt
Information:
www.daddylonglegs.co.za
Preise: ca.1.000 Rand pro Zimmer
Ausstattung: Alle Zimmer sind mit bequemen Betten ausgestattet sowie mit eigenem Bad und Toilette. In der Lounge befindet sich eine Bar mit Balkon. Unten im Haus ist das R-Caffe untergebracht, in dem es Frühstück und ein leichtes Mittagessen gibt. Zahlreiche Restaurants in der Umgebung laden zum Dinner ein.

85 Von günstig bis luxuriös: Unterkünfte in Kapstadt

Ashanti Lodge

Die sympathische und günstige Unterkunft bietet für jeden Geschmack etwas: von komfortablen Doppelzimmern mit eigenem oder geteiltem Bad über Gemeinschaftsschlafräume bis hin zum Camping mit freier Platzwahl. Das junge Publikum trifft sich im netten Café auf einen Cocktail oder ein kühles Bier, während man auf der hölzernen Veranda die Sonne und den Blick auf den Tafelberg genießen kann. Zudem stehen ein Internetcafé und ein Travel Center zur Verfügung, in dem man Flüge, Mietwagen, Bustickets, Tagesausflüge etc. buchen kann. Auch gibt es einen schönen Pool, eine Küche zum Selberkochen und einen gepflegten Garten mit Grillmöglichkeit. Hier werden in warmen Sommernächten die besten Partys gefeiert.

Cactusberry Lodge

Die Cactusberry Lodge ist in einem schönen viktorianischen Stadthaus untergebracht. Die Lage in dem ruhigen Vorort Oranjezicht, aber trotzdem in fußläufiger Entfernung zum Zentrum mit Restaurants, Geschäften und Sehenswürdigkeiten, ist ideal für die Erkundung von Kapstadt. Sechs liebevoll restaurierte und eingerichtete Gästezimmer mit Ventilator, Heizung und modernem Bad stehen zur Verfügung, zwei davon auch mit eigener Küche. Im wunderschönen Innenhof kann man am kleinen Pool oder bei einem geselligen Grillabend den Tag ausklingen lassen. In der mit Bildern lokaler Künstler dekorierten Gästelounge kann man Fernsehen schauen oder abends auf der großen Sonnenterrasse mit Blick auf den Tafelberg einen Sundowner genießen.

Pool mit Aussicht in der Cactusberry Lodge

Die hilfsbereiten Eigentümer sprechen Englisch, Deutsch und Französisch und stehen bei allen Fragen gerne zur Verfügung.

Schönes Guesthouse: das 2inn1

Diamond House

Das beeindruckendste am Diamond House ist der Ausblick; an den Hängen des Tafelbergs gelegen, ist der Blick auf den Atlantik und die Bergkette der Zwölf Apostel im wahrsten Sinne des Wortes atemberaubend. Die sieben, im afrikanischen Décor gehaltenen Zimmer mit eigenem Bad strahlen Ruhe und Gemütlichkeit aus und haben Aussicht auf das Meer, die Berge oder das umliegende Nature Reserve. Zudem sind sie mit Klimaanlage, Heizung, Minibar, Telefon und Fernseher ausgetattet. Wifi ist im ganzen Haus vorhanden, auch ein Computer steht zur Verfügung. Sogar eine finnische Sauna für die kalten Winternächte gibt es. Von hier aus erreicht man in wenigen Minuten mit dem Auto Camps Bay und die Gondel auf den Tafelberg. Bis zur Victoria and Alfred Waterfront und zum Zentrum sind es etwa 15 Minuten.

2inn1 Kensington

Das sehr schöne 2innl Guesthouse befindet sich ebenfalls in Oranjezicht und liegt imposant an den Flanken des Tafelbergs mit Blick auf den Lion's Head. Es ist im viktorianischen Stil gebaut und bietet Reisenden alles was das Herz begehrt. Die Zimmer sind sehr komfortabel eingerichtet und strahlen modernen „African Spirit" aus. Das Frühstück wird im schön gestalteten Poolbereich eingenommen.

Information, Preis und Lage:
Ashanti Lodge: im Gardens-Viertel gelegen, www.ashanti.co.za, je nach Zimmer 140 bis 300 Rand p. P.
Cactusberry Lodge: in Oranjezicht, www.cactusberrylodge.com, ab 410 Rand p. P. im DZ
Diamond House: nahe Camps Bay, www.diamondhouse.co.za, 400 bis 640 Rand p. P. im DZ
2inn1: in Oranjezicht, www.2inn1.com, ca. 1.000 Rand p. P. im DZ

INFO

86 Wohnen im Weinland: von kapholländischer Eleganz und „Give Bees a Chance“ im Trailer Park

Knorhoek Guest House und Estate

1694 entdeckten Farmer die fruchtbaren Böden der Simonsberg Mountains. Die Gegend wurde „Kleygat“ (etwa „Lehmloch“) genannt. Später wurde der Name in „Knorhoek“ geändert, was auf eine alte Bezeichnung der Region als „de plaats waar de leeuwen knorren“ („der Ort, an dem die Löwen knurren“) zurückgeht. Tatsächlich lebten bis um 1700 noch Berglöwen am Kap.

Biodiversity & Wine Initiative

Seit einigen Jahren bemühen sich einige Weinbauern der Kapregion, darunter auch das Knorhoek Estate, Teile ihrer Ländereien wieder in den ursprünglichen Zustand zurück zu versetzen. Dabei geht es vor allem darum, die Fynbos-Vegetation und die Ökosysteme des Renosterveld zu retten bzw. wiederzubeleben. Bislang wurden über 126.000 ha innerhalb von vier Jahren durch „Säuberung“ und Neuanpflanzungen in ihren natürlichen Zustand zurückgeführt. Infos unter www.botanicalsociety.org.za und www.bwi.co.za.

Heute wird das Weingut bereits in fünfter Generation von der Familie *an Niekerk* bewirtschaftet. Neben **guten Weinen** und einem schönen Restaurant bietet sich eine Übernachtung im dazugehörigen Guest House an. Die 3-Sterne-Unterkunft liegt in einem ruhigen Garten mit einem Stein-Pool, an dem an warmen Sommerabenden einer der guten Weißweine des Guts verköstigt werden kann. Zudem gibt es die Möglichkeit, es sich draußen in der Lapa gemütlich zu machen. Einst waren die heute höchst komfortablen Zimmer aus Lehm und Stein gebaute Ställe. Ein Schmiedezimmer und die Kutscher-Unterkunft versprühen noch heute den Charme vergangener Tage. Insgesamt gibt es sieben Zimmer mit Bad, eine Familien-Suite für Selbstversorger, eine gemütliche Lounge und eine Dinner Area mit Garten, wo auch das leckere Frühstück eingenommen wird.

Himmlische Ruhe mitten in den Weinbergen garantiert das Knorhoek Guest House

„Give Bees a Chance": origineller wohnen im Weinland

Old Mac Daddy Luxury Trailer Park

Mitten im eher unbekannten, aber sehenswerten **Elgin Valley** liegt das Old Mac Daddy. Die originelle Unterkunft, deren Besitzern auch das Daddy Long Legs ist Kapstadt gehört (s. S. 192), ist eine Ansammlung alter Airstream-Wohnwagen, die innen von Künstlern aus Kapstadt nach Lust und Laune neu dekoriert wurden. The Barn, ein Gemeinschaftsraum im skandinavisch-minimalistischen Stil, beherbergt das Restaurant, in dem Speisen aus lokalem und biologischem Anbau angeboten werden, sowie die Grolsch-Bar, an der man sich ein kühles Bier genehmigen kann. Pool und Sonnendeck laden an sonnigen Tagen zu einem entspannten Nachmittag ein, im Winter kann man es sich am Kamin oder in der Bibliothek gemütlich machen.

Die Anlage besteht aus zehn Wohnwagen, zwei Suiten am See und einem Designer-Haus für Familien – Daddy's Villa. Jede Unterkunft ist eine Welt für sich. Um ein entspanntes Camping-Erlebnis deluxe zu bieten, ist jeder Wohnwagen mit eigenem Bad und Dusche austattet, zudem einem „Wohnzimmerbereich" und einer kleinen Veranda, auf der man den Ausblick genießen und die Seele baumeln lassen kann.

Elgin selbst, eine der unbekannteren Städte nahe Kapstadt (ca. eine Stunde Fahrtzeit), an der die meisten Besucher einfach auf der N2 vorbeirauschen, liegt mitten in einem fruchtbaren Obst- und Weinanbaugebiet. Besonders für Outdoor-Aktivitäten wie Mountain Biking, Wandern, Kanu fahren, Angeln und natürlich auch für Weinproben ist Elgin ein idealer Ausgangspunkt.

INFO

Information, Preise und Lage:
Knorhoek: 10 Min. von Stellenbosch, 40 Min. von Kapstadt entfernt, www.knorhoek.co.za, ca. 450 Rand p. P. im DZ
Old Mac Daddy: nahe Elgin, ca. 1 Std. von Kapstadt, www.oldmacdaddy.co.za, ab 675 Rand pro Trailer (für 2 Personen), Infos zur Region: www.elginvalley.co.za.
Weitere Unterkünfte im Weinland s. S. 170-178

87 Grootbos Private Nature Reserve: Highlight an der Garden Route

Das Grootbos Private Nature Reserve ist eine wahre **Traumlandschaft** für Liebhaber der Kap-Vegetation, des Fynbos. Das Gebiet ist über 1.700 ha groß und liegt über den Dünenausläufern der Walker Bay mit einem Panoramablick bis zum Kap der Guten Hoffnung. Die Unterkünfte liegen schön verteilt, Trittpfade laden zur Erkundung der Umgebung ein. Gemüse und Salate kommen aus eigenem Anbau, dazu werden oft Leckerbissen wie Langusten und lo-

Grootbos Foundation

Michael Lutzeyer, der Besitzer von Grootbos, erhielt 2009 den Green Palm Award von GEO Saison sowohl für seine Bemühungen und Aktionen für den Naturschutz als auch für seinen Einsatz im sozialen Bereich. Die 2004 gegründete Grootbos Foundation betreut zahlreiche Umweltschutz- und soziale Entwicklungsprojekte in Südafrika. Hauptziel ist die Erhaltung der biologischen Vielfalt, die die Umgebung der Lodge auszeichnet. Gleichzeitig soll die Lebensqualität der dort lebenden Menschen verbessert werden. Bessere Ausbildung, Management-Kurse sowie die Förderung des Ökotourismus sollen dabei helfen. Dabei stützt sich die Stiftung auf drei Pfeiler: Umweltschutz, Forschung und die Entwicklung von umweltverträglichen Lebensräumen für die Menschen.
Weitere Infos zu Projekten unter www.grootbosfoundation.org/our-projects/.

Mit etwas Glück können in der Saison Wale von der Küste aus gesehen werden

kale Fische gereicht. Badestrände befinden sich in der Nähe. Die deutschen Gastgeber, Familie *Lutzeyer*, kümmern sich bestens um die Gäste.

Die eigentliche Grootbos Lodge (**Garden Lodge**) ist von drei Hektar lokaler Fynbos-Vegetation und Wald umgeben. Untergebracht wird man in einem der elf sehr luxuriösen, alleinstehenden Suiten mit romantischen Himmelbetten, geräumigen Badezimmern, einem kleinen Wohnzimmer mit Kamin, Minibar und Terrasse mit umwerfendem Ausblick.

Daneben gibt es noch die **Forest Lodge**, ein architektonisches Meisterwerk in zeitgenössischem Design. Hier kann man sein Haupt in einer der 16 Luxus-Suiten betten, die im 1.500 Jahre alten Mildwood Forest errichtet wurden. Auch hier ist der Blick auf den Atlantik phänomenal.

Viele **Aktivitäten** sind auf Grootbos möglich: Dazu zählen Fahrten oder Wanderungen durch die einzigartige Naturlandschaft, Touren an die Küste, um Wale von der Küste aus zu beobachten, lange Strandspaziergänge, Besuche archäologischer und kultureller Stätten, Whale Watching Touren per Boot oder Ausflüge zur nahegelegenen Robbeninsel, wo auch Pinguine, Delfine und Weiße Haie beobachtet werden können.

Im zugegebenermaßen nicht gerade günstigen Übernachtungspreis sind Vollpension mit einem Sechs-Gänge-Abendessen und alle Aktivitäten an Land inklusive.

Ob am Pool…

…oder vom Zimmer aus: Die Aussicht ist traumhaft

Lage: Ca. 1,5 Stunden Fahrt von Kapstadt. Grootbos ist am Anfang der Garden Route gelegen.
Information: www.grootbos.com
Preise: ca.1.500 bis 4.000 Rand p. P. im DZ (all inclusive)
Touren: Neben den o. g. Ausflügen können von Grootbos auch Safaris an der Garden Route oder in den Kruger National Park organisiert werden.

INFO

88 Sanbona Game Reserve: Safari an der Garden Route

Schon die Anfahrt ist spektakulär: Über die pittoreske Route 62, die zu den schönsten Reiserouten durch Südafrika zählt, führt der Weg durch fruchtbare Täler, vorbei an schroffen Felsmassiven und über Pässe mit tollen Ausblicken auf die weite Landschaft der Karoo.

Seltener Hase

Auf dem Gelände des Sanbona Game Reserve findet auch eine weniger bekannte Tierart Schutz, die aber laut der Roten Liste gefährdeter Arten zu den seltensten und gefährdetsten Säugetierarten überhaupt gehört. Der **Buschmannhase** (engl. Riverine Rabbit, lat. Bunolagus monticularis) lebt nur in den zentralen und südlichen Regionen der Karoo. Die Anzahl wird auf nur wenige Hundert Paare geschätzt.
Infos unter www.riverinerabbit.co.za.

Das 54.000 ha große Sanbona Game Reserve, eines der größten privaten Reservate des südlichen Afrika, ist im einstigen Siedlungsgebiet der San in der spektakulären Landschaft der Kleinen Karoo gelegen und bietet dem Besucher eine beeindruckende Vielfalt an Flora und Fauna. Auf dem ehemaligen Farmland leben heute unter anderem die „Big Five" und die seltenen **Weißen Löwen**. Aber auch der Dwarf-Blue-Schmetterling, der zweitkleinste Schmetterling der Erde, ist hier zu finden.

Vogelliebhaber können sich an über 200 registrierten Arten erfreuen. Der Bellair Dam zieht auch zahlreiche Wasservögel in das Reservat. Raubvögel, wie der Verreaux's Eagle (manchmal auch Schwarzer Adler genannt), haben hier ihr Brutgebiet. Die warmen Quellen des Warmwaterberg bieten zudem einigen endemischen Schildkrötenarten eine Heimat.

Dwyka Tented Lodge

Seltener Anblick: zwei der Big Five auf einen Blick

Neben Tieren und ca. 650 Pflanzenarten gibt es auch über 1.500 Jahre alte Kunst der San auf den Felsen zu entdecken – und in der unberührten Landschaft kann man den faszinierenden Sternenhimmel der Südhalbkugel hervorragend beobachten.

Innerhalb des Reservats gibt es drei Unterkünfte, die alle im Fünf-Sterne-Bereich liegen. **Tilney Manor** besteht aus sechs Suiten, alle mit eigener Veranda und Blick auf die Ebene. Zum Entspannen gibt es einen Pool, eine Sauna und eine Lounge mit Kamin.

Die **Gondwana Lodge** mit Blick auf den Bellair Dam erinnert an ein typisches Dorf der Karoo und besteht aus zwölf luxuriösen Suiten mit grandiosen Ausblicken. Hier kommen auch die Kinder nicht zu kurz: Neben dem „Kids-on-Safari"-Programm gibt es ein Spielzimmer mit Fernseher und draußen einen Spielplatz. Die Erwachsenen können beim Dinner in der Boma, am Pool, in der Sauna oder an der Feuerstelle relaxen.

Die **Dwyka Tented Lodge** ist inmitten grandioser Steinformationen gelegen und versprüht mit ihren neun zeltartigen Unterkünften den Charme vergangener Tage und Abenteuer. Am Abend kann man an der Lounge am Kamin einen der guten Tropfen aus dem Weinkeller verkosten.

INFO

Lage: An der Route 62 zwischen Montagu und Barrydale. 3,5 Stunden (270 km) von Kapstadt. Oudtshoorn liegt 200 km entfernt.

Information: www.mantiscollection.com

Preis: ab 7.500 Rand pro DZ

Touren: Auf Pirschfahrten mit einem erfahrenen Ranger im offenen Geländewagen bietet sich die Möglichkeit, die reiche Tierwelt des Reservats zu erkunden.

89 Shamwari Private Game Reserve: Luxus am Addo Elephant National Park

Private Game Reserves

Da die Nationalparks nicht alle Naturschutzerfordernisse alleine erfüllen können, wurde in verschiedenen Regionen begonnen, mit privaten Mitteln Naturschutz zu betreiben. Nachdem durch Landkauf etc. die Basis geschaffen wurde, ist das heutige Ziel neben der Erhaltung der Natur natürlich auch die Erwirtschaftung von Profit. Denn dieser wird zu einem großen Anteil wieder in die Verbesserung des Naturschutzes gesteckt. Tiere werden z. B. aus überfüllten Parks in die privaten Gebiete überführt, damit sie wieder einen artgerechten und ausgewogenen Lebensraum erhalten. Um die Zäune instand zu halten, die Ranger vernünftig auszubilden und zu bezahlen und um dieses alles in ökologisch sinnvoller Weise zu tun, bedarf es eines hohen finanziellen Aufwandes. Und dazu trägt der Gast bei, indem er die teilweise sehr teuren Übernachtungspreise zahlt.

Der Addo Elephant National Park (s. S. 30) verzeichnet beachtliche Besucherzahlen. Wer es lieber exklusiver hat, der kann in einem der beiden angrenzenden Private Game Reserves Shamwari oder Amakhala auf die Pirsch gehen.

Das **Shamwari Game Reserve** wurde 1992 gegründet und ist eine rein private Institution. Der Name stammt aus der Shona-Sprache, in der „Shamwari" „Freund" bedeutet. Ziel des Reservates ist, die Tiere, die hier einst heimisch waren, wieder in der Region zu etablieren. Dafür wurden mehrere Farmen aufgekauft. Das Areal umfasst derzeit 25.000 ha.

Shamwari liegt in einem Buschsavannengebiet mit vorwiegend trockener und dorniger Vegetation. Hohe Bäume sind eher selten und wenn, wurden sie von Menschenhand gepflanzt. Durch den Südteil des Reservates fließt der Bushmans River, eine Art Galeriefluss, denn an seinen Ufern wachsen etwas höhere Sträucher und Bäume. Zahlreiche Flächen im Park sind of-

Häufiger anzutreffen im Shamwari Reserve: Hippos

fen und weisen keine Büsche und Sträucher auf. Hierbei handelt es sich um die ehemaligen Felder der Farmen, diese werden heute von Antilopen, Zebras und Nashörnern als Tummelplatz und Nahrungsquelle genutzt.

Die Größe des Reservates und die schmalen Pisten bringen es mit sich, dass die Gamedrives bis zu vier Stunden dauern. Der Zeitaufwand lohnt sich aber. Zu beachten ist, dass die Landschaft hier – nahe am Meer mit offenen Flächen und Hügelland – starken Tagestemperaturschwankungen ausgesetzt ist.

Nahezu **alle interessanten Tiere Afrikas** gibt es zu sehen. Dazu gehören Nashörner (Schwarze und Weiße), Elefanten, Zebras, Giraffen, Wasserböcke, Flusspferde, Impalas, Gnus, Springböcke, Affen, Strauße und auch Löwen. Natürlich gibt es auch eine vielfältige Vogelwelt.

Die Unterkünfte sind luxuriös und ausgesprochen individuell gestaltet. Einsam gelegene historische Farmhäuser aus dem 19. Jahrhundert, ein vornehmes Herrenhaus sowie die exquisiten Lodges und Tented Camps lassen bestimmt keine Wünsche offen. Es gibt insgesamt sieben Unterkünfte, darunter das **Long Lee Manor**, wo sich auch das zentrale Büro befindet. In der großzügigen Farmvilla im Herrenhaus-Stil befinden sich 15 Zimmer, drei Suiten sowie ein Restaurant und eine Bar. Von dem wunderschönen Garten mit Swimmingpool aus kann man in die Ebene des Bushmans River schauen. Zentral im Reservat und inmitten seiner Tierwelt gelegen befindet sich unter anderem die **Bushmans River Lodge**. Sie verfügt über vier Zimmer und ist ideal für kleinere Gruppen. Die intime Atmosphäre in dem historischen Gebäude hat ihren besonderen Reiz. Ein eigener Ranger, ein Koch sowie Hauspersonal stehen zur Verfügung. Die Chance, dass ein Rhino während des Sundowners auf der Veranda zu Besuch kommt, ist ziemlich groß.

Die **Riverdene Lodge** ist ebenfalls ein luxuriöses, historisches und nun restauriertes Farmhaus. Hier gibt es einen eigenen Speisesaal (mit Barbecue Area), eine Lounge, ein Sonnendeck und einen Pool mit Bar. Neun Zimmer gibt es insgesamt. Dieses Haus ist für diejenigen geeignet, die es zwar ruhiger mögen, aber doch noch ein paar andere Gäste um sich haben möchten.

Daneben gibt es noch ein super-exklusives Tented Camp, die **Bayethe Lodge**. Und wem für seine Lieben nur das Beste gut genug ist, der bucht die private **Sarili Lodge**, in der bis zu zehn Personen Platz finden und wo Kinder ab vier mit dem „Kids-on-Safari"-Programm schon die „Big Five" erleben können. Der bei den oben genannten Unterkünften dazugehörige Luxus versteht sich natürlich auch hier von selbst… (dk)

INFO

Lage: in der Eastern Cape Province, direkt neben dem Addo Elephant National Park gelegen, ca. 70 km von Port Elizabeth entfernt
Information: www.shamwari.com
Preise: ab ca. 10.000 Rand pro DZ
Aktivitäten: Neben den Game Drives, der Hauptaktivität in Shamwari, sind geführte Wanderungen möglich. Ein Besuch im Spa oder der Born Free Foundation, wo in Gefangenschaft gehaltene oder kranke Raubkatzen wieder aufgepäppelt und an ein Leben in Freiheit gewöhnt werden, bietet sich ebenfalls an.

90 Amakhala Game Reserve: Heritage und Aloe Collection

Das private **Amakhala Game Reserve**, südlich von Shamwari gelegen, bietet günstigere Übernachtungen und Rundfahrten. Anders als in Shamwari, wo eine große Organisation das Reserve verwaltet, haben sich hier mehrere Farmen zusammengeschlossen und kümmern sich gemeinsam um den Schutz von Tieren und Landschaft sowie um die touristische Infrastruktur. 1999 wurden die inneren Zäune zwischen den verschiedenen Farmgeländen niedergerissen. Jede Farm bewirtet aber eigenständig ihre Gäste und entsprechend hat jede ihr eigenes Flair. Da man hier viel Zeit mit den Farmbesitzern verbringt, entsteht während des Aufenthalts oft eine sehr **persönliche Atmosphäre**.

Es gibt es insgesamt sechs unabhängig geführte Lodges und zwei Tented Camps auf dem Gelände. Im **Leeuwenbosch Country House** gibt es Zimmer im historischen Farmhaus von 1908 und im umgebauten Stall. Letztere sind mit Designermöbeln ausgestattet. Hier kann man auch gut mit Kindern unterkommen: Es gibt Familienzimmer und ein Kinderprogramm. Das Country House ist ein absoluter Familienbetrieb und die Atmosphäre ist sehr herzlich.

Die **Safari Lodge** hält, was der Name verspricht, die Tierbeobachtungen stehen bei den Aktivitäten an erster Stelle. Ein Game Drive im Addo Elephant Park ist im dreitägigen Pauschalangebot ebenso enthalten wie ein Besuch der Born Free Foundation im Shamwari Reserve, die sich besonders um Löwen und Leoparden kümmert. Es stehen vier strohgedeckte Safarihütten und sieben luxuriöse Suiten, je mit Plunge Pool und Wohnzimmer zur Verfügung. Am besten nach einem Chalet mit schöner Aussicht über das Tal fragen.

Game Drive im Amakhala Game Reserve

Die abgeschieden gelegene **Bush Lodge** bietet sieben luxuriöse Zelte mit privatem kleinen Pool, Kamin, Innen- und Außendusche sowie Klimaanlage. Massagen und andere Wellnessbehandlungen werden angeboten. Ein Aufenthalt hier sorgt für absolute Entspannung und Erholung vom Alltagsstress.

Zimmer mit Aussicht

In der **Woodbury Lodge** nächtigen die Gäste in sechs aus Felsgestein gebauten und mit Stroh gedeckten Chalets mit eigenem Bad. Abends kann man am Lagerfeuer oder in der Bar den Tag Revue passieren lassen.

Das **Carnarvon Dale** ist eine 1857 gegründete Familienfarm am Ufer des Bushman-Flusses. Früher fanden hier Reisende Unterkunft, die den Fluss wegen Überflutung nicht überqueren konnten. Die Anlage besteht aus einem Siedler-Farmhaus und einem Sommerhaus.

Reed Valley ist seit über hundert Jahren im Besitz der Familie *Weeks*. In den vier historischen Zimmern fanden einst müde Postreisende Ruhe und Schutz.

Das **Quatermain's Camp** bietet Safari-Feeling wie anno dazumal. In einem abgeschiedenen Tal wird in festen Zelten (mit richtigen Betten und rustikalen Badezimmern) genächtigt. Das Essen wird über offenem Feuer zubereitet und das Dinner unter dem Sternenzelt serviert.

Auch **Tagesbesucher** sind im Amakhala Game Reserve willkommen. Für sie gibt es ein Extra-Programm, dass um 11 Uhr (Mai–August) bzw. um 12 Uhr (September–April) beginnt und einen Game Drive, ein Büffet mit afrikanischen Speisen und eine Flussfahrt umfasst. Kinder ab sechs Jahren können daran teilnehmen. (dk)

INFO

Lage: in der Eastern Cape Province auf dem Gebiet des Addo Elephant National Park, südlich des Shamwari Reserve, ca. 40 Min. mit dem Auto vom Flughafen Port Elizabeth
Information: www.amakhala.co.za, www.safari-lodge-accommodation.co.za, www.thebushlodge.co.za, www.haggardandbrand.com
Preise: je nach Unterkunft ca. 1.800–3.700 Rand p. P. im DZ (all inclusive)

Aktivitäten: Die Game Drives sind im Preis der Unterkünfte inbegriffen, sollten aber vor Ankunft reserviert werden. Es gibt auch ein Angebot an Bootstouren über den Fluss im Park und manchmal werden auch spezielle Parktouren (z. B. im Pferdewagen) angeboten. Dazu am besten bei der Buchung speziell erkundigen.
Im Leeuwenbosch Country House und der Safari Lodge werden auch Hochzeiten veranstaltet.

91 Bushman's Kloof: Wilderness Reserve und Wellness Retreat

Bushman's Kloof ist eine am Fuße der Cederberge (Eingang des Biedouw Valley) gelegene Wildfarm mit einem etwa 7.200 ha großen Gelände. Hier übernachtet man entweder in der Main Lodge in sehr schönen Chalets oder in der **Koro Lodge**, wie das renovierte Herrenhaus der Farm genannt wird. Letztere ist in erster Linie für Familien gedacht. Es gibt zwei große Schlafzimmer, zudem können im Loft bis zu vier Kinder Platz finden. Ein persönlicher Guide sowie ein eigener Koch stehen zur Verfügung. Ganz so exklusiv geht es in der **Main Lodge** zwar nicht zu, aber auch hier kann man es sich gut gehen lassen. Die Zimmer und Suiten sind großzügig geschnitten und sehr individuell eingerichtet. Alle verfügen über ein eigenes Bad, eine Patio mit tollem Ausblick und einige sogar über einen offenen Kamin.

Schöner Wohnen auf Bushman's Kloof

Auf dem Gelände gibt es etwa 750 Pflanzenarten zu entdecken. Auch die Tierwelt ist mit vielen, zum Teil seltenen Arten vertreten, darunter das sehr seltene Cape Mountain Zebra, das Erdferkel, die Afrikanische Wildkatze, der Buntbock und etwa 150 Vogelarten.

Ausflug zu den San-Zeichnungen

Von besonderer historischer Bedeutung sind die über **130 San-Zeichnungen** auf dem Gelände, die mehr als 10.000 Jahre alt sein sollen. All dies kann man auf geführten Touren sehen und erleben. Frühmorgens geht es auf eine Pirschfahrt zu den Felsen, dann folgt eine kleine Wanderung durch die Fynbos-Vegetation. Anschließend gibt es ein leckeres Frühstück in Form eines Picknicks neben einem hübschen Wasserfall, wo man bei einer heißen Schokolade dem Zwitschern der Vögel lauschen kann.

Für den besonderen Anlass: Dinner mit Aussicht

Und wem das alles noch nicht genügt, der sollte sich nach den verschiedenen **Outdoor-Programmen** erkundigen. So liegen allein drei Wanderwege mit unterschiedlichen Schwierigkeitsgraden auf dem Gelände, bei denen man sich zwischendurch in kristallklaren natürlichen Pools erfrischen und Picknicks mit wunderbaren Ausblicken genießen kann.

Außerdem kann man auf dem Gelände Moutainbike und Kanu fahren, schwimmen oder auch beim Fliegenfischen sein Glück versuchen. Zur anschließenden Entspannung ist ein Besuch im angegliederten Spa genau richtig.

INFO

Lage: am Fuße der Cederberge in der Western Cape Province, in der Nähe von Clanwilliam (s. S. 168), ca. 2,5 Stunden von Kapstadt entfernt
Information: www.bushmanskloof.co.za
Preise: ca. ab 3.200 Rand p. P. im DZ
Aktivitäten: Neben den Aktivitäten auf dem Farmgelände sind Ausflüge nach Wupperthal (s. S. 169) und Clanwilliam möglich, auch verschiedene Weingüter liegen in der Nähe und laden zu einer Verkostung ein. Auf der Cederberg Heritage Route wandert man drei Tage lang durch die Cederberge, das Gepäck wird zu den rustikalen Unterkünften gebracht.
Infos unter www.cedheroute.co.za.

92 Montana Guest Farm: Wohlfühloase in der Karoo

Seit 2001 führen *Wolfgang* und *Dagmar Beitz* die Gästefarm Montana, deren Ursprünge bis in das frühe 18. Jahrhundert zurückreichen. Heute kann man im über 100 Jahre alten Farmhaus, in der liebevoll restaurierten Scheune oder der alten Molkerei übernachten. Von dem ursprünglichen Zweck dieser Gebäude ist aber nichts mehr zu sehen: Den Gast empfangen zwölf luxuriöse Chalets, von denen jedes seine eigene Terrasse und Lounge hat, einige verfügen zusätzlich über einen Kamin.

Die luxuriösesten Zimmer der Farm verdanken ihren Namen einem Kaktus, der schon seit über 100 Jahren auf dem Farmgelände steht. Die vier **Cactus Suites** sind feudal ausgestattet, unter anderem mit Whirlpool, Plasma-Fernseher und einem riesigen Bad, das keine Wünsche offen lässt. Zudem gibt es Fußbodenheizung und Klimaanlage.

Die Chalets sind mitten in einem **grünen Paradies** gelegen und von Rosensträuchern umgeben, deren Duft schon alleine ein Gefühl des Wohlbehagens aufkommen lässt. Morgens wird man von Gezwitscher der Vögel geweckt und kann noch vor dem Frühstück den grandiosen Ausblick auf die Swartberge oder das Tal genießen. Auch der Blick auf die tolle Parkanlage mit alten Bäumen, darunter Jacarandas, Eichen, Pfeffer- und Eukalyptusbäume, Palmen, Agaven, Aloen, Rosen sowie dem uralten Kaktus ist eine Erholung fürs Auge. Alles in allem ein idealer Ort, um die Seele baumeln zu lassen und einen kühlen Drink als Sundowner zu genießen. Am schönen Pool kann man die Sonne genießen oder sich nach einem ereignisreichen Tag abkühlen.

Das Esszimmer des Farmhauses

Schlafzimmer in der Cactus Suite

Abends überzieht das Licht der untergehenden Sonne die Landschaft mit einem spektakulären Rot und lässt das Candle-Light-Dinner zu einem besonderen Erlebnis werden. Hervorragende afrikanische und europäische Gerichte werden serviert, wie zum Beispiel Honigmelone mit geräuchertem Straußenfilet und Chili-Soße oder Cape Malay Bobotie mit gelbem Reis. Dazu werden ausgezeichnete Weine aus der Region gereicht. Anschließend hat man Gelegenheit, die faszinierende Sternenwelt der südlichen Halbkugel zu bewundern, die hier in der Wüste ganz besonders gut zu sehen ist.

Montana ist ein idealer Ausgangspunkt zur Erkundung der Kleinen Karoo. Zahlreiche **Ausflugsziele** bieten sich von hier aus an: Zunächst natürlich ein Besuch der berühmten Straußenfarmen bei Oudtshoorn (s. S. 180), aber auch eine Tour in die beeindruckende Tropfsteinwelt der Cango Caves (s. S. 156) oder ein Abstecher zur Cango Wildlife Ranch, wo sich unter anderem eine Aufzuchtstation für gefährdete Tierarten befindet.

Aktive Naturen finden zahlreiche Wandermöglichkeiten oder können die schöne Route von den Cango Caves nach Oudtshoorn mit dem Rad zurücklegen. Aber auch ein entspannter Spaziergang durch Oudtshoorn bietet sich an. Für die Kleinen wird auf Wunsch eine Farmrundfahrt mit dem Esel- oder Ponykarren organisiert.

Gut zu erreichen ist in einem Tagesausflug auch der Indische Ozean. Bei Mossel Bay (s. S. 112) kann man die Robbeninsel besuchen. Für die etwas Abenteuerlustigeren empfiehlt sich die Tour über den Swartbergpass nach Prince Albert (s. S. 60).

INFO

Lage: in Schoemanshoek, zwischen Oudtshoorn (ca. 15 km entfernt) und den Cango Caves

Information:
www.montanaguestfarm.co.za
Preise: ca. 350 bis 700 Rand, je nach Chalet und Saison

93 Royale Marlothi Safari Lodge: Gateway zum Kruger National Park

An der Südspitze des weltberühmten Kruger National Park (s. S. 12) liegt das 3.000 ha große Gebiet der **Marloth Park Wildlife Conservancy**. Hier, mitten in der Wildnis und nicht durch Zäune abgegrenzt, liegt die von einem schweizerischen Ehepaar geführte Royale Marlothi Lodge. Tiere wie Zebras, Gnus, Impalas oder Wasserböcke können frei durch das Gelände streifen.

Dabei stehen dem Gast drei strohgedeckte, luxuriöse Chalets zur Auswahl, die alle in einem anderen Stil eingerichtet wurden: Da gibt es das geräumige **Afrika-Chalet** für zwei Personen, in dem vom Teppich mit Elefanten-Motiven bis hin zu Stühlen im Zebra-Look alles afrikanisch angehaucht ist. Das **Marokko-Chalet** (bis zu vier Personen) versprüht orientalisches Flair, während im farbenfrohen **Swazi-Chalet** (ebenfalls für vier Personen) an das kleine Königreich erinnert wird. Alle Chalets sind mit gut ausgestatteter Küche, Klimaanlage und Badezimmer mit Blick in den Busch versehen. Zudem haben sie eine eigene Terrasse mit kleinem Pool und Grillmöglichkeit. Zur Einstimmung auf entspannte Tage gibt es bei der Ankunft eine Flasche Sekt. Frühstück und Abendessen werden in der offenen Lapa mit Blick auf den Kruger Park eingenommen. Kinder sind übrigens herzlich willkommen.

Ideal zum Entspannen: Terrasse mit kleinem Pool

Im Swazi-Chalet

Das Frühstück und die abendliche Sundowner-Pirschfahrt sind im Preis mit eingeschlossen. Dabei geht es auf einen Aussichtspunkt mit Blick auf den Fluss, wo man mit einem kühlen Drink in der Hand den Sonnenuntergang genießen und Antilopen und Büffel an der Wasserstelle beobachten kann. Direkt auf dem Gelände der Lodge leben keine Elefanten, aber oft kann man sie beim Baden im Fluss beobachten. Zudem zeichnet sich die Region am Crocodile River durch exzellente Vogelbeobachtungsmöglichkeiten aus.

Morgens wird eine Safari im offenen Geländewagen in den Kruger Natio-

Zebra zu Besuch: Die Royale Marlothi Lodge ist nicht eingezäunt

nal Park angeboten. Dabei gibt es frühmorgens bei Sonnenaufgang Tee, Kaffee und einen kleinen Snack, anschließend startet die Tour mit einem erfahrenen Ranger durch die Wildnis.

Weitere Aktivitäten, die von der Lodge aus angeboten werden, sind z. B. Bush Walks. Hier geht es weniger um die große Tierwelt, als um die kleinen Wunder am Boden. Bäume und Sträucher werden erläutert, Insekten, Schildkröten und sogar Schlangen aus der Nähe betrachtet. Auch wird die Kunst des Spurenlesens erläutert und mit etwas Glück trifft man auf Giraffen, Zebras oder sogar ein Nashorn. Ein besonderes Erlebnis ist auch eine **nächtliche Pirschfahrt** mit Bush Dinner. Dabei kann man die nachtaktiven Tiere entdecken, die tagsüber oftmals nicht zu sehen sind. Eine starke Lampe am Auto macht die Sicht und das Auffinden der nächtlichen Tierwelt möglich.

Auch andere Aktivitäten wie Micro-Light-Flüge können gebucht werden. Ein Flug über den Kruger Park lässt die faszinierende Landschaft in einer ganz anderen Perspektive erscheinen. Nicht ganz so hoch hinaus geht es bei einer, trotzdem nur bei Schwindelfreiheit zu empfehlenden, **Elefanten-Safari**, also dem Ritt auf einem Elefanten mit einer Schulterhöhe von etwa drei Metern. Wem das ein bisschen viel des Guten ist, der kann auch eine Safari auf dem Rücken eines Pferdes unternehmen. Und wer genug hat von der Tierwelt, der geht Golfen im Leopard Creek Golf Estate. Zudem sind Tagesausflüge nach Mozambique (an den Strand oder nach Maputo) oder Swasiland, River Rafting und Tigerfischen buchbar.

INFO

Lage: im Süden an den Kruger National Park angrenzend, ca. fünf Stunden von Johannesburg entfernt
Information:
www.royalemarlothi.co.za

Preis: ca. 600 Rand p. P. im DZ mit Frühstück und Sundowner-Tour, ab 900 Rand/Chalet für zwei Personen als Selbstversorger

94 Phophonyane Ecolodge & Nature Reserve: Besuch der Bergwelt von Swasiland

Mitten in den Bergen von Swasiland, eingebettet in einen subtropischen Garten, liegt die Phophonyane Lodge, eine ehemalige kleine Farm. Hier kann man **Ruhe und Erholung** finden und dem Rauschen der Wasserfälle lauschen. Übernachtet wird entweder in Selbstversorger-Cottages mit Küche oder zünftig in einem komfortablen Safarizelt, in dem man die Natur um sich herum hautnah erfahren kann. Die Unterkünfte sind perfekt an die tropische Umgebung angepasst, einige befinden sich direkt am Fluss.

Die Lodge liegt in einem 500 ha großen Nature Reserve, das von zahlreichen Wanderwegen durchzogen ist. Auf diesen kann man den Wald entdecken und die beeindruckende Vegetation mit ihrer artenreichen Vogelwelt erleben, Bäche durchwaten und die 800 m hohen **Phophonyane Falls** bewundern. Hier oben liegen zudem einige der ältesten Steinformationen der Erde, die geschätzte 3,5 Milliarden Jahre alt sind.

Wer sich nicht selbst versorgen möchte, hat die Möglichkeit, im zur Lodge gehörigen Driftwood Restaurant zu speisen. Das Restaurant zeichnet sich durch das schöne afrikanische Ambiente mit hoher Decke und dem Ausblick auf die umgebenden Berge und Täler aus. Auf der Karte stehen unter anderem hausgemachte traditionelle Speisen aus Swasiland, aber auch Vegetarisches ist zu finden. Dazu gibt es eine gute Auswahl südafrikanischer Weine. Anschließend kann man es sich am Feuer gemütlich machen oder in der Lounge-Area in der gut ausgestatten Reise- und Kunstbuchbibliothek stöbern. Für den Sundowner bietet sich die Veranda des Restaurants an, auf der man bei einem kühlen Drink den Blick ins Tal genießen kann.

Idealer Ort für einen entspannten Nachmittag

Den Tag kann man ganz entspannt am schönen **Natursteinpool** verbringen oder das Gelände auf einem der vielen Wanderwege erkunden. Dabei kann man neben den über 230 Vogelarten auch kleine Antilopenarten wie Red Duiker und Buschböcke beobachten.

Curio-Shop in der Lodge

Zudem werden Fahrten mit dem Allradfahrzeug zum Gobolondlo Mountain, zu historischen Orten und den San-Zeichnungen bei den Nsangwini Hills angeboten. Tänze, Jagd- und Kampfszenen wurden hier festgehalten. Besonders berühmt ist der „Birdman". Dabei kann man den Blick auf den Maguga-Damm und den unteren Komati River genießen.

Auch ein Tagesausflug zum Kruger National Park (70 km, s. S. 12), eine Tour zum Handwerkermarkt, dem Malolotja Nature Reserve und dem riesigen Maguga-Damm sind möglich.

Auf dem Gobolondlo Walk

Spektakuläre Ausblicke bietet der **Gobolondlo Mountain Drive**. Schon nach ca. 20 Minuten Fahrtzeit wird man mit einem tollen Rundumblick belohnt: Richtung Westen kann man die Makhonjwa Hills und die Sondeza-Bergkette erkennen, in die die Flüsse tiefe Schluchten geschnitten haben. Weiter Richtung Süden kann man hinter den Waldgebieten den Bulembu Mountain erkennen, der mit 1.862 Metern der höchste Berg des Königreiches ist. Daneben liegen das Malolotja Mountain Reserve und der Ngwenya Mountain. Im Norden liegt das Ntfonjeni-Tal, in dem zahlreiche Gehöfte zu sehen sind. Hier kann man den Blick bis an die südafrikanische Grenze zum Lake Matsamo schweifen lassen.

INFO

Lage: im Nordwesten von Swasiland, ca. 14 km nördlich von Pigg's Peak

Information:
www.phophonyane.co.sz,
www.welcometoswaziland.com

Preise: ca. 600–1.000 Rand, je nach Unterkunftsart und Saison

Einreise: Es ist ein gültiger Reisepass mitzuführen. Die Währung Lilangeni ist an den Rand gekoppelt, der auch als Zahlungsmittel akzeptiert wird.

95 Lalaria Lodge und Fairmont Zimbali Resort: familiär oder mondän übernachten rund um Durban

Direkt an der Küste, auf einem malerischen Kliff bei Shaka's Rock gelegen, ist die **Lalaria Lodge** der ideale Ort, um die Seele baumeln zu lassen. Mit Blick aufs Meer auf dem großzügigen Sonnendeck sitzen, die Wellen leise plätschern hören und gelegentlich Delfine und Wale vorbeiziehen sehen – das ist Urlaub pur!

Lalaria ist eine gemütliche eigentümergeführte Anlage mit fünf unterschiedlich, aber immer sehr stilvoll eingerichteten Zimmern. Alle verfügen über ein eigenes Bad mit Badewanne und Dusche. Die freundlichen Gastgeber sorgen für eine angenehme Atmosphäre und erfüllen jeden Wunsch.

Ein kurzer Spaziergang führt zum Strand, hier ist das Baden in dem angenehm warmen Wasser herrlich. Aber auch wer zur Erholung ein bisschen mehr Aktivität braucht, ist in Lalaria richtig: **Tierbeobachtungen** aller Art – etwa Delfin- und Waltouren, Hippo-Safaris im St. Lucia Wetland Park, Rhino Tracking im Hluluwe-Umfolozi Park – sind ebenso möglich wie eine oder mehrere Runden Golf in einem der fünf verschiedenen Clubs in der Umgebung. Außerdem bieten sich wunderbare Bedingungen für Surfer und Angler. Eine besondere Attraktion ist auch ein Besuch in der uShaka Marine World, einem Freizeitpark mit riesigem Aquarium und Erlebnisbad.

Blick vom Zimbali Beach Club auf den Pool und das Meer…

Wer sich nicht am Pool entspannen will, kann auch ein paar Bälle schlagen gehen

Das **Fairmont Zimbali Resort** setzt der persönlichen Atmosphäre und traumhaften Ruhe in der Lalaria Lodge großzügige Weite und gediegenes Flair entgegen. Zwischen dem Indischen Ozean und einem Waldschutzgebiet gelegen ist das Fairmont Zimbali eine Oase der Erholung inmitten unberührter Natur. Neben Stadtbesichtigungen in Durban bieten sich zahlreiche Tierbeobachtungsmöglichkeiten sowie Ausflüge zu historischen Orten, wie zu den Schlachtfeldern von KwaZulu-Natal (s. S. 108) an.

Die Zimmer und Suiten verfügen über einen grandiosen Blick auf die Weite des Indischen Ozeans. Die Einrichtung – großenteils in Stein und Holz gehalten – ist eine gelungene Mischung aus Eleganz und Natürlichkeit. Die luxuriösen Badewannen sind ebenso ein Highlight wie die großzügigen Veranden mit Meerblick. Mehrere Swimmingpools, Fitnessräume sowie das Willow Stream Spa mit Massageangebot und Dampfbädern sorgen für Entspannung nach anstrengenden Besichtigungen und Safaris. Das Angebot an Restaurants und Bars lässt keine Wünsche offen: Von leckeren Cocktails, gepflegten Weinen und ausgewählten Kaffee- und Teespezialitäten bis hin zu saftigen Steaks, feinen Bistro-Gerichten und mehrgängigen Menüs ist für jeden Geschmack und Appetit etwas dabei.

INFO

Information, Preis und Lage:

Lalaria Lodge: www.lalaria.co.za, 735-870 Rand p. P./DZ mit Frühstück, bei Shaka's Rock, etwa 45 Autominuten vom Stadtzentrum von Durban.

Fairmont Zimbali Resort: www.fairmont.de/zimbaliresort, ab ca. 1.000 Rand p. P./DZ, etwa 40 Autominuten vom Stadtzentrum von Durban.

96 Sabi Sand Private Game Reserve: Luxus am Rande des Kruger Parks

Wenn es ein privates Wildschutzgebiet gibt, das sich weltweit einen Namen gemacht hat für außerordentliche Safarierlebnisse, dann ist es das Sabi Sand Private Game Reserve. Fast nirgendwo sonst in Südafrika findet man eine solch reiche Tierwelt. Das riesige Gebiet (65.000 ha) teilt eine 50 km lange Grenze mit dem Kruger National Park. Die Tiere können sich frei zwischen beiden Parks bewegen. Nicht nur die Big Five, sondern fast alle im südlichen Afrika heimischen Tiere kommen hier vor. Das sind nicht weniger als 147 Säugetier-, 507 Vogel-, 49 Fisch-, 34 Amphibien- und 114 Reptilienarten.

Die Geschichte des **ältesten privaten Wildschutzgebietes** des Landes geht zurück bis ins Jahr 1948, als die damaligen Besitzer eine erste Schutzzone einrichteten. Doch der Gedanke der Kombination von Wildschutz und Tourismus in dieser Region ist schon älter: Bereits 1926 kamen die ersten Touristen in den neu gegründeten Kruger National Park, Ergebnis des im selben Jahr verabschiedeten National Parks Act of South Africa, der gesetzlichen Grundlage aller Nationalparks in Südafrika.

In den 1960er-Jahren wurde zwischen Kruger Park und Sabi Sand Reserve aufgrund von Maul- und Klauenseuche sowie Wilderei ein Zaun errichtet, der erst 1993 abgebaut wurde. Kurz darauf zogen die Tiere wieder durch beide Gebiete. In Zukunft soll das Gebiet des Sabi Sand Reserve auch Teil des **Great Lim-**

Im Sabi Sand Reserve sind bleibende Eindrücke fast garantiert

Elefantentreff am Wasserloch

popo Transfrontier Park (www.greatlimpopopark.com) sein, der sich dann auch über Teile von Mozambique und sogar Zimbabwe erstrecken soll.

Zwei Flüsse auf dem Gebiet des Reservats tragen mit der ausreichenden Wasserzufuhr ihren Teil zum reichen Tiervorkommen bei. Der Sand River durchquert das Gebiet von Nordwesten nach Südosten, während der Sabi River an der südlichen Grenze entlang fließt.

Eine Handvoll luxuriöser Lodges gibt es im Reserve. Eine davon ist **Elephant Plains**. Die familiengeführte Unterkunft bietet maximal 24 Gästen Platz und hat eine gemütliche Atmosphäre. Sie ist im trockenen Flussbett des Manyeleti gelegen, in der Nähe eines immer gefüllten Wasserlochs. Der Gast hat die Wahl zwischen einem der fünf Rondavels im schön angelegten Garten oder einer der sechs Suiten mit Glasfront, die eine Lounge und eine kleine Aussichtsplattform mit Blick auf das Flussbett haben. Beide Varianten sind mit Klimaanlage, Minibar und eigenem Bad ausgestattet.

Noch etwas exklusiver sind die acht luxuriösen Chalets von **Cheetah Plains**. In geschmackvollem afrikanischem Ambiente kann man es sich nach den morgendlichen Pirschfahrten oder Bush Walks gemütlich machen. Zudem werden Besuche in den umliegenden Dörfern angeboten. Die Küche ist exquisit, dazu gibt es hervorragende Weine. Ein paar Stunden im Spa sorgen für Entspannung.

INFO

Information, Preis und Lage: Beide Unterkünfte liegen im Sabi Sand Private Game Reserve. Allg. Infos: www.sabisand.co.za und www.sabisandslodges.co.za
Elephant Plains: www.elephantplains.co.za, 1.700-2.700 Rand p. P. im DZ, je nach Unterkunftsart und Saison.
Cheetah Plains: www.cheetahplains.com, ca. 3.300 Rand p. P. im DZ. In den jeweiligen Preisen sind alle Mahlzeiten, Kaffee & Tee, Pirschfahrten und Bush Walks inklusive.

97 Pafuri Camp im Makuleke-Konzessionsgebiet: Paradies im Norden des Kruger National Parks

Das luxuriöse Pafuri Camp liegt im nördlichen Teil des Kruger Parks, zwischen den Flüssen Limpopo und Luvuvhu. Es ist umgeben vom 24.000 ha großen Makuleke-Konzessionsgebiet, einer der landschaftlich schönsten Regionen des Nationalparks. Der Name des Gebiets geht auf das Volk der Makuleke zurück, das hier einst lebte. Was die **Artenvielfalt** angeht ist dieser nördliche Teil des Nationalparks einer seiner Hotspots. 75 % aller im Park beheimateten Arten sind hier zu finden, darunter 400 Vogelarten und über 100 Säugetierarten. Große Herden Elefanten und Büffel sowie Leoparden, Löwen und hunderte Vogelarten sind hier zu Hause. In der Umgebung des Limpopo- und Luvuvhu-Flusses lebt die größte Ansammlung von Nyalas, einer Antilopenart und auch Elenantilopen und Sharpe-Greisböcke sind hier öfter zu finden als im Süden des Parks. Andere Tierarten wie Gnu und Breitmaulnashorn wurden hier wieder angesiedelt, nachdem sie fast ein Jahrhundert lang in dieser Region nicht zu finden gewesen waren.

Das Pafuri Camp besteht aus 20 Zelten, alle mit Bad und Innen- und Außendusche sowie eigener Veranda. Das Camp ist in zwei Teile aufgeteilt: Pafuri East mit sieben Zelten und Pafuri West mit 13 Zelten im Meru-Stil. Sechs dieser

Zelte der Luxusversion im Pafuri-Camp

Dinner-Besuch auf dem Pafuri Walk

Zelte können auch von Familien mit bis zu vier Personen genutzt werden. Alle Zelte haben Ausblick auf den Luvuvhu River, wo man mit etwas Glück Elefanten, Wasserböcke und viele andere Tiere beim Trinken beobachten kann. Die Unterkünfte selbst stehen auf Plattformen und sind durch Stege verbunden, sodass die Tiere ungehindert den Fluss erreichen können.

Am Hauptgebäude gibt es eine schöne Veranda, einen Pool, eine Lounge und das Restaurant. Von überall kann man den Blick auf den Fluss oder den afrikanischen Sonnenuntergang genießen.

Die **Aktivitäten** konzentrieren sich auf die faszinierende Tierwelt: Pirschfahrten im offenen Geländewagen, auch Nacht-Fahrten, sowie Wanderungen zu veschiedenen Beobachtungsplätzen werden angeboten.

Ein weiterer Reiz des Gebiets ist seine paläoanthropologische Geschichte. Rund um das Camp finden sich zahlreiche bis zu zwei Millionen Jahre alte Spuren der früheren Bewohner der Region. Besonders interessant ist die steinerne Befestigungsanlage **Thulamela** am Luvuvhu. Sie stammt aus dem 16. Jahrhundert. Funde von Werkzeugen und anderen Artefakten lassen darauf schließen, dass hier schon früh mit Eisen gearbeitet wurde und dass vielfältige Handelsbeziehungen bestanden.

INFO

Lage: im Makuleke-Konzessionsgebiet im Norden des Kruger National Parks, vom Flughafen Johannesburg ca. 7 Stunden Fahrtzeit

Information: www.pafuri.com, www.wilderness-safaris.com
Preise: ab ca.1.600 Rand p. P. im DZ inkl. Aktivitäten

98 Die Mhondoro Lodge im Welgevonden Private Game Reserve: Big Five und mehr

Das Welgevonden Game Reserve liegt im Norden Südafrikas und grenzt nordöstlich an den Marakele National Park an. Es ist malariafrei und eignet sich daher auch für einen Aufenthalt mit Kindern. Das Reserve ist mit 36.000 ha eines der **größten privaten Schutzgebiete** der Welt. 75 verschiedene Arten leben hier, darunter die „Big Five", verschiedene Antilopenarten, Warzenschweine, Giraffen, Zobel und Erdferkel. Die Breitmaulnashorn-Population ist die größte der Welt.

Interessant sind die an mittelalterliche Rüstungen erinnernden **Schuppentiere**, auch „Tannenzapfentiere" genannt, die mit keiner anderen Säugetierart näher verwandt sind und als einzige Tiere der Welt komplett mit großen, überlappenden Hornschuppen bedeckt sind. Sie sind nachtaktiv und können sich bei Gefahr zu einer schuppigen Kugel zusammenrollen. Schuppentiere gelten zwar offiziell nicht als gefährdete Art, aber ihre Bestände sind dennoch rückläufig, da sie in einigen Ländern als Delikatesse gelten und die Schuppen in der chinesischen Medizin eine Rolle spielen.

Eine der schönsten Unterkünfte im Welgevonden Game Reserve ist die aus einem Haupthaus und vier luxuriösen Chalets bestehende **Mhondoro Lodge**. Die Chalets liegen etwas erhöht und mit Blick auf das lodgeeigene Wasserloch. Sie verfügen jeweils über ein eigenes Sonnendeck, ein Bad mit Dusche und Ba-

Im Welgevonden Private Game Reserve lebt die größte Breitmaulnashorn-Population des Landes

Zebra

dewanne sowie eine Outdoor-Dusche. Die Küche ist hervorragend. Frühstück und Lunch können entweder in der Lodge oder während eines Game Drive unterwegs eingenommen werden. Abends gibt es entweder viergängige Menüs oder traditionelle Braais, dazu werden hervorragende südafrikanische Weine gereicht.

Neben zwei Game Drives am Tag werden auch **Bush Walk**s mit erfahrenen Rangern angeboten. Diese ermöglichen ein besonders eindringliches Naturerlebnis. Dabei können die Routen den Wünschen der Gäste angepasst werden sofern die Witterungsbedingungen dies zulassen.

Die Mhondoro Lodge bietet auch die Möglichkeit, entweder direkt am Wasserloch der Lodge unter wunderschönen alten Bäumen oder auf einem Felsen mit tollem Ausblick auf das Reserve zu **heiraten**. Vierbeinige Hochzeitsgäste sind dabei zwar nicht garantiert aber sehr wahrscheinlich ebenfalls anwesend. Die anschließende Feier kann ganz nach Wunsch des Brautpaars gestaltet werden, sei es aufregend mit Tanz und großem Freudenfeuer oder eher entspannt im Jacuzzi oder Dampfbad.

INFO

Lage: im Norden Südafrikas, im Nordosten des Marakele National Parks
Information: www.mhondoro.co.za
Preise: ca. 3.400 Rand p.P./DZ inklusive Mahlzeiten und Aktivitäten; für Hochzeitsarrangements gelten individuelle Preise; zu allgemeinen Informationen über das Heiraten in Südafrika s. S. 162.

99 Tswalu Kalahari: 100.000 ha Wüstenerlebnis

Wer zugleich Luxus und die Weite der Kalahari erleben will, der sollte ein paar Tage im Tswalu Kalahari Game Reserve verbringen. Hier ist Entspannung garantiert. Die Hauptunterkunft des Reservats nennt sich „Motse", was auf Tswana „Dorf" bedeutet. Dieses Dorf besteht aus nur acht „legae", also „kleinen Häusern", wie die Suiten hier genannt werden. Diese liegen am Fuße des Korannaberg-Gebirges und bieten Richtung Westen den Blick in die Weiten der Kalahari.

Die Suiten sind aus lokalen Steinen und rotem Lehm in **traditionellem Wüsten-Stil** errichtet worden und bieten jeweils ein sehr großzügiges Schlafzimmer mit Kamin, ein geräumiges Bad mit Innen- und Außendusche sowie ein Ankleidezimmer mit Schreibtisch. Die private Veranda bietet Blick auf ein Wasserloch, das die verschiedenen Wüstenbewohner anzieht. Zwei der Häuser sind für Familien ausgelegt: Sie haben zwei Schlafzimmer mit je eigenem Bad und insgesamt 170 km^2 Fläche. Maximal finden nur 20 Personen in der Motse Platz, damit ein echtes Wüsten-Feeling garaniert werden kann.

Das Haupthaus, in dessen Nähe auch der Pool mit tollem Ausblick in die Ebene gelegen ist, bietet auf den Verandas und in den Lounges Raum zum Entspannen und für Begegnungen mit anderen Reisenden.

Kudus im Tswalu Kalahari Game Reserve

Wüstenbewohner

Wem das alles nicht einsam und luxuriös genug ist (und wer das nötige Kleingeld hat...), der kann sich im **Tarkuni** einmieten, der Privatunterkunft der Familie *Oppenheimer*, denen das Tswalu gehört. Fünf absolut luxuriöse Suiten mit Pool, Boma, einem privaten Koch, einem eigenen Geländewagen mit Ranger und Spurenleser gehören dazu.

Für ein authentisches Wüstenerlebnis sollte man an den **Aktivitäten** teilnehmen. Dazu gehört z. B. eine Pirschfahrt am frühen Abend, um die scheuen Erdferkel (Aardvark) und Schuppentiere (Pangolin) aufzuspüren. Eine Safari auf dem Rücken eines Pferdes bringt einem die Natur besonders nah. Oder wie wäre es mit einer Fuß-Safari, um das schwarze Wüsten-Nashorn aufzuspüren?

Wer sich morgens nicht gerne beeilt, sollte statt des normalen Frühstücks in der Lodge das Gourmet-Frühstück in Anpruch nehmen, das auf der morgendlichen Pirschfahrt als Picknick serviert wird. Eine andere Alternative ist das romantische **Champagner-Frühstück im Bett**... Abends kann man sich unter dem grandiosen Sternenhimmel der Wüste das Fünf-Gänge-Menü mit besten Weinen schmecken lassen, auf Wunsch auch auf der privaten Veranda. Vorher sollte man auf der Düne bei einem Sundowner das großartige Farbenspiel bewundern. Wer möchte, kann auch die Projekte der Tswalu Foundation besuchen, wie das Gesundheitszentrum, die Schule und das Zentrum für Erwachsenenbildung.

INFO

Lage: Im Herzen der Northern Cape Province, 300 km nordwestlich von Kimberley und 270 km nordöstlich von Upington. Die nächste Stadt ist Kuruman.

Information: www.tswalu.com
Preise: ca. 7.000 Rand p. P. im DZ (Motse), das Tarkuni kann nur komplett gemietet werden für 38.000 Rand (10 Personen).

100 Phinda Private Game Reserve: Ökotourismus at it's best

Elefanten, Löwen, Nashörner, Geparde, Büffel und viele andere, zum Teil seltene Tiere bevölkern das 23.000 ha große Phinda Private Game Reserve. Dank seiner Nähe zur Küste und häufiger Regenfälle ist das Reserve eine üppige grüne Oase, innerhalb derer sich sieben verschiedene Ökosysteme unterscheiden lassen, darunter Waldgebiete, Flussläufe, Marschland und bergige Regionen. Um diese **paradiesische Landschaft** und ihre Bewohner zu schützen, gibt es hier nur wenige Unterkünfte. Das Erlebnis, mit einem gut ausgebildeten Guide und Spurenleser die ursprüngliche Natur zu durchwandern und dabei die Tiere in ihrer natürlichen Umgebung zu beobachten ist unvergleichlich.

Sechs sehr unterschiedliche Lodges gibt es im Phinda Reserve. Die **Mountain Lodge** ist die südlichste der Unterkünfte im Reserve. Insgesamt 25 Suiten stehen zur Verfügung, jede hat aufgrund der erhöhten Lage der Lodge eine fantastische Aussicht über die Umgebung. Auch Familien mit Kindern sind willkommen.

Nördlich der Mountain Lodge liegt die **Rock Lodge**, die mit ihrem Adobe-Stil einer mexikanischen Hazienda nachempfunden ist. Sechs luxuriöse Suiten mit eigenem Aussichtsdeck mit Pool und Freiluft-Dusche garantieren ein exklusives Naturerlebnis.

Die einsam gelegene **Zuka Lodge** besteht aus nur vier Bush Cottages und bietet die Möglichkeit absolut freier Zeitgestaltung ohne auf die Annehmlichkeiten des Lodge-Lebens verzichten zu müssen. Butler, Koch und Ranger stehen jederzeit zur Verfügung, sodass Mahlzeiten und Game Drives ganz nach Wunsch stattfinden können. Die Lodge verfügt außerdem über ein eigenes Wasserloch zur Tierbeobachtung. Die Zuka Lodge kann auch komplett gemietet werden und eignet sich dann für Gruppen von bis zu acht Personen.

Phinda Mountain Lodge

Luxus und endlose Weite im Phinda Private Game Reserve

The Homestead, Forest Lodge und Vlei Lodge liegen in einem Waldstück im nördlicheren Teil des Reserves. Mehr Aussicht als in den rundum mit Glaswänden versehenen Suiten der **Forest Lodge** geht eigentlich nicht... Und trotzdem muss man aufgrund der dichten Vegetation rundherum nicht um seine Privatsphäre fürchten. So kann man mit etwas Glück morgens schon vom Bett aus Impalas oder die kleinen Moschusböckchen beobachten.

In der **Vlei Lodge** verfügt jede der sechs Suiten nicht nur über ein Bad, sondern auch über ein eigenes Game Viewing-Deck mit grandioser Aussicht und ein Ankleidezimmer. Sogar von Badewanne und Dusche aus können Tiere beobachtet werden.

The Homestead ist eine reetgedeckte Bush Villa, die sich ideal für die Unterbringung von Gruppen oder Familien mit bis zu acht Personen eignet. Weite offene Räume mit freundlicher Atmosphäre sowie perfekter Service sorgen für einen erholsamen Aufenthalt.

INFO

Lage: in KwaZulu-Natal
Information:
www.andbeyondafrica.com,
www.phinda.com
Preise: **Mountain Lodge**:
ab ca. 3.700 Rand p. P./DZ
Rock Lodge:
ab ca. 4.300 Rand p. P./DZ
Zuka Lodge:
ab ca. 3.500 Rand p. P. im Cottage,
Villa (bis 8 P.) ab ca. 20.800 Rand
Forest Lodge:
ab ca. 3.700 Rand p. P./DZ
Vlei Lodge: ab ca. 2.300 Rand p. P./DZ
The Homestead: ab ca. 20.800 Rand

101 Delaire Graff Lodge & Spa: Wohlfühloase am Helshoogte Pass

Nahe Stellenbosch, am Hügel des beeindruckenden Helshoogte Pass, liegt die Delaire Graff Lodge & Spa. Hier kann man sich **rundum verwöhnen lassen** und die wunderbare Ruhe genießen. Dabei hat man die Qual der Wahl: In der Owners Lodge und der Presidential Lodge (130 km^2) finden sich je zwei Schlafzimmer, Kamin und ein eigener Pool mit einem zauberhaften Ausblick. Immerhin auf 80 km^2 Wohnfläche bringen es die Luxury Lodges mit einem Schlafzimmer, Blick auf die Stellenbosch Hills und ebenfalls eigenem Pool. Dasselbe bieten die Deluxe Lodges, allerdings geht der Blick hier auf die Weinberge und die Simonsberg Mountain Range. Die Unterkünfte sind möglichst umweltverträglich errichtet worden, wobei Materialien wie lokaler Stein und Holz benutzt wurden.

Alle Lodges sind mit kleiner Küche, Marmor-Badezimmer und Wohnzimmer ausgestattet. Im geheizten Pool kann man auch an kühleren Tagen die grandiosen Ausblicke genießen. Und: Die Minibar ist inklusive, also steht einem kühlen Drink zum Sonnenuntergang auf der Terrasse nichts im Weg.

Natürlich dreht sich in dieser Gegend vieles um Wein: **Weinproben** sowie geführte Spaziergänge durch die Weinberge sind im Preis enthalten. Abends wird ein Glas Sekt mit Canapés in der eigenen Suite serviert.

Poollandschaft der Delaire Lodge

Zimmer mit Aussicht auf die Weinberge

Das hauseigene **Spa** verfügt u. a. über Behandlungszimmer für Massagen etc., Sauna, Dampfsauna und Hamam. Außerdem stehen ein Pilates-Studio und moderne Fitnessgeräte zur Verfügung.

Terrasse des Indochine

Auch beim Essen lässt das Delaire nichts zu wünschen übrig: Entweder kann man es sich ganz intim in seinem eigenen Zimmer gemütlich machen oder das Indochine Restaurant aufsuchen. Moderne **asiatische Fusion-Küche** wird hier serviert. Das Gemüse dazu stammt aus dem eigenen Gewächshaus, wo es biologisch angebaut wird. Auch das Mineralwasser wird direkt auf den eigenen Ländereien abgefüllt.

Die Umgebung der Lodge ist ein Genuss für das Auge: Der Garten wurde von dem renommierten Landschaftsgärtner *Keith Kirsten* angelegt, der einheimische und tropische Pflanzen zu einem opulenten Park vereint hat.

Lage: im Weinland, nahe Franschhoek
Information: www.delaire.co.za
Preise: ca. 7.000–25.000 Rand pro Lodge (für zwei Personen)

INFO

Anhang

Südafrika auf einen Blick

Fläche/ Einwohner	1.219.912 km² / 49,99 Millionen Ew.
Bevölkerung	79 % Schwarze, 9 % Weiße, 9 % Mischlinge, 2,6 % Asiaten (2009)
Bevölkerungswachstum	1,06 % (2009)
Analphabeten-Quote	13,6 %
Hauptstadt	Pretoria (Exekutive - 1,8 Mio. Ew.)
	Kapstadt (Legislative - 4,9 Mio. Ew.)
	Bloemfontein (Judikative - 500.000 Ew.)
Sprachen	11 Amtssprachen, Afrikaans und Englisch, daneben gibt es z. B. unter den Schwarzen 9 Hauptsprachen (zumeist Xhosa und Zulu). Die meisten Südafrikaner sprechen mehr als eine dieser Sprachen, Englisch wird aber überall gesprochen und ist auch die übliche Handelssprache.
	Asiaten: 1,2 % Afrikaans
	Mischlinge: 83,3 % Afrikaans, 10,3 % Englisch
	Schwarze: eine der 9 Hauptsprachen (zumeist Zulu oder Xhosa) und mehr als 50 % Afrikaans, 37 % Englisch
Religion	75,5 % Christen (u. a. Niederländisch-Reformierte Kirche 8,9 %, Römisch-Katholische Kirche 8,6 %, Methodisten 7,1 %, Anglikaner 4 %, Lutheraner 2,6 %), traditionelle Religionsgemeinschaften mind. 17,5 % (Hindus 1,4 %, Moslems 1,4 %, Juden 0,2 %)
Flagge	seitlich liegendes Ypsilon in sechs verschiedenen Farben; zumindest einige der sechs Farben sind auch in den Symbolen aller südafrikanischen Parteien wiederzufinden
Nationalfeiertag	27. April („Freedom Day“: Tag der ersten freien Wahlen 1994)
Staats- und Regierungsform	parlamentarische Demokratie (im Commonwealth) seit 1961, Verfassung von 1997. Die Nationalversammlung besteht aus mindestens 360 Mitgliedern (400 Mitgliedern maximal), die direkt gewählt werden. Der Nationalrat der Provinzen setzt sich aus 90 Mitgliedern zusammen. Die Wahlen finden alle 5 Jahre statt. Das Staatsoberhaupt wird alle 5 Jahre von der Nationalversammlung gewählt. Wahlrecht haben alle Bürger ab 18 Jahren.
Staatsoberhaupt und Regierungschef	Jacob Zuma (ANC)
Ausfuhrprodukte	Perlen, Edelsteine und Münzen; Mineralische Stoffe; Unedle Metalle; Beförderungsmittel; Maschinen und Apparate; Chemische Erzeugnisse; Pflanzen; Lebens- und Genussmittel; Halbstoffe aus Holz; Tiere
Inflation	5,6 % (Stand 2010)
Arbeitslosigkeit	ca. 20 %

Außenhandel	Export: 79 Mrd. US $. (Güter in % der Gesamteinfuhr der SACU (South African Customers Union): Edelsteine, Perlen, Münzen 23,1 %; Mineralprodukte 18,3 %; unedle Metalle 17,3 %; Beförderungsmittel 10,3 %; Maschinen, Apparate und Geräte 9,8 %; chem. Erzeugnisse 7,1 %)
	Import: 86,7 Mrd. US $. (Maschinen und Apparate 25,5 %; Mineralprodukte 23,7 %; Beförderungsmittel 9,7 %; chem. Erzeugnisse 8,9 %; Geräte, Mess- und Musikinstrumente, Uhren 6,6 %; unedle Metalle 4,9 %)
	Haupt-Importländer: Deutschland 11,3 %, China 11,3 %, USA 8 %, Saudi Arabien 6,3 %, Japan 5,6 %, GB 4,1 %, Iran 3,8 %
	Haupt-Exportländer: Japan 10 %, USA 9,9 %, Deutschland 7,2 %, GB 6 %, China 5,3 %, Niederlande 4,3 %, Indien 2,8 %
Klima	Südafrika gehört zu den warmgemäßigten Trockengebieten der Subtropen; Sommerregen von Oktober bis April, mit Ausnahme der Küstenregion von Natal, dem immer feuchten, warmgemäßigten Küstenstrich von Mossel Bay bis Port Elizabeth und dem Winterregengebiet des Kaplandes (Regen Mai bis Oktober).
Höhe	Binnenhochland 1.000 bis 1.500 m
Landwirtschaft	Ist in Südafrika sehr leistungsfähig und sichert zum größten Teil die Eigenversorgung; Anbau besonders von Weizen, Zuckerrohr, Obst, Wein, Zitrusfrüchten, Tabak, Mais, Baumwolle.
Bodenschätze	Weltgrößte Vorkommen an Aluminium-Silikaten, Chrom, Gold, Magnesium, Platin, Vanadium
Städte	Über 50 % aller Südafrikaner leben in städtischen Gebieten:
	- Kapstadt (Großraum) 4,9 Mio. Ew.
	- Johannesburg 3,8 Mio. Ew.
	- Durban (Großraum) 3,4 Mio. Ew.
	- Port Elizabeth (Großraum) 1,0 Mio. Ew.

Essen & Trinken

Grundsätzlich ist die südafrikanische Küche stark europäisch geprägt. Sie zeigt Einflüsse der eingewanderten Hugenotten, Engländer, Südeuropäer, aber auch der Malaien und Inder. Besonders beliebt ist bei Südafrikanern das sogenannte **braaivleis**, das Grillen unterschiedlicher Fleischwaren, darunter Schweine- oder Rindfleisch, Hammel- oder Lammstücke sowie die würzige, zur Schnecke gerollte „boerewors" (Bauernwurst). Nicht nur auf den Campingplätzen oder im privaten Kreise daheim frönt der Südafrikaner seiner Grill-Leidenschaft; auch Hotels bieten oft in ihrem Garten braaivleis an. Braai ist für die meisten Südafrikaner ein Kult, von dem sie glauben, ihn perfekt zu beherrschen. Man scheut sich allerdings oft nicht, richtig scharf zu grillen, das heißt, es gibt auch fast schwarz gegrillte Stücke.

Generell ist der Südafrikaner Fleischesser. Außer den auch bei uns verbreiteten Fleischarten gibt es Bratenstücke von den verschiedenen Wildarten (z. B. Springbok, Oryx, Kudu), aber auch vom Strauß. Und natürlich noch exotischere Delikatessen wie Giraffen- oder Zebrafleisch, Stücke vom Krokodil usw. Ähnlich beliebt wie der Braai ist die „potjiekos". Mit „potjie" meint man die unter der einheimischen Bevölkerung weit verbreiteten dreibeinigen Gusskessel, unter denen Glut entfacht wird. Drinnen befinden sich kleinere Fleischstücke, die unterschiedlich gewürzt sind und relativ weich gekocht werden.

Tropische und subtropische **Gemüsearten und Früchte** sorgen für weitere kulinarische Höhepunkte. Gemüsegerichte sind in der indischen Küche sehr verbreitet und haben auch in Afrika Einfluss genommen. Besonders beliebt sind Avocados, die oft Salaten beigemischt sind. Ebenfalls ein sehr beliebtes Gemüse ist der Butternut-Kürbis der in unterschiedlichen Variationen verzehrt wird: gekocht oder gegrillt, aber auch als Suppe oder Mus.

Daneben werden – insbesondere in den Küstenregionen um Kapstadt und entlang der Natalküste – verschiedene **Fischgerichte** angeboten. Crayfisch (Languste) wird sicher vielen Liebhabern von Meeresfrüchten besonders munden. Auch Austern und Muscheln fehlen nicht, daneben gibt es viele Fischarten aus dem Meer oder den Binnengewässern. Oft findet man auf Speisekarten den Ausdruck „Line Fish": Dabei handelt es sich um den Tagesfang und nicht um eine spezielle Fischart. Garantiert ist dabei absolute Frische.

Natürlich gibt es einige **regionale Spezialitäten**:

Malaiische Gerichte bereichern insbesondere die Küche um Kapstadt. Sosaties (Fleischspieße mit Hammel- oder Schweinefleischstückchen), Bobotie (scharf gewürzter Hackfleischauflauf) oder unterschiedliche Arten von Bredie (Fleisch- und Gemüseeintöpfe) sind hier besonders beliebt. Die malaiischen Currys sind gegenüber den indischen immer etwas süßlicher (s. auch S. 131).

Um Durban und Pietermaritzburg ist besonders die indische Küche stark vertreten. Fleisch-, Geflügel-, Fisch- oder Eiergerichte („Curry" genannt) sind z. T. sehr „hot" angerichtet. Abhilfe bei zu scharfen Gerichten schaffen die dazu servierten Kokosraspeln, aber auch köstliches Brot. Samosas sind eine Art Teig-

Empfehlenswert in Kapstadt: das Africa Café

taschen, die mit Gemüse oder Fleisch gefüllt sind, wobei der Inhalt stets gut gewürzt ist.

Biltong ist ebenso wie in Namibia weit verbreitet. Es handelt sich um gewürztes, luftgedörrtes Fleisch vom Wild (z. B. Kudu oder Strauß).

Die **südafrikanischen Weine** sind von hervorragender Qualität, nur beste Weintrauben werden zu Wein weiterverarbeitet. 75 % der Weine sind Weißweine der Rebsorten Chardonnay, Sauvignon Blanc, Chenin Blanc und – in geringeren Mengen – auch Riesling. Andere Weinsorten (z. B. Gewürztraminer) spielen eine untergeordnete Rolle. Zu den beliebtesten Rotweinsorten gehören Cabernet Sauvignon, Pinot Noir, Pinotage (eine Kreuzung von Hermitage und Pinot Noir), aber auch Shiraz, der besonders kräftig ist und z. B. gut zu Lammgerichten oder Pasta passt. Im Gegensatz zu europäischen Erzeugnissen sind die Qualitätsunterschiede zwischen einfacheren Weinen und Spitzengewächsen nicht so gravierend. Jahrgänge spielen ebenfalls eine geringere Rolle, da das Klima am Kap von Jahr zu Jahr relativ gleichmäßig ist. Natürlich gibt es auch leichte Rosé-Weine und „Champagner", der nach der Méthode Champenoise hergestellt wird.

Bier ist sehr beliebt. Gängige Sorten sind Amstel, Castle, Carlsberg, Mitchell's und Windhoek Lager. Die Brautradition hat deutsche und englische Wurzeln.

Soft Drinks umfassen neben den weltumspannenden Marken vor allem auch exotische Fruchtsäfte (Litschi, Mango, Ananas, Papaya). Erfrischend sind Appletizer und Grapetizer.

Allgemeine Reiseinformationen

Information

Beim südafrikanischen Fremdenverkehrsbüro **South African Tourism** erhalten Sie ausführliche Informationen: South African Tourism, Friedensstraße 6–10, D-60311 Frankfurt/Main, Tel. 069-9291290, www.southafrica.net.
Telefonisch ist das **Service Center** unter den folgenden Nummern zu erreichen:
aus Deutschland unter 0800 – 118 9 118 (kostenlos)
aus Österreich unter 0820 – 500 739 (€ 0,14/min)
aus der Schweiz unter 0848 – 66 35 22 (€ 0,14/min
In Südafrika: Bojanala House, 90 Protea Road, Chislenhurston, Johannesburg 2196, Private Bag X 10012, Sandton 2146, Tel. 011-895 3000, www.southafrica.net.

Anreise

Von Deutschland aus kann man mit SAA (South African Airways, www.flysaa.com) und Lufthansa (www.lufthansa.com) ab Frankfurt direkt nach Johannesburg fliegen. Kapstadt wird über Johannesburg angeflogen, von Ende Oktober bis Ende März fliegt die Lufthansa auch direkt nach Kapstadt. Ab Zürich geht es mit Swiss (www.swiss.com) nonstop nach Johannesburg. Mit Air Namibia kann man ab Frankfurt über Windhoek (Namibia) nach Johannesburg, Kapstadt und Durban fliegen. Die Preise schwanken je nach Saison zwischen ca. 750 und 1.020 €.

Einreise

Besucher aus EU-Ländern sowie der Schweiz brauchen bei einem Aufenthalt von bis zu drei Monaten kein Visum, benötigen aber einen Reisepass, der bei Ankunft noch mindestens ½ Jahr Gültigkeit hat. Bei Weiterreisen nach Namibia, Botswana, Zimbabwe, Lesotho und Swasiland werden Visa an der Grenze ausgegeben.

Seit einiger Zeit legen die südafrikanischen Grenzbeamten besonderen Wert darauf, dass im Reisepass noch mindestens zwei Seiten frei sind, um die Stempel anzubringen. Wer länger im Land bleiben möchte, muss ausreichende finanzielle Mittel sowie ein Rückflugticket nachweisen.

Es dürfen derzeit bis zu 5.000 Rand eingeführt werden, wobei der Umtauschkurs in Südafrika i. d. R. sowieso günstiger ist und es an den großen Flughäfen Wechselschalter gibt, die auch nach Ankunft später Maschinen geöffnet sind. Reiseschecks und Devisen dürfen unbegrenzt eingeführt werden.

Reisezeit

Die Jahreszeiten der Südhalbkugel sind den europäischen entgegengesetzt: Wenn wir Winter haben herrscht in Südafrika Sommer. Klimatisch sind Reisen nach Südafrika zu jeder Jahreszeit möglich. Generell gilt, dass die beste Zeit für die Wildbeobachtung die Monate der Trockenzeit sind (Juni–August). Im

Kapland dagegen nimmt in dieser Zeit die Regenhäufigkeit zu. Im September/Oktober blühen die Pflanzen und in der gesamten Zeit herrschen erträgliche Temperaturen – auch landeinwärts. Der Regen hält sich zurück. Im Oktober/November muss mit starken Winden gerechnet werden, die vereinzelte kühlere Tage mit sich bringen. Die Zeit zwischen Mitte Januar und Mitte März ist warm und wenig regnerisch. Heiß wird es aber im Landesinneren. Die Wintermonate (Mitte Mai bis Anfang September) sind kühl und dabei regnet es auch am meisten. Der Regen fällt i. d. R. in kurzen, heftigen Schauern. Dazwischen können sonnige Tage auftreten. Der besondere Vorteil liegt in dieser Zeit aber darin, dass die Nebensaison für günstigere Preise sorgt und man ohne große Vorbuchung individuell und spontan herumreisen kann. Für „Sonnenanbeter" ist diese Zeit jedoch nichts. Meiden sollte man auf alle Fälle die Zeit zwischen Mitte Dezember und Mitte Januar. Dann herrscht absolute Hochsaison. Die Preise sind hoch, die Straßen zu den touristischen Zielen voll und die Zimmer oft wochenlang im Voraus ausgebucht. Auch die beiden Wochen um Ostern sind diesbezüglich nicht zu empfehlen.

Sicherheit

Die Kriminalität ist leider auch in Südafrika in den letzten Jahren gestiegen. Die meisten Überfälle und Diebstähle gibt es in den Großstädten wie Johannesburg, Kapstadt oder Durban. Man sollte nachts einsame Straßen meiden und nicht viel Bargeld oder Schmuck bei sich tragen. Alle Wertsachen kann man im Hotelsafe einschließen lassen. Unauffälliges Verhalten und ebensolche Kleidung sind sinnvoll. Im Auto sollte man während der Fahrt alle Türen verriegeln, besonders in den Städten, und keine Wertsachen offen liegenlassen.

Vor allem in den Großstädten sollte man sich vor Dieben hüten. Besuche von Townships sollte man nur mit Führung unternehmen, Nachtspaziergänge in den Großstädten sind zu unterlassen, ebenso die Benutzung von Vorortzügen. Fahrten per Anhalter sind ebenso nicht zu empfehlen.

Währung und Zahlungsverkehr

Die Währung in Südafrika ist der südafrikanische Rand (ZAR). Ein Rand entspricht 100 Cent und hat zzt. einen Gegenwert von ca. 0,10 € (Stand: März 2011). Empfehlenswert ist die Mitnahme von Euro- (oder US$-) Reiseschecks (sicherer, da bei Diebstahl versichert). Kreditkarten können in größeren Geschäften, Hotels, Restaurants, bei den Airlines, Mietwagenunternehmen und anderen Zweigen der Touristikbranche benutzt werden. Gebräuchlich sind besonders VISA und Mastercard.

In Südafrika kann man bei jeder Standard-Bank mit der deutschen EC-Karte aus dem Automaten Geld ziehen, bis zu 1.000 € täglich in Rand (ggf. fallen dafür Gebühren an, am besten vorher bei der Hausbank erkundigen).

Reisemöglichkeiten

Generell kann man zwischen einer privaten, individuellen Safari mit einem Mietwagen und einer organisierten Tour unterscheiden. Beides hat Vor- und Nachteile, die bei der Reiseplanung berücksichtigt werden sollten.

Bei einer **Selbstfahrertour** liegen die Vorteile auf der Hand: Man ist unabhängiger, hat mehr Ruhe, entscheidet spontan über die Länge der einzelnen Etappen und wie lange man den Elefanten am Wasserloch beobachten möchte. Legt man sich schon zu Hause auf eine bestimmte Strecke fest, kann man auch schon die ersten Unterkünfte im Voraus buchen, was gerade in der Hauptsaison ohnehin sehr zu empfehlen ist. Auch kann man hier über die Art der Unterkunft selbst entscheiden. Für jeden Geschmack und Geldbeutel ist, zumindest in den touristisch erschlossenen Gebieten, etwas dabei. Ob man Campen möchte, in einfachen Gästehäusern, in Hotels oder in luxuriösen Lodges übernachten möchte, kann man hier frei entscheiden und variieren.

Eine gewisse Portion **Abenteuerlust** darf dabei aber nicht fehlen: Autopannen können vorkommen, man muss sich alleine mit der Karte in einem fremden Land zurechtfinden und sich evt. mit weniger gut ausgestatteten Campingplätzen begnügen. Vor allem die Bereitschaft, sich auf Land und Leute einzulassen und sich in ungewohnten Situationen zurechtzufinden, sind hier gefragt. Südafrika ist aber, ebenso wie Namibia, ein klassisches „Einsteigerland" für Selbstfahrer und durch sein gutes Straßennetz zumeist mit einem normalen Pkw befahrbar. Die touristische Infrastruktur ist exzellent. Die großen Parks wie der Kruger oder Hluhluwe National Park sind ohne Probleme mit dem eigenen Wagen befahrbar und besonders in den vegetationsarmen Wintermonaten kann auch der „Safarilaie" ohne Probleme zahlreiche Tiere entdecken. Die Parkranger geben gerne Auskunft, wo man welche Tiere am besten beobachten kann.

In den **privaten Wildschutzgebieten** mit z. T. sehr luxuriösen Unterkünften ist man hinsichtlich der „Safari-Ausbeute" auf der sicheren Seite – das allerdings schlägt sich auch im Preis nieder. Hier fährt man mit offenen Geländewagen und ausgebildeten Rangern auf die Pirsch.

Organisierte Safaris in unterschiedlich großen Gruppen sind in der Regel etwas preisgünstiger und man braucht sich um die Organisation keine Sorgen zu machen. So werden einem zudem Gebiete zugänglich gemacht, die man alleine gar nicht erreichen könnte oder nur zu einem wesentlich höheren Preis, wie z. B. mit einem kleinen Charterflugzeug. Allerdings können unterschiedliche Interessen hier durchaus zu Spannungen führen, wenn z. B. der passionierte Ornithologe auf eine Familie trifft, die unbedingt die „Big Five" sehen möchte. Auch möglich – allerdings entsprechend teuer – ist es, eine **private Chauffeurtour** für sich und seine Mitreisenden zu buchen.

Reine **Flugsafaris** (sog. Fly-in-Safaris) sind die Variante für Menschen mit wenig Zeit aber viel Geld. Hier wird man mit dem Kleinflugzeug von Lodge zu Lodge geflogen (allesamt luxuriös).

In den Parks selber gibt es noch weitere Möglichkeiten, die afrikanische Wildnis zu entdecken: Ob Walking-Safaris oder rustikale Camping-Safaris für Naturliebhaber, Safaris mit Pferden oder Elefanten für Abenteurer, mit dem Heißluftballon für Romantiker, mit dem Einbaum für stille Entdecker – für jeden ist etwas dabei.

Campingurlaub

Südafrika ist ein ideales Land zum Campen. Es gibt landesweit über 700 Campingplätze, vor allem entlang der touristisch interessanten Routen sowie in den vielen Nationalparks und Naturschutzgebieten. Aufgrund des Klimas ist Südafrika ein für den Outdoor-Urlaub prädestiniertes Land. Die Campingplätze sind i. d. R. sehr gut ausgestattet: Man findet alle notwendigen Selbstversorgungseinrichtungen vor, saubere sanitäre Anlagen sowie die obligatorische Grillstelle (braai). Die Campingplätze stehen nicht nur für Zelte zur Verfügung, sondern auch für Fahrer mit Wohnmobilen und Allradfahrzeugen mit Dachzelten. Oft befinden sich auf den Campingplätzen auch schlichte Chalets mit einfach eingerichteten Zimmern und eigenem Bad/WC. Die Südafrikaner sind leidenschaftliche Camper und es verwundert nicht, dass in den südafrikanischen Schulferien die Campingplätze sehr gut besucht sind.

Infos z. B. unter www.campingsouthafrica.co.za, www.caravanparks.com und www.aventura.co.za.

Fährt man mit ausgebildeten Rangern auf die Pirsch, ist man hinsichtlich der Tiere auf der sicheren Seite

Auto fahren und Mietwagen

Das südafrikanische Straßennetz ist in gutem Zustand und relativ dicht, die wichtigsten Verbindungen sind asphaltiert (84.000 km). Auch nicht-geteerte „gravel roads" sind gepflegt. Deshalb kommt man innerhalb Südafrikas mit einem Pkw praktisch überall hin – ein Geländewagen ist ein Luxus, der sich u. U. nur für Lesotho sowie abgelegene Gebirgsregionen empfiehlt. Benzin ist überall erhältlich, das Tankstellen-Netz dicht geknüpft. In Südafrika herrscht Linksverkehr. Folgende wichtige **Verkehrsregeln** sollte man beachten:

• Es besteht Anschnallpflicht sowie eine Promillegrenze von 0,5 für Fahrer. Bei Übertretungen muss mit strengen Strafen gerechnet werden.

• Auch im Linksverkehr hat rechts Vorfahrt, auch im Kreisverkehr.

• „Four-Way-Stop": Viele Kreuzungen weisen an jeder Straße ein Stoppschild, unter dem „4-Way" steht, auf. Das bedeutet, dass derjenige zuerst fahren darf, der als erster an der Haltelinie zum Stehen gekommen ist.

• Ein internationaler Führerschein ist notwendig. Zum Anmieten eines Fahrzeuges braucht man zusätzlich auch den nationalen Führerschein.

• Wenn ein Fahrzeug zum Überholen Platz macht, bedankt man sich nach abgeschlossenem Überholmanöver mit dem Warnblinker.

• In abgelegenen ländlichen Gebieten Südafrikas muss man damit rechnen, dass öfter Vieh die Straße überquert. Von Nachtfahrten in ländlichen Gebieten ist abzuraten, oft sind unzureichend beleuchtete Fahrzeuge unterwegs. Meiden Sie auf jeden Fall auch die Ghettos der Großstädte.

• Parkwächter an offiziellen Parkflächen werden mittlerweile von den Städten und Gemeinden „autorisiert". Sie bekommen zwar kein Geld von Staatsseite, dafür aber bürgt der Staat dafür, diese Parkwächter vorher auf Ehrlichkeit „geprüft" zu haben. Das System klappt gut und gibt vielen Menschen eine Chance auf Arbeit. Zu erkennen sind die offiziellen Parkwächter an auffälligen, meist gelben oder orangefarbenen Gummijacken. Für das Bewachen Ihres Fahrzeuges sollten Sie nach Ihrer Rückkehr zwei Rand geben.

Folgende **Geschwindigkeitsbegrenzungen** gelten, wobei zu beachten ist, dass temporäre Geschwindigkeitsbegrenzungen zumeist nicht durch Schilder wieder aufgehoben werden:
• innerhalb geschlossener Ortschaften 60 km/h,
• auf Landstraßen 100 km/h,
• auf bestimmten Fernstraßen (Freeways) 120 km/h.

Die Kombination **Mietwagen/Hotel** und Inlandsflüge, um weite Strecken zu überbrücken, erweist sich gerade für Südafrika als optimal. Auf diese Weise kann man einen wirklich individuellen Urlaub gestalten. Am entsprechenden Zielflughafen steht der Mietwagen abfahrbereit.

Die großen Mietwagenfirmen in Südafrika wie Budget (www.budget.co.za) verfügen über große Fahrzeugflotten mit unterschiedlichen Fahrzeugtypen. Die

Fahrzeuge sind auch zugelassen für Namibia, Botswana, Lesotho und Swasiland. Die Einwegmiete zwischen Südafrika und Namibia wird derzeit mit ca. 3.500 Rand, zwischen Südafrika und Botswana mit ca. 5.500 Rand berechnet. Bei allen Vermietern muss man für die Fahrten nach Namibia, Botswana, Lesotho und Swasiland einen „Letter of Authority" bestellen. Fahrten nach Angola, Malawi, Mosambik, Sambia und Zimbabwe sind derzeit nicht gestattet.

Gesundheit

Südafrika verfügt über eine ausgezeichnete medizinische Versorgung, die sich absolut mit europäischen Verhältnissen messen kann. Entlang der touristischen Routen, aber auch abseits der Wege kann mit kompetenter Hilfe gerechnet werden. Außerhalb der normalen Öffnungszeiten stehen in den größeren Städten stets Notapotheken zur Verfügung.

Landesweiter Polizei-Notruf: 10 111

Landesweiter Notruf für Rettungswagen: 10 177

Impfungen: Keinerlei Impfungen sind vorgeschrieben (es sei denn, man reist aus einem Seuchengebiet bzw. einer Gelbfieberzone in Afrika oder Südamerika ein, dann ist eine Impfung vorgeschrieben). Sinnvolle Impfungen sind: Tetanus, Diphtherie, Hepatitis A/B sowie Tollwut.

Malaria: Eine Malaria-Prophylaxe ist für den Besuch des Kruger National Park (Limpopo Province/Mpumalanga), der benachbarten Wildparks sowie beim Besuch der Wildschutzgebiete KwaZulu-Natals ratsam. Medikamente zur Malaria-Prophylaxe sind in den Apotheken erhältlich, allerdings vielerorts nur gegen Rezept. Bester Schutz ist und bleibt die Vorbeugung. Bei Eintritt der Dunkelheit also lange Hosen und lange Ärmel tragen. Mückenspray benutzen. Es ist ratsam, nachts unter einem Moskitonetz zu schlafen. **Malariafreie Gebiete** sind Western Cape, Northern Cape, Gauteng, Free State und Eastern Cape.

Risiko-Gebiete

- mit hohem Risiko: ganzjährig: Tiefland im Norden und Osten der Limpopo Province und im Osten von Mpumalanga (einschließlich der Nationalparks) sowie Küstengebiet im Nordosten von KwaZulu-Natal (Distrikte Ingwavuma und Ubombo), besonders in und nach der Regenzeit (November bis Juni)
- mit mittlerem Risiko: restliches Tiefland im Osten von KwaZulu-Natal nach Süden bis zum Tugela-Fluss sowie in den Übergangszonen der o. g. Gebiete mit hohem Risiko
- mit geringem Risiko: ebendort in der Trockenzeit (Juli–Okt.); im Kruger Park nimmt das Risiko von Westen nach Osten (Grenzgebiet zu Mosambik) hin zu.

Wasser kann man in ganz Südafrika aus der Leitung trinken, ebenso braucht man vor Salaten und anderen frischen Nahrungsmitteln keine Angst zu haben.

Bei Durchfallerkrankungen ist auf ausreichende Flüssigkeits- und Elektrolytzufuhr zu achten. Glukose-Elektrolyt-Mischungen gehören in die Reiseapotheke.

Reisen mit Kindern

Eine Ferienreise auf einen anderen Kontinent – und das mit Kindern? Was zunächst eher abwegig klingt, kann zu einem fantastischen Erlebnis für alle Beteiligten werden. Zwar ist Afrika kein ausgesprochenes Familienreiseziel, aber mit der richtigen Planung ist Eltern und Kindern ein unvergesslicher Urlaub sicher. Die Begegnung mit einer noch weitgehend intakten Natur und vor allem mit Tieren, die man sonst nur aus Bilderbüchern oder anderen Medien kennt, lässt auch bei den Kleinen die Herzen höher schlagen.

Südafrika ist ein ausgesprochen **kinderfreundliches Land**, entsprechend viele Unterhaltungsprogramme und Spielplätze gibt es. Auch zahlreiche Restaurants sind auf Kinder eingestellt, haben spezielle Gerichte auf der Karte und Hochsitze für die ganz Kleinen. Mit Kleinkindern zu verreisen ist so normal in Südafrika, dass größere Hotels über einen eigenen Babysitter verfügen bzw. Adressen von seriösen Babysittern vermitteln. Es gibt auch Bücher, die sich speziell damit beschäftigen, was Kindern in Kapstadt Spaß machen könnte.

Bei der Tourenplanung sollten Sie darauf achten, dass die Tagesetappen nicht zu lang sind. Ebenso sollten stets mindestens zwei Übernachtungen an einer Stelle gebucht werden.

Bei der Buchung von Privatunterkünften, Guesthouses und auch Camps sollte man darauf achten, ob diese Kinder aufnehmen. Falls nicht, ist das kein böser Wille, sondern geschieht i. d. R., weil die Sicherheit der Kinder dort nicht gewährleistet werden kann. Wichtig ist, sich an Badestränden vorher über die Strömungsverhältnisse zu informieren. Tidenpools bieten an vielen Stränden mehr Sicherheit.

Eine Reise mit Kindern könnte beispielsweise über die Garden Route nach Tsitsikamma und in den Addo Elephant National Park führen. Ein empfehlenswerter Ausgangspunkt ist **Kapstadt** (s. S. 94), das man mitsamt seiner weiteren Umgebung bei dieser Gelegenheit ausgiebig erkunden sollte. Dazu gehö-

Tipps für Reisen mit Kindern

Unbedingt mitzunehmen sind Sonnencreme mit hohem Schutzfaktor, ein Hut (bei Tag) und eine Mütze (auch im Sommer kann der Abend kühl sein) sowie feste Schuhe (Lagerfeuer, Skorpione).

- Auf keinen Fall darf eine gut ausgestattete Reiseapotheke fehlen (fiebersenkende und schmerzhemmende Mittel für Kinder, Pflaster etc.).
- Das Mitnehmen eines Desinfektionsmittels ist empfehlenswert, Frischetücher verhelfen auch unterwegs zu sauberen Händen.
- Der deutsche Kinderausweis wird nur mit Lichtbild anerkannt und sollte bei Reisebeginn mindestens zwei freie Seiten für Sichtvermerke haben. Alternativ empfiehlt sich die Ausstellung eines eigenen Passes für Kinder.
- Wenn nur ein Elternteil mit Kindern reist, muss vom nicht mitreisenden Elternteil eine beglaubigte Einverständniserklärung in Englisch für die Reise vorliegen, um Schwierigkeiten bei der Aus- und Einreise zu vermeiden.

ren eine Fahrt mit der Seilbahn auf den Tafelberg, eine Fahrt zum Kap der Guten Hoffnung (s. S. 70) mit Besuch der Seehund-Kolonie auf Duiker's Island in Hout Bay und zur Pinguin-Kolonie am Boulder's Strand. Nach diesen Ausflügen geht es über Worcester ins Weinanbaugebiet um Robertson und weiter auf der Route 62 in die Straußenstadt Oudtshoorn (s. S. 180). Dort kann man eine Straußenfarm besuchen und viel über die Straußenaufzucht lernen. Lohnend ist auch der Besuch der Cango Caves (s. S. 156), einem der größten Tropfsteinhöhlensysteme in Afrika sowie der Cango Wildlife Range.

Anschließend geht es über den beeindruckenden Outeniqua Pass an die Garden Route. In der Austernstadt Knysna (s. S. 182) kann man es sich entweder an den Stränden gut gehen lassen oder – etwas spannender für Kinder – Ausflüge machen: zum Beispiel zum Primatenpark Monkey Land bei Plettenberg Bay, zur größte Voliere der Welt (Birds of Eden) oder nach Elephant Sanctuary, wo man die grauen Dickhäuter hautnah erleben kann. Nun geht es zum **Tsitsikamma National Park** (s. S. 68), einem etwa 80 Kilometer langen Küstenstreifen zwischen Nature's Valley und der Mündung des Storms River, wo den Besucher eine weitgehend unberührte und intakte Natur erwartet. Eine Wanderung zur Hängebrücke an der Storms River-Flussmündung, wo berühmte Felsen im Meer ungewöhnlich hohe, laut donnernde Brandungswellen verursachen, ist etwas für die ganze Familie.

Über den kleinen Küstenort St. Francis Bay gelangt man zum Höhepunkt der Reise, dem **Addo Elephant National Park** (s. S. 30), den man entweder auf Pirschfahrten mit dem eigenen Auto entdecken kann oder auf einer der vor Ort angebotenen Safaris im offenen Geländewagen.

Safaris mit Tiererlebnissen sind auch für Kinder spannend

Routenvorschläge

Im Folgenden werden fünf mögliche Routen vorgestellt, die je nach individueller Urlaubslänge variiert werden können. Die Streckenangaben bezeichnen die konkreten Distanzen zwischen den einzelnen Orten plus einem Aufschlag von 25 % (nach oben abgerundet), damit die Gesamt-Fahrleistung in etwa realistisch eingeschätzt werden kann.

Hinweis für Camper
Camper müssen die Touren so verändern, dass sie die Flugstrecken auf dem Landwege überbrücken. Außerdem muss berücksichtigt werden, dass man ca. 20 % langsamer vorankommt als Fahrer mit Pkw, besonders auf bergigen Strecken. Es empfiehlt sich für Camper, den Wagen in Johannesburg anzunehmen und je nach Routenführung in Kapstadt, Port Elizabeth oder Durban abzugeben (Zuschlag für Einwegmieten).

Route Nr. 1 favorisiert den Ostteil Südafrikas einschließlich der Garden Route und Kapstadts. Diese große Südafrika-Rundfahrt erschließt die wesentlichen Höhepunkte des Nordostens, des Ostens sowie der Küste (Garden Route) bis Kapstadt. Ideal für alle, die viel sehen möchten. Dabei startet man in Johannesburg, besucht den Blyde River Canyon sowie den Kruger NP und fährt dann über Swasiland in den Hluhluwe NP. Anschließend bieten sich ein paar Tage am Meer in Umhlanga Rocks bzw. der Umgebung von Durban an, um dann (evtl. mit dem Flugzeug) über die Nelson-Mandela-Metropole den Tsitsikamma NP oder Plettenberg Bay zu besuchen. Anschließend geht es über Oudtshoorn ins Weinland um Paarl und dann nach Kapstadt. Gesamt-Kilometer: mit Abstechern ca. 3.200, mind. 3 Wochen Reisezeit.

Route Nr. 2 favorisiert den Westteil Südafrikas.Eine wahrhaft „große" Tour für alle, die Natur lieben. Kontrastreich durch die tolle Tierwelt, die abwechslungsreichen Landschaften (Wasserfälle, Kalahari-Dünen, Fish River Canyon), die Pflanzenwelt (Sukkulenten, Protea), Kulturlandschaften (Weinland am Kap), das Erlebnis Kapstadt sowie die Garden Route mit den Höhepunkten Oudtshoorn (Straußenfarmen) und der Steilküste von Tsitsikamma. Start ab Johannesburg mit dem Kruger Park/Blyde River Canyon im Osten. Dann geht es nach Kimberley (Flug) und zum Augrabies Falls NP. Über den beeindruckenden Kgalagadi Transfrontier Park und Keetmanshoop (Namibia) geht es nach Clanwilliam in den Cederbergen. Den Abschluss bilden Kapstadt, Oudtshoorn und die grandiose Küstenlandschaft des Tsitsikamma NP. Gesamt-Kilometer: mit Abstechern ca. 5.300, mind. 4 Wochen Reisezeit.

Route Nr. 3 favorisiert „unbekanntere" Gebiete Südafrikas einschließlich Venda, Swasiland und Lesotho. Eine Reise für alle, die Besonderheiten der südafrikanischen Reiselandschaft erkunden möchten. Aus diesem Grunde besonders für Wiederholungsreisende interessant. Start wie oben, nach dem Kruger NP geht es weiter in die Limpopo Province im Norden des Landes. Von hier Abstecher in das bergige Swasiland, dann Besuch des Royal Natal NP, wo man die grandiose Berglandschaft genießen kann. Nach Lesotho (z. B. Ponytrekking), dann zurück nach Johannesburg. Gesamt-Kilometer: mit Abstechern ca. 3.600, mind. 3,5 Wochen Reisezeit.

Route Nr. 4 favorisiert „Highlights" Südafrikas wie Kruger Park, Natals Berge und Badeküste sowie das Kapland. Eine wunderschöne Route für alle Reisenden, denen die Erfahrung der Vielfalt Südafrikas am Herzen liegt. Auf dieser Reiseroute erschließen sich die wesentlichen Höhepunkte des Landes. Start ab Johannesburg wie oben, ab dem Kruger NP in die Drakensberge (z. B. Royal Natal NP). Badeaufenthalt am Indischen Ozean nahe Durban, dann Flug/Fahrt in die Nelson-Mandela-Metropole. Entlang der Küste (Tsitsikamma NP, Plettenberg Bay) nach Oudtshoorn und weiter ins Weinland (Stellenbosch/Paarl). Abschluss der Reise ist der Aufenthalt in Kapstadt. Gesamt-Kilometer: mit Abstechern ca. 3.800, mind. 3,5 Wochen Reisezeit.

Route Nr. 5 ist eine Tour für all diejenigen, die von wenigen festen Quartieren aus ein möglichst vielschichtiges Bild Südafrikas erhalten möchten. Die Stationen der Reise sind Nordtransvaal, Kapstadt, Plettenberg Bay und Royal Natal National Park. Von den einzelnen Punkten aus kann man Ausflüge in alle Himmelsrichtungen unternehmen. Die Unterkünfte sollten einigermaßen komfortabel sein, damit man sich dort auch mehrere Tage bzw. Nächte wohlfühlt. Sie sollten trotz oder gerade wegen der längeren Aufenthalte einen Mietwagen zur Verfügung haben, um die Umgebung „sternförmig" zu erkunden. Gesamt-Kilometer: ca. 2.600 (je nach Anzahl und Art der Ausflüge), ca. 3 Wochen Reisezeit.

Die beste Möglichkeit, Südafrika individuell zu erkunden, ist eine Tour mit dem Mietwagen, hier in den Cederbergen nahe Wupperthal

Literaturtipps

Politik:

Das Schweigen gebrochen. „Out of the Shadows". Geschichte – Anhörungen – Perspektiven. Brandes & Apsel 2000. Die Aufarbeitung der Apartheidszeit mit Hilfe der Wahrheits- und Versöhnungskommission wird anschaulich dargestellt.

Hagemann, Albrecht: **Nelson Mandela**, Rowohlt 1995. Auf wenigen Seiten werden in einem günstigen Bändchen mit zahlreichen Fotos die wichtigsten Infos über das Leben des großen südafrikanischen Präsidenten dargestellt.

Mandela, Nelson: **Der lange Weg zur Freiheit**, Fischer 1997. Die Autobiographie Nelson Mandelas ist ein Muss für jeden Reisenden in das südliche Afrika. Seine Lebensgeschichte dokumentiert die Lebensbedingungen einer ganzen Generation. So ist dieses Buch Autobiographie und Beschreibung der südafrikanischen Verhältnisse während der Unterdrückungszeit zugleich.

Tutu, Desmond: **Versöhnung.** Herder 2008. Erzbischof Desmond Tutus Botschaft von Gerechtigkeit, Versöhnung und Miteinander berührt die Herzen der Menschen und bestimmt maßgeblich die Aufarbeitung der Konflikte aus jüngerer Vergangenheit.

Belletristik:

Breytenbach, Breyten: **Mischlingsherz.** Hanser 1999. Der Sohn einer Burenfamilie schildert die Rückkehr aus dem Exil in ein zweigeteiltes Land. Mit herausragenden Beschreibungen von Landschaften und unter die Haut gehenden Porträts von Menschen.

Coetzee, J. M.:. **Schande** 1999. **Der Junge. Eine afrikanische Kindheit** 1997. **Im Herzen des Landes** 1997. **Eiserne Zeit** 1995. **Zeitlupe** 2007. **Sommer des Lebens** 2010. Alle im S. Fischer Verlag.

Gordimer, Nadine: **Die endgültige Safari** 1992. **Beute und andere Erzählungen** 2003. **Loot Bloomsbury** 2003. **Entzauberung** 2003, **Der Mann von der Straße** 2002. **Niemand der mit mir geht** 2002. **Der Besitzer** 2008. **Burgers Tochter** 2008. Im Berlin Verlag und S. Fischer Verlag.

Post, Laurens van der: **Das Gesicht neben dem Feuer** 1997. **Der Jäger und der Wal** 1998. **Flamingofeder** 2006. **Das Herz des kleinen Jägers** 2006. **Die verlorene Welt der Kalahari** 2006. **Wenn Stern auf Stern aus der Milchstrasse fällt** 2006. **Durchs große Durstland müßt ihr ziehn** 2006. Alle im Diogenes Verlag.

Meyer, Deon: **Der traurige Polizist** 2008. **Tod vor Morgengrauen** 2008. **Der Atem des Jägers** 2009. **Schwarz. Weiß. Tot.** 2009. **Weißer Schatten** 2010. Meyers preisgekrönte, packende Krimis liefern tiefe und schonungslose Einblicke in die Realität des heutigen Südafrika.

Kappelsberger, Sepp: **Vom Krämerbuben zum Brotmillionär**, Maurus 2009. Sehr unterhaltsam: der spannende Aufstieg eines deutschen Auswanderers und Originals zum bekanntesten Bäcker Kapstadts.

Küche:

Kornmayer, Evert: **Klassische & moderne Rezepte aus Südafrika**. Verl. Gebr. Kornmayer 2004. Über 230 Rezepte aus den Provinzen am Kap der Guten Hoffnung – viele erstmals in deutscher Sprache.

Kornmayer, Evert: **Südafrikas kulinarische Geheimnisse**. 4. Aufl., Verl. Gebr. Kornmayer 2010. Die geheimen Rezepte der besten Restaurants, Lodges, Hotelküchen & Weingüter in Südafrika.

Stauffer, H.-U.; Fontana, H.: **Südafrikanisch kochen. Gerichte und ihre Geschichte**. Die Werkstatt 2002. Stellt 100 landestypische Rezepte vor und erläutert die Traditionen der südafrikanischen Küche.

Wein und Weingüter:

Platter's South African Wines 2011 (McDowall), englisch. Seit 30 Jahren das Referenzwerk zur Vorstellung und Bewertung südafrikanischer Weine. Mit vielen fachlichen und touristischen Informationen über die Weingüter und deren Angebote.

Wine Tourism Handbook 2011. South Africa's ultimate Guide to the Cape Winelands. Für Reisen in die südafrikanischen Weinregionen ist dies die erste Wahl bezüglich Aktualität, Fachkunde und Detail! Hier werden Weingüter und Weine vorgestellt und Information zu Veranstaltungen, Unterkünften, Karten, Weinkundliches, gastronomische und Unternehmungstipps geboten.

Wandern:

Lundy, Mike: **Best Walks in the Cape Peninsula**, Struik 2006.

Bristow, David: **Best Walks of the Drakensberg**, Struik 2007.

Olivier, W.: **Hiking Trails of South Africa**, Struik 2007.

Flora und Fauna:

Conradie, F.: **Einführung in den südlichen Sternenhimmel**, NWG 2004. Die Himmelskörper südlich des Äquators verständlich erklärt.

Carruthers: **Fauna und Flora im südlichen Afrika**, Struik 2007. Der Klassiker der Tier- und Pflanzenführer! Hochwertige Illustrationen und Beschreibung von Insekten, Fischen, Fröschen, Reptilien, Vögeln, Säugetieren, Gräsern, Farnen, Pilzen, Wildblumen und Bäumen.

Newman, K.: **Newman's Birds of Southern Africa**, Struik 2002. Führender ornithologischer Führer mit einem Namensindex auf Deutsch.

Sycholt, August: **Ökoführer. Südafrikanische Reiseziele**, Briza 2010. Ausgezeichneter, bildreicher Führer für Reisen in die Natur- und Wildparks Südafrikas, mit allen spezifischen Informationen, Hinweisen und Kontakten.

Alle oben aufgeführten Buchtitel sind erhältlich im deutschsprachigen Buchhandel sowie bei **Namibiana Buchdepot**, www.namibiana.de, Tel. 04221-1230240.

Orts- und Parkregister

Bildnachweis

Alle Bilder © South African Tourism, außer: 2Inn1: 195; African Relish: 190, 191; Amakhala Game Reserve: 204, 205; AndBeyond: 224, 225; Andreas Willfahrt (pixelio.de): 102; Bushman's Kloof: 206, 207; Cactusberry Lodge: 194; Caroline Culbert, Wilderness Safaris: 219; City of Johannesburg: 144, 145; Daddy Long Legs: 192, 193; Dana Allen, Wilderness Safaris: 218; Delaire Graff & Spa: 226, 227; Di Jones, Malealea Lodge: 146, 147; Dominic Morel: 58, 59; Fairmont Zimbali Resorts: 214, 215; Grootbos: 198, 199; Istockphoto: 125 (Cliff Parnell), 166 (Catherine Hugo), 167 (Jurie Maree) ; Joan Koele: 216; Katrin Neidig: 96/97, 163, 168, 169, 243; Knorhoek Guest House: 196; Lars Missalla: 68, 70, 71, 90, 91, 94, 95, 117, 150, 155, 156, 160, 180, 221, 233, 241; Mantos Collection: 200; Montana Guest Farm: 208, 209; Montusi Mountain Lodge: 184/185, 188, 189; Neil Bradfield/Shutterstock: 130; Nicolas Raymond: 217; Old Mac Daddy: 197; Phophonyane Eco Lodge: 212, 213; Rovos Rail: 140, 141; Royale Marlothi Safari Lodge: 210, 211; Sigurwana: 186, 187; Silke Lasslop: 41; Swazitravel.net: 44, 45; Thomas Stäuble (pixelio.de): 183; Thonga Beach Lodge: 48, 49; Ursula Iwanowski: 24, 25, 164/165, 201, 202, 220, 223, 236; Wilderness Safaris: 26, 27.

AUTOREN

Michael Iwanowski (mi) bereist seit über 30 Jahren regelmäßig das südliche Afrika. 1983 veröffentlichte der studierte Geograf seinen ersten Reiseführer: den ersten deutschsprachigen Guide für Namibia. Bald folgten weitere Bände, darunter über Südafrika. Außerdem organisierte er viele Safaris im südlichen Afrika. Sein Reiseunternehmen „Iwanowski's Individuelles Reisen" entwickelte sich zu einem der Marktführer für Individualreisen in die Region. Durch den ständigen Kontakt zu Land und Leuten ist es möglich, die Informationen aktuell und auf hohem Niveau zu halten.

Dirk Kruse-Etzbach (dk), Diplom-Geograf, bereist seit vielen Jahren immer wieder alle fünf Kontinente. Seine persönlichen Schwerpunkte sind Afrika, Nordamerika sowie die skandinavischen Länder. Insgesamt hat er für unseren Verlag bereits zehn Reiseführer geschrieben und weitere überarbeitet. Zu Südafrika sind von ihm „Kapstadt & Garden Route" sowie „Südafrikas Norden und Ostküste" erschienen.

Zudem möchten wir uns an dieser Stelle bei **Guido Pinkau (gp)**, Autor von „Reisegast in Südafrika", für die Überlassung von drei Artikeln bedanken.

IWANOWSKI'S REISEBUCHVERLAG

FÜR INDIVIDUELLE ENTDECKER

REISEHANDBÜCHER

Europa
Barcelona
Dänemark*
Finnland*
Irland*
Island*
Litauen mit Kurischer Nehrung*
Liparische Inseln, Insel- und Wanderführer *
Lissabon
Madeira*
Madrid
Mallorca, Wanderführer*
Malta mit Gozo*
Moskau & Goldener Ring
Nordspanien & der Jakobsweg*
Norwegen*
Paris
Piemont & Aostatal*
Polens Ostseeküste & Masuren*
Provence mit Camargue*
Rom mit Latium
Schottland*
Schweden*
Tal der Loire mit Chartres*

Asien
Bali*
Hong Kong
Oman*
Peking
Rajasthan mit Delhi und Agra*
Shanghai
Singapur
Sri Lanka/Malediven*
Thailand mit Phuket*
Tokio mit Kyoto
Vereinigte Arabische Emirate mit Dubai & Abu Dhabi *
Vietnam*

Afrika
Botswana*
Kapstadt & Garden Route*
Kenia/Nordtanzania*
Mauritius/Réunion*
Namibia*
Nambia/Naturschutzgebiete*
Südafrikas Norden & Ostküste*
Südafrika*
Uganda/Ruanda*

Amerika
Bahamas
Chile mit Osterinsel*
Florida*
Hawaii*
Kalifornien
Kanada/Osten*
Kanada/Westen*
Karibik/Kleine Antillen*
New York
USA/Große Seen*
USA/Nordosten*
USA/Nordwesten*
USA/Ostküste*
USA/Süden*
USA/Texas-Mittlerer Westen*
USA/Südwesten*
USA/Westen*

Pazifik
Australien mit Outback*
Neuseeland*

101 Geheimtipps...
101 Berlin – Geheimtipps und Top-Ziele für Entdecker
101 Florida – Geheimtipps und Top-Ziele
101 Inseln – Geheimtipps für Entdecker
101 Namibia – Die schönsten Reiseziele, Lodges & Gästefarmen
101 Reisen für die Seele – Relaxen & Genießen in aller Welt
101 Safaris – Traumziele in Afrika
101 Skandinavien – Geheimtipps für Entdecker
101 Südafrika - Die schönsten Reiseziele und Lodges
101 USA – Geheimtipps für Entdecker

REISEGAST IN...

Ägypten
China
England
Indien
Japan
Korea
Polen
Russland
Thailand

* mit herausnehmbarer Reisekarte

Iwanowski's Reisebuchverlag GmbH • Salm-Reifferscheidt-Allee 37 • D- 41540 Dormagen
Tel: 0 21 33/2 60 311 • Fax: 0 21 33/26 03 33 • E-Mail: info@iwanowski.de
www.iwanowski.de

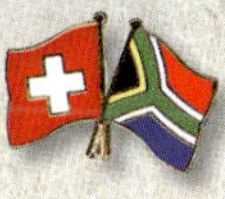